COMMON CORE BASICS

Desarrollo de destrezas esenciales de preparación

ESCRITURA

Mc
Graw
Hill
Education

mheonline.com

Send all inquiries to:
McGraw-Hill Education
8787 Orion Place
Columbus, OH 43240

ISBN: 978-0-07-670238-1
MHID: 0-07-670238-3

Printed in the United States of America.

1 2 3 4 5 6 7 8 9 QVS 20 19 18 17 16 15

Contenido

Al estudiante

Common Core Basics: Edición en español, Escritura te ayudará a aprender o reforzar las destrezas necesarias para la preparación de tus exámenes de equivalencia de la escuela secundaria u otros exámenes, tu formación después de la educación secundaria y tus objetivos de trabajo en el futuro. Este libro te ayudará a aprender a organizar tus ideas, desarrollar destrezas de escritura y edición y dominar las normas de gramática y ortografía de la lengua española.

Ten en cuenta que no todos los exámenes evalúan las normas de gramática y ortografía del español. Asegúrate de investigar el examen que piensas hacer para conocer sus requisitos.

Antes de comenzar con las lecciones de este libro, haz el Examen preliminar. Este examen te ayudará a identificar las áreas en las que debes concentrarte. Usa la tabla al final del Examen preliminar para identificar los tipos de preguntas que respondiste en forma incorrecta y determinar cuáles son las destrezas que debes practicar más. Puedes concentrarte en áreas específicas de estudio, o bien estudiar los temas siguiendo el orden del libro. Es muy recomendable que sigas el orden del libro para desarrollar una base sólida de conocimientos en las áreas en las que serás evaluado.

Common Core Basics: Edición en español, Escritura está dividido en ocho capítulos:

- **Capítulo 1: La oración y sus componentes** explica la información básica acerca de la oración, incluyendo las partes de una oración simple, los tipos de oraciones y el uso de sustantivos y pronombres en oraciones.

- **Capítulo 2: Verbos** explica los tipos de verbos, los diferentes tiempos verbales y la concordancia entre el sujeto y el verbo.

- **Capítulo 3: Modificadores** enseña a distinguir entre adjetivos y adverbios, a usar estos modificadores y a usar modificadores que están formados por más de una palabra.

- **Capítulo 4: Normas** explica las reglas de empleo de mayúsculas, las reglas básicas de puntuación y las reglas de acentuación. Además, muestra cómo evitar los errores ortográficos más frecuentes.

- **Capítulo 5: Estructura de la oración** muestra cómo combinar ideas en una oración. También enseña a escribir oraciones efectivas y a elegir el estilo y el lenguaje adecuados.

- **Capítulo 6: Estructura del texto** muestra los fundamentos de la estructura de los párrafos, como el uso de oraciones del tema. Aprenderás sobre tono, dicción, orden de importancia, orden temporal, orden de causa y consecuencia y orden de comparación y contraste.

- **Capítulo 7: El proceso de escritura** te presenta los pasos de preparación para la escritura, escritura, revisión y edición.

- **Capítulo 8: Los tipos de texto y sus propósitos** describe tres tipos principales de textos. Aprenderás a escribir textos argumentativos, textos informativos y explicativos y textos narrativos.

Además de esto, *Common Core Basics: Edición en español, Escritura* tiene diversas características pensadas para que conozcas los exámenes de escritura y te prepares para hacerlos.

- La **Introducción al capítulo** presenta un resumen del contenido y una actividad para establecer objetivos.

- Los **Objetivos de la lección** presentan lo que serás capaz de lograr cuando completes la lección.

- Las **Destrezas** enumeran las destrezas principales y las destrezas de lectura que se enseñan y se aplican al contenido de la lección.

- El **Vocabulario** esencial para comprender la lección aparece en una lista al comienzo de cada lección. Todas las palabras en negrita del texto se hallan en el Glosario.

- El **Concepto clave** resume el contenido en el que se centra la lección.

- Las **destrezas principales** y las **destrezas de lectura** se ejercitan con actividades específicas en el contexto de cada lección. Las destrezas principales se relacionan con los Estándares comunes estatales.

- En cada lección, los recuadros especiales con actividades de **Destrezas del siglo XXI, Conexión con la tecnología, Conexión con el trabajo** e **Investígalo** te ayudarán a activar destrezas de razonamiento de orden superior mediante una aplicación al mundo real.

- Las preguntas de **Aplica la escritura** te permiten comprobar tu comprensión del contenido a medida que avanzas con la lección.

- Las actividades de **Escribir para aprender** te brindan una oportunidad de practicar las destrezas de escritura que aprendiste en la lección.

- El **Repaso de vocabulario** al final de la lección te permite comprobar tu comprensión del vocabulario importante de la lección, mientras que el **Repaso de destrezas** te permite comprobar tu comprensión del contenido y las destrezas presentadas en la lección.

- Los ejercicios de **Práctica de destrezas** y **Práctica de escritura** aparecen al final de cada lección y te ayudan a aplicar tus conocimientos fundamentales del contenido y las destrezas.

- El **Repaso del capítulo** y la **Práctica de escritura** al final del capítulo evalúan tu comprensión del contenido del capítulo y te brindan una oportunidad para reforzar tus destrezas de escritura.

- Las tablas de **Comprueba tu comprensión** te permiten evaluar tu conocimiento de las destrezas que practicaste.

- La **Guía de respuestas** explica las respuestas a las preguntas del libro.

- El **Glosario** y el **Índice** contienen listas de términos clave del libro y permiten repasar destrezas y conceptos importantes con facilidad.

Cuando termines de trabajar con el libro, haz el **Examen final** para saber qué tan bien aprendiste las destrezas presentadas en este libro.

¡Buena suerte con tus estudios! Recuerda que saber aplicar correctamente la gramática y escribir bien te ayudarán a tener éxito en cualquier examen de escritura y en otras tareas con las que te encuentres en el futuro, tanto en la escuela como en casa o en el trabajo.

Escritura, parte I

Este Examen preliminar sirve como guía para usar este libro. Te ofrece una introducción de las destrezas y los conceptos que estudiarás en las lecciones. Este Examen preliminar también te permitirá saber qué aspectos de la escritura necesitas mejorar. El objetivo es conocer tu nivel actual de conocimiento y comprensión de la lengua a fin de establecer la base sobre la cual comenzarás a desarrollar tus destrezas de escritura a lo largo de las lecciones.

Este Examen preliminar tiene dos partes. La parte I consiste en 25 preguntas de opción múltiple en las que se evalúan las destrezas de gramática, la organización de textos y las normas de uso del lenguaje que se estudian en este libro. La parte II contiene una actividad que consiste en escribir un ensayo.

Instrucciones: Elige la <u>mejor respuesta</u> para cada pregunta. Algunas oraciones contienen errores relacionados con la organización, la estructura, el uso del lenguaje o la aplicación de normas. Sin embargo, algunas oraciones pueden ser correctas. Lee las oraciones con atención y luego responde las preguntas. Elige la opción de respuesta que contenga la oración escrita de manera correcta.

Cuando hayas finalizado el examen, verifica los resultados con las respuestas y explicaciones de la página 9. Usa la tabla de evaluación de la página 10 para determinar en qué áreas necesitas más apoyo.

1. En Estados Unidos, el día de la Madre es el segundo domingo de mayo.

   ¿Qué corrección hay que hacer en esta oración?

   A. reemplazar Unidos por unidos
   B. reemplazar Madre por madre
   C. reemplazar día por Día
   D. reemplazar domingo por Domingo

2. Se vendieron todo lo que estaba en la mesa.

   ¿Qué corrección hay que hacer en esta oración?

   A. reemplazar se vendieron por se vendió
   B. reemplazar estaba por estaban
   C. reemplazar lo por los
   D. reemplazar todo por todos

3. El carpintero le preguntó a su aprendiz "Tony, ¿hoy te será posible trabajar hasta tarde?".

   ¿Cuál es la mejor manera de escribir la parte subrayada de la oración? Si la mejor opción es la original, elige la opción A.

   A. a su aprendiz "Tony, ¿hoy te será posible trabajar hasta tarde?".
   B. a su aprendiz: "Tony, ¿hoy te será posible trabajar hasta tarde?.
   C. a su aprendiz: "Tony, hoy te será posible trabajar hasta tarde?".
   D. a su aprendiz Tony: ¿hoy te será posible trabajar hasta tarde?.

4. Luego de la delicada operación, los médicos aseguraron que no hubieron inconvenientes.

   ¿Cuál es la mejor manera de escribir la parte subrayada de la oración? Si la mejor opción es la original, elige la opción A.

   A. que no hubieron inconvenientes.
   B. "que no hubieron inconvenientes".
   C. que no hubo inconvenientes.
   D. que no hubieran inconvenientes.

5. John y su hermana recoge los niños de la escuela cuando sus padres trabajan hasta tarde.

   ¿Qué corrección hay que hacer en esta oración?

   A. reemplazar su hermana por ella
   B. reemplazar recoge por recogen
   C. reemplazar recoge por recoje
   D. reemplazar trabajan por trabajen

6. Generalmente escucho música, pero corro alrededor del lago.

   ¿Cuál es la mejor manera de escribir la parte subrayada de la oración? Si la mejor opción es la original, elige la opción A.

   A. música, pero
   B. música, aunque
   C. música, así que
   D. música mientras

Escritura

7. Ho Kye y su esposa se desesperaron cuando <u>notaron que se olvidaron</u> sus cheques de viajeros en el hotel.

¿Cuál es la mejor manera de escribir la parte subrayada de la oración? Si la mejor opción es la original, elige la opción A.

A. notaron que se olvidaron
B. notaron que se hubieran olvidado
C. notaron que se habían olvidado
D. notaron que olvidaran

8. Si te interesaría la medicina, te prestaría mi enciclopedia.

¿Qué corrección hay que hacer en esta oración?

A. reemplazar <u>interesaría</u> por <u>interesará</u>
B. reemplazar <u>interesaría</u> por <u>interesó</u>
C. reemplazar <u>interesaría</u> por <u>ha interesado</u>
D. reemplazar <u>interesaría</u> por <u>interesara</u>

9. Los gerentes han dividido el trabajo equitativamente entre nosotros: para tú la mitad del trabajo y para mí la otra mitad.

¿Qué corrección hay que hacer en esta oración?

A. reemplazar <u>han dividido</u> por <u>dividieron</u>
B. reemplazar <u>equitativamente</u> por <u>equitativo</u>
C. reemplazar <u>entre</u> por <u>en</u>
D. reemplazar <u>tú</u> por <u>ti</u>

10. En el día de mañana, la ciudad de Boston no tendrá transporte <u>público. Porque</u> los conductores de autobús están en huelga.

¿Cuál es la mejor manera de escribir la parte subraya de la oración? Si la mejor opción es la original, elige la opción A.

A. público. Porque
B. público; porque
C. público porque
D. público: porque

11. El carro solo arranca en días <u>seco. Por lo tanto, lo dejamos</u> en el garaje los días lluviosos.

¿Cuál es la mejor manera de escribir la parte subrayada de la oración? Si la mejor opción es la original, elige la opción A.

A. secos. Por lo tanto, lo dejamos
B. secos; por lo tanto, lo dejamos
C. secos: por lo tanto lo dejamos
D. secos por lo tanto lo dejamos

12. El orador era <u>interesante conversador e informativo.</u>

¿Cuál es la mejor manera de escribir la parte subrayada de la oración? Si la mejor opción es la original, elige la opción A.

A. interesante conversador e informativo.
B. interesante; conversador e informativo.
C. interesante y conversador e informativo.
D. interesante, conversador e informativo.

Escritura

Instrucciones: Para las preguntas **13** a **20**, consulta la siguiente circular.

A: Empleados de SoftCo
De: Departamento de Recursos Humanos
Asunto: Pícnic familiar

(A)

1   Los esperamos para compartir una deliciosa comida, divertirnos y celebrar el año. (2) Como el parque tiene nuevos juegos acuáticos, ¡la fiesta de este año promete ser la mejor de todas! (3) La fiesta se realizará en el mismo lugar que en los años anteriores: el parque de diversiones Oakwood Park. (4) Tanto los adultos como los niños podrán disfrutar de los juegos y los espectáculos musicales. (5) Además de preparar tus propios helados, les podrás agregar malvaviscos tostados sin costo adicional.

(B)

6   Él asará hamburguesas, salchichas y verduras. (7) Nick Jenkins, del Departamento de Contabilidad, estará a cargo de la parrilla. (8) Además de la comida asada, habrá ensalada de patatas, ensalada de col, maíz tostado y sandía.

(C)

9   María Álvarez, la presidente de la compañía, preparará su especialidad: pasta con brócoli. (10) Habrá varios tipos de helado y salsas para que puedan prepararse sus propios helados.

(D)

11   Este año tenemos más motivos que nunca para celebrar. (12) SoftCo siempre ha tenido la política de celebrar con sus empleados para demostrarles cuánto los apreciamos. (13) Gracias a su arduo trabajo, el año pasado la compañía ha obtenido ganancias récord. (14) SoftCo aprecia su dedicación. (15) Esperamos que nuestra fiesta anual nos ayude a expresar nuestro agradecimiento. (16) Para ayudarnos a organizar la comida y las actividades, les pedimos que confirmen su asistencia al evento. (17) Por favor, respondan a esta invitación antes del lunes 19 de agosto. (18) ¡Esperamos verlos el sábado 24 de agosto para celebrar juntos!

---

13. ¿Cuál de estas oraciones sería más efectiva si se colocara al comienzo del párrafo A?

  A. ¡El parque de diversiones Oakwood Heights tiene las montañas rusas más altas del estado!

  B. SoftCo organiza su fiesta anual para todos los empleados y sus respectivas familias el sábado **24** de agosto.

  C. El Hipo Upa es el principal juego acuático del parque.

  D. SoftCo es una compañía que fabrica camas y colchones.

14. Oración 5: Además de preparar tus propios helados, les podrás agregar malvaviscos tostados sin costo adicional.

¿Qué corrección hay que hacer respecto de la ubicación de la oración 5?

  A. Colocar la oración 5 después de la oración **10**.

  B. Comenzar un nuevo párrafo con la oración 5.

  C. Colocar la oración 5 al final del párrafo D.

  D. Eliminar la oración 5.

15. ¿Cuál de las siguientes correcciones mejoraría la efectividad del párrafo A?

    A. Colocar la oración 1 al final del párrafo A.
    B. Colocar la oración 2 después de la oración 4.
    C. Comenzar un nuevo párrafo con la oración 4.
    D. Eliminar la oración 3.

16. Oración 6: Él asará hamburguesas, salchichas y verduras.

    A. Colocar la oración 6 después de la oración 7.
    B. Colocar la oración 6 al final del párrafo A.
    C. Colocar la oración 6 al principio del párrafo C.
    D. Eliminar la oración 6.

17. ¿Cuál de estas oraciones sería más efectiva si se colocara al principio del párrafo B?

    A. El pollo asado es mi comida favorita.
    B. Muchos de los empleados de SoftCo son vegetarianos.
    C. SoftCo estará a cargo de toda la comida del evento.
    D. La presidente de SoftCo es una líder efectiva y una fantástica cocinera.

18. ¿Cuál de las siguientes correcciones mejoraría la efectividad del párrafo D?

    A. Colocar la oración 11 al final del párrafo C.
    B. Colocar la oración 11 después de la oración 12.
    C. Eliminar la oración 13.
    D. Eliminar la oración 14.

19. ¿Cuál de las siguientes correcciones mejoraría la efectividad de la circular?

    A. Unir los párrafos A y B.
    B. Unir los párrafos B y C.
    C. Colocar el párrafo C después del párrafo D.
    D. Colocar el párrafo A después del párrafo B.

20. ¿Cuál de estas correcciones adicionales podría mejorar la efectividad de la circular?

Comenzar un nuevo párrafo con

    A. la oración 3.
    B. la oración 8.
    C. la oración 13.
    D. la oración 16.

Escritura

21. Debo calentarle bien el café a mi hermano <u>para poder beberlo caliente.</u>

¿Cuál es la mejor manera de escribir la parte subrayada de la oración? Si la mejor opción es la original, elige la opción A.

A. para poder beberlo caliente.
B. para que pueda beberlo caliente.
C. para que puedas beberlo caliente.
D. para que puedan beberlo caliente.

22. El Sr. Rodríguez le dio una carta a José cuando pasó por el mercado.

¿Cuál es la mejor manera de escribir la oración? Si la mejor opción es la original, elige la opción A.

A. El Sr. Rodríguez le dio una carta a José cuando pasó por el mercado.
B. El Sr. Rodríguez le dio una carta a José cuando él pasó por el mercado.
C. Cuando el Sr. Rodríguez pasó por el mercado, le dio una carta a José.
D. Cuando el Sr. Rodríguez le dio una carta a José, él pasó por el mercado.

23. Byron va a clases de cocina para que <u>las comidas que son cocinadas por él sean comidas que tengan mucho mejor sabor.</u>

¿Cuál es la mejor manera de escribir la parte subrayada de la oración? Si la mejor opción es la original, elige la opción A.

A. las comidas que son cocinadas por él sean comidas que tengan mucho mejor sabor.
B. sus comidas tengan mucho mejor sabor.
C. las comidas que él pudiera llegar a cocinar fueran comidas que tuvieran mucho mejor sabor.
D. él pueda saborear comidas hechas por mejores cocineros.

24. Las pizzas congeladas son para los niños que están en el congelador.

¿Cuál es la mejor manera de escribir la oración? Si la mejor opción es la original, elige la opción A.

A. Las pizzas congeladas son para los niños que están en el congelador.
B. Las pizzas congeladas son para los niños, que están en el congelador.
C. Las pizzas congeladas que están en el congelador son para los niños.
D. Las pizzas, congeladas, son para los niños y están en el congelador.

25. Ella habría sido más feliz si <u>elegiría</u> una mejor universidad.

¿Cuál es la mejor manera de escribir la parte subrayada de la oración? Si la mejor opción es la original, elige la opción A.

A. elegiría
B. elegirá
C. eligiera
D. hubiera elegido

Escritura, parte II

La parte II del Examen preliminar está diseñada para evaluar qué tan bien escribes.

Instrucciones para el ensayo:

Observa el recuadro de la siguiente página. Allí podrás observar el tema asignado para tu ensayo.

Escribe un ensayo breve sobre el tema asignado. Lleva un control de cuánto tiempo te toma completar tu ensayo. No debería llevarte más de 45 minutos.

Ten en cuenta que tu ensayo debe incluir lo siguiente:

- Una idea principal bien orientada

- Una progresión clara de ideas y transiciones que contribuyan a la fluidez

- Un desarrollo específico de ideas que estén claramente conectadas con la idea principal

- Control de la estructura de las oraciones, la selección de palabras, la puntuación, la ortografía y el uso del lenguaje

Escritura

La parte II consiste en un examen para determinar qué tan bien puedes usar el lenguaje escrito para expresar tus ideas.

Al preparar tu ensayo, debes seguir los siguientes pasos:

- Lee las **INSTRUCCIONES** y el **TEMA** atentamente.

- Planifica tu ensayo antes de escribir. Usa papel borrador para hacer anotaciones y escribir las ideas importantes.

- Una vez que termines de escribir el ensayo, vuelve a leer lo que has escrito y realiza las correcciones que consideres necesarias para mejorar tu ensayo.

- Asegúrate de que tu ensayo sea lo suficientemente extenso como para desarrollar el tema adecuadamente.

Guía de respuestas

1. **C.** Las palabras importantes de los nombres de festividades se escriben con mayúscula inicial.

2. **A.** El sujeto de la oración es singular; el verbo debe concordar en número con el sujeto.

3. **B.** La forma correcta de citar las frases de otras personas es colocar dos puntos y luego comillas. La frase citada comienza con mayúscula.

4. **C.** El verbo *haber* es impersonal y siempre debe ser conjugado en singular.

5. **B.** *John y su hermana* es un sujeto compuesto; por lo tanto, el verbo *recoger* debe conjugarse en plural.

6. **D.** *Pero* es un conector de contraste. En este caso, no hay contraste entre la primera parte y la segunda parte de la oración. El conector adecuado es el conector temporal *mientras*.

7. **C.** En esta oración ocurren dos cosas. Para mostrar que el olvido de los cheques de viajeros ocurrió primero, se debe usar el pretérito pluscuamperfecto: *se habían olvidado*.

8. **D.** En esta proposición condicional, el verbo que sigue a *si* debería estar en subjuntivo.

9. **D.** Cuando los pronombres acompañan a las preposiciones se deben usar pronombres terminales.

10. **C.** *Porque los conductores de autobús están en huelga* no es una oración completa. La opción de respuesta C la convierte en una proposición subordinada.

11. **B.** *Por lo tanto* es un conector de consecuencia. Suele ir precedido por punto y coma, y debe estar seguido de coma.

12. **D.** La frase presenta una enumeración. Para escribir una enumeración se deben colocar comas entre cada elemento, pero nunca antes de *e* o *y*.

13. **B.** La oración B es una buena oración del tema para el párrafo porque indica la idea a la que se refieren todas las otras oraciones del párrafo.

14. **A.** Como en la oración 5 se habla de helados, debe colocarse en el párrafo en el que se habla de salsas y helados, después de la oración en la que se menciona la preparación de helados.

15. **B.** La oración 2 brinda más información acerca de los juegos acuáticos que los empleados podrán disfrutar en el parque. Debería ubicarse después de la oración 4, en la que se mencionan por primera vez los juegos.

16. **A.** La oración 6 brinda más detalles sobre la información que ofrece la oración 7. En consecuencia, la oración 6 debería ubicarse después de la oración 7.

17. **C.** La oración C es una buena oración del tema para el párrafo porque contiene la idea principal a la que se refieren todas las otras oraciones del párrafo.

18. **B.** La oración 11 desarrolla la idea de celebrar, que fue introducida en la oración 12; por consiguiente, la oración 11 debería ubicarse después de la oración 12.

19. **B.** En el párrafo C se continúa hablando acerca de la comida que habrá en el pícnic organizado por la compañía; por lo tanto, debería unirse al párrafo B.

20. **D.** La oración 16 presenta una nueva idea principal; por lo tanto, se podría comenzar un nuevo párrafo con ella.

21. **B.** La frase subrayada es incorrecta porque da a entender que quien realiza la acción de beber el café es el hablante, no su hijo. En la opción de respuesta B, al conjugarse el verbo *poder*, queda claro que es el hijo del hablante quien beberá el café.

22. **C.** No queda claro quién pasa por el mercado: el Sr. Rodríguez o José. La opción de respuesta C lo deja bien en claro.

23. **B** La frase subrayada es muy larga y repetitiva. La opción de respuesta B conserva el significado sin tanta repetición.

24. **C.** La frase *que están en el congelador* está mal colocada. Debería estar cerca del elemento al que modifica: *pizzas congeladas*. La frase original parece indicar que son los niños los que están en el congelador.

25. **D.** Como se expresa una condición imposible, el verbo principal debe estar en condicional compuesto o pretérito pluscuamperfecto del subjuntivo.

Parte I: Tabla de evaluación

Comprueba tu comprensión

En la siguiente tabla, encierra en un círculo las preguntas que hayas respondido de forma incorrecta. Junto a los números de las preguntas, verás las páginas que puedes repasar para responder las preguntas correctamente. Presta particular atención a las áreas en las que no respondiste correctamente la mitad o más de la mitad de las preguntas.

Área de destreza	Número de pregunta	Páginas de estudio
Sustantivos y pronombres	9	24–37
Verbos	7	44–59
Concordancia entre el sujeto y el verbo	2, 4, 5	60–69
Otros modificadores	24	86–91
Mayúsculas	1	98–107
Puntuación	3, 12	108–117
Combinar ideas en una oración	6, 10, 11	136–145
Escribir oraciones efectivas	7, 8, 21, 22, 25	146–155
Estilo y lenguaje	23	156–165
Estructura de los párrafos y oraciones del tema	13, 14, 15, 16, 17, 18, 19, 20	172–179

Escritura

Pautas de evaluación para la parte II

Si es posible, entrega tu ensayo a tu profesor para que lo evalúe. Su opinión objetiva te ayudará a decidir si estás listo para empezar a prepararte para un examen de escritura. Si no es posible, pide a otro estudiante que evalúe tu ensayo. Si esto tampoco es posible, revísalo tú mismo. Si eres tú quien evaluará el ensayo, es recomendable que dejes pasar unos días antes de comenzar a hacerlo. De esta manera, tendrás la misma mirada que alguien que lo lee por primera vez. En cualquier caso, usa la lista de comprobación que se encuentra en la siguiente página como guía para evaluar el ensayo.

Luego de evaluar tu ensayo con la lista de comprobación, mira el número que marcaste para cada pregunta. Presta atención a las preguntas en las que marcaste un 2 o un 1, ya que esto indica que necesitas práctica adicional en ciertas destrezas de escritura. Para mejorar tu desempeño, puedes estudiar las siguientes secciones:

1. Si tuviste dificultades para responder la pregunta de la instrucción de escritura, revisa las páginas 172–179.

2. Si tuviste dificultades para organizar tus ideas, consulta el Capítulo 6.

3. Si tuviste dificultades para respaldar la idea principal con detalles o ejemplos, consulta las páginas 172–179.

4. Si tuviste dificultades para escribir palabras y oraciones correctamente y para usar estructuras y lenguaje variados en tu texto, consulta los Capítulos 1–5.

Si es posible, habla con tu profesor, con otro estudiante o con un amigo acerca de tu texto. Juntos podrán identificar los puntos fuertes y los puntos débiles de tus destrezas de escritura. Luego de esta evaluación, consulta las secciones de este libro que te ayudarán a mejorar tu escrito.

Escritura

LISTA DE COMPROBACIÓN PARA EVALUAR EL ENSAYO

A. ¿Tu ensayo aborda la pregunta que se plantea en la instrucción de escritura a través de una idea principal clara y sin apartarse del tema?

☐ **1.** No, mi ensayo no aborda la pregunta, tiene una idea principal débil y se aparta del tema.

☐ **2.** Mi ensayo tiene una idea principal clara que aborda la pregunta, pero también incluye algunos puntos que no están directamente relacionados con la idea principal.

☐ **3.** Sí, mi ensayo tiene una idea principal clara que aborda la pregunta, y todos los subtemas se relacionan con la idea principal.

☐ **4.** Sí, mi ensayo tiene una idea principal sólida que aborda la pregunta, y los subtemas revelan conexiones relevantes con la idea principal.

B. ¿Las ideas de tu ensayo están bien organizadas? ¿Hay suficientes subtemas y conectores?

☐ **1.** No, las ideas de mi ensayo están desordenadas y no hay subtemas ni conectores.

☐ **2.** Mi ensayo demuestra una cierta planificación, pero no tiene suficientes subtemas ni conectores.

☐ **3.** Sí, las ideas de mi ensayo se relacionan de manera lógica con más de un subtema y algunos conectores.

☐ **4.** Sí, mi ensayo está bien organizado; incluye varios subtemas y conectores adecuados.

C. ¿Los párrafos de tu ensayo incluyen detalles para respaldar la idea principal? ¿Se indica claramente la relación entre los detalles y la idea principal?

☐ **1.** No, muchos párrafos de mi ensayo incluyen detalles que no respaldan la idea principal, o directamente no incluyen ningún detalle.

☐ **2.** Muchos párrafos incluyen suficientes detalles de apoyo, pero no se indica la relación entre los detalles y la idea principal.

☐ **3.** Sí, los párrafos de mi ensayo incluyen detalles relevantes y precisos; la relación entre los detalles y la idea principal se indica de manera sencilla.

☐ **4.** Sí, los párrafos de mi ensayo incluyen detalles excelentes y relevantes; la relación entre los detalles y la idea principal se explica por completo.

D. ¿Las oraciones de tu ensayo incluyen lenguaje y estructuras variados y cumplen con las normas de puntuación y ortografía?

☐ **1.** No, las oraciones de mi ensayo no están correctamente redactadas ni varían en estructura, y la mayoría de ellas tienen errores relacionados con las normas de puntuación y ortografía.

☐ **2.** Las oraciones de mi ensayo incluyen palabras adecuadas pero no del todo precisas, una estructura básica y algunos errores relacionados con las normas de puntuación y ortografía.

☐ **3.** Sí, las oraciones de mi ensayo varían un poco en estructura, incluyen palabras adecuadas y específicas y solo contienen algunos pequeños errores relacionados con las normas de puntuación y ortografía.

☐ **4.** Sí, las oraciones de mi ensayo presentan un lenguaje excelente, una gran variedad de estructuras y casi no contienen errores relacionados con las normas de puntuación y ortografía.

UNIDAD 1

Convenciones del español

La oración y sus componentes

Lee esta nota:

Por favor, coloca eso por allí.

La nota no está clara. ¿A qué nos referimos con *eso*? ¿Dónde es *por allí*?

Ahora lee estas dos oraciones. Presta atención a los signos de puntuación.

¡John se fue corriendo!

¿John se fue corriendo?

Estas oraciones expresan dos sentimientos distintos. ¿Qué sentimiento expresa el autor en cada oración?

Hemos comentado dos ejemplos acerca de la importancia de escribir con claridad.

En este capítulo aprenderás sobre la oración y sus componentes. Estas destrezas básicas son pilares que te ayudarán a progresar en la escritura. A medida que avances en el capítulo, piensa cómo te ayudan las destrezas y contenidos que estás aprendiendo a mejorar como escritor.

Esto es lo que aprenderás en este capítulo:

Lección 1.1: Oraciones
¿Puedes mencionar los cuatro tipos de oraciones? Aprenderás acerca de ellos en esta lección.

Lección 1.2: Sustantivos y pronombres
¿Cuál es la diferencia entre un sustantivo común y un sustantivo propio? ¿Cuándo se usan los pronombres *yo, me* y *mí*? ¿Qué es un antecedente? ¿Qué pasa si en el texto que escribes no incluyes un antecedente claro?

Responder estas preguntas es el primer paso para dominar el proceso de escritura.

Establecer objetivos

Mejorar tus destrezas de escritura te ayudará a comunicarte mejor. Si escribes a alguien a quien nunca has visto, como un potencial empleador, esa persona solo podrá saber quién eres a partir de las palabras que eliges y el modo en que las usas para formar oraciones. Una buena manera de mejorar tu escritura es practicar. Comienza a escribir un diario en un cuaderno y escribe todos los días. Puedes escribir acerca de cualquier cosa que te interese: una noticia, el tiempo o tu futuro. Piensa cómo podrías mejorar tu vida a partir de una mejor escritura.

¿Qué escribes a diario (por ejemplo, correos electrónicos, un diario, solicitudes de empleo)?

_____

_____

_____

¿Por qué crees que es importante escribir con claridad?

_____

_____

_____

¿Qué te gustaría aprender acerca de la escritura?

_____

_____

_____

Oraciones

Objetivos de la lección

Serás capaz de:
- identificar oraciones.
- identificar diferentes tipos de oraciones.

Destrezas

- **Destreza principal:**
  Aplicar el conocimiento del lenguaje
- **Destreza de lectura:**
  Comparar y contrastar

Vocabulario

determinar
fragmento
identificar
oración
predicado
sujeto

CONCEPTO CLAVE: Una oración es un conjunto de palabras que expresa una idea y que contiene un sujeto y un predicado.

Selecciona la oración completa:

1. Tomás, Juan y John.

2. Por el parque.

3. María durmió durante 10 horas.

4. El cachorro blanco de peluche.

Oraciones simples

Una **oración** es un conjunto de palabras que expresa una idea y que contiene un sujeto y un predicado. Cuando escribes oraciones completas, los lectores comprenden tus ideas con claridad.

Sujetos y predicados

El **sujeto** es la persona o cosa sobre la que trata la oración. Lee la siguiente oración y determina el sujeto:

La mujer compró dos boletos para el concierto.

Esta oración es acerca de la mujer. Por lo tanto, el sujeto es *la mujer*.

El **predicado** de una oración indica lo que es o hace el sujeto. Ahora determina el predicado en la oración del ejemplo anterior.

Debes haber podido **identificar** que el predicado está formado por las palabras *compró dos boletos para el concierto*.

Además de tener un sujeto y un predicado, una oración debe expresar una idea completa. Luego de leer una oración no deberías hacerte preguntas como *¿De quién se habla?, ¿Quién lo hizo?* o *¿Qué sucedió?*

La siguiente oración tiene un sujeto y un predicado y expresa una idea completa.

La mujer	compró dos boletos para el concierto del viernes.
SUJETO	PREDICADO

COMPARAR Y CONTRASTAR

Cuando piensas de qué modo se asemejan dos o más personas o cosas, estás **comparando**. Cuando piensas de qué modo se diferencian, estás **contrastando**. A menudo los escritores usan comparaciones y contrastes para hacer más interesantes sus textos y para ayudar a los lectores a visualizar lo que leen.

En algunos textos se comparan dos personas o cosas en la misma oración, mientras que en otros se comparan en dos oraciones consecutivas. En este caso, la primera oración describe una cosa o persona y la segunda describe otra. También hay textos en los que se describe cada cosa en párrafos distintos.

Para comparar y contrastar, pregúntate: *¿Cómo se asemejan estas dos personas (o lugares, o cosas)? ¿En qué se diferencian?*

Lee el siguiente párrafo sobre Inez y Alma. ¿En qué se asemejan y en qué se diferencian?

(1) Inez y Alma son hermanas. (2) A Inez le gusta pasar su tiempo libre relajada y leyendo, hablando con amigos o incluso durmiendo un poco por la tarde. (3) Alma prefiere salir a caminar, andar en bicicleta o nadar en la piscina de su barrio. (4) A las dos les gusta cocinar y hornear pasteles.

En la oración 1 se enuncia que Inez y Alma son hermanas.
Las comparaciones se establecen en las dos oraciones siguientes. En la oración 2 se describen las actividades que Inez prefiere hacer en su tiempo libre, mientras que en la oración 3 se describen aquellas que prefiere Alma. Comparamos la información de las dos oraciones para saber en qué se diferencian las hermanas. En la oración 4 se explica en qué se asemejan.

Sujetos simples y compuestos

La oración simple es la forma más básica de la oración. Tiene al menos un sujeto y un predicado.

El sujeto es la persona o cosa sobre la que trata la oración. El **núcleo del sujeto** es una parte del sujeto de la oración. Indica a quién o a qué hace referencia la oración, pero no incluye las palabras descriptivas que forman parte del sujeto.

Lee el siguiente ejemplo e identifica el núcleo del sujeto.

Un hombre delgado y enfadado	subió los peldaños de la escalera.
SUJETO	PREDICADO

El núcleo del sujeto es *hombre*. El núcleo indica sobre quién trata la oración.

A veces el sujeto está compuesto por más de un núcleo y esos núcleos están conectados por palabras. Un sujeto que tiene varios núcleos conectados por palabras como *y* u *o* se denomina **sujeto compuesto**. En la siguiente oración, el sujeto compuesto es *Mi hermano y su esposa*.

Mi hermano y su esposa rentaron un carro por el día.

Verbos y frases verbales

Todos los predicados tienen un **verbo** que indica aquello que el sujeto es o hace. El verbo es la parte más importante del predicado. El verbo no incluye las palabras descriptivas que están en el predicado. A veces el verbo indica una acción, tal como se observa en la siguiente oración:

Mary Rios	subió al escenario.
SUJETO	PREDICADO

El verbo es *subió* e indica lo que hace el sujeto, Mary Rios.

A menudo se necesita una **frase verbal,** es decir, un verbo compuesto por dos o más palabras, para expresar una acción o un estado. Este es un modo de mostrar si la acción o el estado ocurren en el pasado, en el presente o en el futuro. En la siguiente oración, las palabras *había esperado* forman la frase verbal.

El fotógrafo	había esperado	pacientemente que el oso despertara.
SUJETO	VERBO	

APLICA LA ESCRITURA

Instrucciones: Subraya con una línea el núcleo del sujeto o los núcleos del sujeto compuesto. Luego, subraya el verbo con dos líneas.

Ejemplo: Las hojas de otoño y las bayas crujían bajo nuestros pies.

1. El entrenador del equipo debería ganar un premio.

2. Todos han pedido algo distinto para comer.

3. Andrej buscó las llaves del carro en su bolsillo.

4. El señor y la señora Hastings devolvieron la lámpara defectuosa.

5. El autobús viejo y herrumbrado salió despacio a la calle.

Fragmentos

Un grupo de palabras que no incluye un sujeto y un predicado y que no expresa una idea completa se denomina *fragmento*. Un fragmento es una oración incompleta. Analiza el siguiente grupo de palabras y determina si se trata de una oración o un fragmento.

La fiesta de ayer.

El grupo de palabras tiene un sujeto, *la fiesta de ayer*, pero no tiene predicado. La oración no expresa una idea completa. ¿Qué sucedió en la fiesta de ayer? Si añadimos el predicado *fue un éxito*, la oración expresa una idea completa.

La fiesta de ayer fue un éxito.

También se forman fragmentos cuando un grupo de palabras comienza con conectores como *porque, cuando*, o *si* y la idea no está completa.

Si tomas el tren que sale más temprano.

Este grupo de palabras no dice qué pasará si tomas el tren que sale más temprano. Un modo simple de completar el fragmento es combinarlo con otra oración.

Si tomas el tren que sale más temprano, yo te llevaré a la estación.

Ahora la oración está completa. El sujeto es *yo* y el predicado *es te llevaré a la estación*.

Tanto las oraciones completas como los fragmentos de oraciones proveen información, pero las oraciones proveen información más completa. En algunas ocasiones usar fragmentos de oraciones es correcto:

- en la comunicación oral.

- en la comunicación informal, como en mensajes de texto.

- en notas o recordatorios.

En las comunicaciones formales es recomendable utilizar oraciones completas. Lee la lista de situaciones. Decide si deberías utilizar solo oraciones completas o si también podrían usarse fragmentos de oraciones. Escribe en un cuaderno una justificación para cada una de tus decisiones.

Un e-mail para tu jefe.

Un ensayo en un examen.

Una conversación en línea con un amigo.

Cuando comparas y contrastas, piensas de qué modo se asemejan o se diferencian dos o más cosas.

Recuerda: todas las oraciones completas son similares porque tienen un sujeto y un predicado y expresan una idea completa. Una oración puede ser enunciativa, imperativa, exclamativa o interrogativa.

Compara y contrasta los tipos de oraciones en los ejemplos que siguen. ¿En qué se asemejan? ¿En qué se diferencian?

¡Esa fue la mejor película que vi en mi vida!

La película comenzó a las 8:00.

¿Dónde nos sentamos?

Compra palomitas de maíz.

APLICA LA **ESCRITURA**

Instrucciones: Lee cada grupo de palabras. Escribe *O* si es una oración o *F* si es un fragmento.

Ejemplo: ___*F*___ En Saint Louis.

1. _____ Usted debe comprar tres sellos para enviar esa carta.
2. _____ Ayer, Sam y su sobrino pescaron durante todo el día.
3. _____ Cuando esa pesada revista cayó al suelo.
4. _____ ¡Esta habitación es un desastre!
5. _____ Mi cliente en Dallas le enviará los documentos.
6. _____ Corriendo velozmente calle abajo.
7. _____ Mi ex vecino y amigo.
8. _____ Los obreros se movían con cuidado por el edificio en construcción.
9. _____ Porque usted y sus compañeros de trabajo son un equipo.
10. _____ Juanita recibió muchísimas tarjetas cuando estuvo enferma.

Tipos de oraciones

Hay cuatro tipos de oraciones: enunciativas, imperativas, exclamativas e interrogativas. Cada tipo de oración se utiliza para fines diferentes.

Oración enunciativa Una **oración enunciativa** provee información o establece algo. Este tipo de oración termina con un punto.

> La joven compró dos boletos para el concierto.

Oración interrogativa Una **oración interrogativa** pregunta sobre algo. Estas oraciones comienzan y terminan con signos de interrogación.

> ¿Allí atienden bien los meseros?

> ¿Vendrá Pedro al concierto?

En la mayoría de los casos, el sujeto está antes del predicado. Pero en algunas oraciones interrogativas este orden se invierte y el predicado aparece primero. Esto hace que en las oraciones interrogativas sea más difícil identificar el sujeto. Un modo simple de hacerlo es cambiar el orden de las palabras y transformar la pregunta en una afirmación:

¿Allí atienden bien los meseros? ⟶ | Los meseros | atienden bien allí. |
SUJETO   PREDICADO

En algunas preguntas el sujeto se encuentra entre las distintas partes del predicado. Para hallar el sujeto, cambia el orden de las palabras y forma una afirmación.

¿Vendrá Pedro al concierto? ⟶ | Pedro | vendrá al concierto. |
SUJETO   PREDICADO

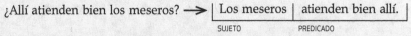

Oración imperativa Una **oración imperativa** se usa para expresar una orden o un pedido. Puede terminar con un punto o aparecer entre signos de exclamación si ese pedido se hace con tono urgente o de alarma.

> Cierra la puerta.
>
> Ven, por favor.
>
> ¡Vete de aquí ahora mismo!
>
> ¡No te asomes al precipicio!

En estas oraciones el sujeto no aparece explícitamente, pero está sobreentendido: es *tú*.

> Tú + cierra la puerta.
>
> Tú + ven, por favor.
>
> Tú + vete de aquí ahora mismo.
>
> Tú + no te asomes al precipicio.

Oración exclamativa Una **oración exclamativa** se usa para expresar emoción o sorpresa. Siempre comienza y termina con signos de exclamación. Como en el caso de las oraciones imperativas, algunas palabras pueden estar sobreentendidas y, en consecuencia, omitirse. A menudo, completarla puede ayudarte a encontrar el sujeto.

> ¡Fuego! ⟶ Algo se ha prendido + fuego.
>
> ¡Maravilloso! ⟶ Esto es + maravilloso.
>
> ¡Una gran película! ⟶ Esa fue + una gran película.

ESCRIBIR PARA APRENDER

Cada tipo de oración requiere signos de puntuación específicos.

- Una oración enunciativa termina con un punto.
- Una oración interrogativa comienza y termina con un signo de interrogación.
- Una oración imperativa puede terminar con un punto o aparecer entre signos de exclamación.
- Una oración exclamativa comienza y termina con un signo de exclamación.

Escribe un ejemplo de cada tipo de oración en un cuaderno. Asegúrate de utilizar los signos de puntuación correspondientes.

APLICA LA **ESCRITURA**

Instrucciones: Coloca el o los signos de puntuación correspondientes para cada oración.

Ejemplo: Cuidado con ese carro _____¡!_

1. Brian se puso de pie lentamente _____
2. Ten cuidado con esa cortadora de césped _____
3. Está saliendo humo del techo _____
4. Dónde encontraste el libro _____
5. Deja de saltar en la cama _____
6. El tren pasa cada cinco minutos _____
7. Has visto mi radio _____
8. El señor Luna se fue hace 20 minutos _____
9. Qué pesadilla _____
10. Podrías alcanzarme un vaso _____

Repaso de vocabulario

Instrucciones: Empareja cada palabra de la columna 1 con su definición de la columna 2.

Columna 1

1. _____ determinar
2. _____ fragmento
3. _____ predicado
4. _____ oración
5. _____ sujeto

Columna 2

A. una oración incompleta
B. la parte de la oración que indica qué es o qué hace el sujeto
C. a qué o quién se refiere una oración
D. definir algo
E. una idea completa que se expresa con un sujeto y un predicado

Repaso de destrezas

Instrucciones: Lee cada grupo de palabras. Escribe *O* si es una oración completa y *F* si es un fragmento.

1. _____ Caminar a la tienda.
2. _____ ¿Cuán lejos está el cine?
3. _____ ¡Esta pizza ha sido la mejor que comí en mi vida!
4. _____ Porque olvidé mis llaves.
5. _____ Cuando sonó el despertador esta mañana.
6. _____ Sara le cocinó a José un pastel delicioso.

Instrucciones: Lee el siguiente párrafo sobre Bart y Brad. Luego, usa la tabla "Comparar y contrastar" para identificar las oraciones en las que se indique en qué se asemejan y aquellas en las que se señale en qué se diferencian.

(1) Bart y Brad forman parte del equipo de natación. (2) A los dos les gusta mucho la piscina de su centro comunitario. (3) Bart compite en carreras cortas para las que se necesita mucha velocidad. (4) Brad compite en carreras largas para las que se necesita mucha resistencia. (5) Aunque ganen o pierdan, ¡siempre se felicitan el uno al otro!

COMPARAR Y CONTRASTAR

Semejanzas	Diferencias
Oración (1)	

Práctica de destrezas

Instrucciones: Elige la mejor respuesta para cada pregunta.

1. A quién le gustaría ir al concierto.

   ¿Qué corrección hay que hacer en esta oración?

   A. reemplazar el punto con un signo de exclamación y agregar otro signo de exclamación al principio
   B. reemplazar el punto con un signo de interrogación y agregar otro signo de interrogación al principio
   C. eliminar el punto
   D. transformar la oración en una oración imperativa

2. ¿Ten cuidado con esa escalera, que se está cayendo?

   ¿Qué corrección hay que hacer en esta oración?

   A. colocar un sujeto
   B. sacar el signo de interrogación del principio y reemplazar el del final por un punto
   C. reemplazar los signos de interrogación por signos de exclamación
   D. colocar un predicado

3. Podrías devolver este libro a la biblioteca, por favor.

   ¿Qué corrección hay que hacer en esta oración?

   A. reemplazar el punto con un signo de interrogación y agregar otro signo de interrogación al principio
   B. colocar un sujeto
   C. reemplazar el punto con un signo de exclamación y agregar otro signo de exclamación al principio
   D. colocar un verbo

4. <u>Porque el aire</u> estaba muy contaminado.

   ¿Cuál es el mejor modo de escribir la parte subrayada para tener una oración completa? Si la opción original es la mejor, elige la opción (A).

   A. Porque el aire
   B. Se votó una ley ecológica porque el aire
   C. La contaminación del aire, que
   D. Una fuente de contaminación que

5. Durante la lluvia, <u>la ventana del carro.</u>

   ¿Cuál es el mejor modo de escribir la parte subrayada para tener una oración completa? Si la opción original es la mejor, elige la opción (A).

   A. la ventana del carro.
   B. ¿la ventana del carro?
   C. la ventana del carro se arruinó.
   D. la ventana se arruinó del carro.

6. <u>Migrar miles de millas hacia el sur</u> desde Canadá.

   ¿Cuál es el mejor modo de escribir la parte subrayada para tener una oración completa? Si la opción original es la mejor, elige la opción (A).

   A. Migrar miles de millas hacia el sur
   B. Los lobos que suelen migrar
   C. Manadas de lobos
   D. Los lobos suelen migrar miles de millas hacia el sur

Práctica de escritura

Instrucciones: Repasa las oraciones **3** y **4** del párrafo sobre Bart y Brad que está en la página **22**. Únelas formando una comparación que pueda expresarse en una sola oración.

Sustantivos y pronombres

Has aprendido que las oraciones tienen un sujeto y un predicado. También has aprendido que las oraciones deben expresar una idea completa. Lee las siguientes oraciones. Subraya el sujeto una vez y el predicado dos veces. Si la oración está incompleta, reescríbela de manera que exprese una idea completa. Luego, identifica el sujeto y el predicado.

María está buscando un trabajo nuevo.
El trabajo perfecto.
La corbata amarilla de Luis.

Objetivos de la lección

Serás capaz de:

- identificar tipos de sustantivos y usarlos correctamente.
- identificar las funciones de los pronombres y usarlos correctamente.
- revisar un texto para corregir errores en el uso de sustantivos y pronombres.

Destrezas

- **Destreza principal:** Demostrar dominio de las convenciones del español
- **Destreza principal:** Usar lenguaje preciso

Vocabulario

abstracto
antecedente
convención
género
posesivo
pronombre
singular
sustantivo

Sustantivos y pronombres

Los sustantivos hacen que la escritura sea **precisa**. Indican a los lectores de qué o de quién se habla. Sin embargo, usar muchos sustantivos hace que la escritura sea repetitiva y monótona. Para mejorar los textos, los escritores pueden usar **pronombres.**

Los pronombres son palabras que refieren o reemplazan a los sustantivos. Los escritores deben asegurarse de que la relación entre pronombres y sustantivos sea clara para los lectores.

Sustantivos

Hay dos clases principales de sustantivos: los **propios** y los **comunes**. Los sustantivos propios nombran a personas, lugares o cosas específicas, como *Normal Rockwell, Detroit* o *Newsweek.* Los sustantivos comunes nombran grupos completos o clases de personas, lugares o cosas, como *artista, ciudad* o *revista.*

Algunos sustantivos que nombran a personas, lugares o cosas se llaman **sustantivos concretos.** Nombran a personas, lugares o cosas que podemos percibir por medio de los sentidos: vista, oído, tacto, gusto y olfato. Los **sustantivos abstractos** nombran ideas o emociones que no tienen forma física, por lo que no se pueden percibir por medio de los sentidos.

Sustantivos concretos	Sustantivos abstractos
sala, escritorio, computadora, supervisor, Los Ángeles	precisión, colaboración, honestidad, orgullo, excelencia

Un **sustantivo singular** nombra solo una persona, lugar o cosa. Un **sustantivo plural** nombra más de una persona, lugar o cosa.

Hay distintas maneras de indicar el plural.

- Cuando el sustantivo singular termina en vocal, el plural se forma añadiendo la terminación -s.

  el carro > los carros   la camisa > las camisas

- Cuando el sustantivo singular termina en una consonante, el plural se forma añadiendo la terminación -es.

  el color > los colores   el camión > los camiones
  el girasol > los girasoles   el reloj > los relojes

- Algunos sustantivos singulares que terminan en una vocal acentuada forman su plural con la terminación -es.

  un israelí > unos israelíes   un hindú > unos hindúes
  el maní > los maníes

- Cuando el sustantivo singular termina en -z, el plural se forma eliminando la -z y añadiendo la terminación -ces.

  la nariz > las narices   la luz > las luces
  el avestruz > los avestruces   el aprendiz > los aprendices

- Algunos sustantivos son iguales en singular y en plural.

  el cactus > los cactus   la crisis > las crisis
  el ómnibus > los ómnibus   el análisis > los análisis

- Los sustantivos formados por la unión de dos palabras forman el plural de la misma manera que cualquier palabra. Según las reglas generales, algunos forman su plural con –s, otros con –es, otros reemplazan la –z final por –ces y otros son iguales en singular y en plural.

  el mediodía > los mediodías   la telaraña > las telarañas
  el ferrocarril > los ferrocarriles   el tragaluz > los tragaluces
  el arcoíris > los arcoíris

CONEXIÓN CON EL
TRABAJO

Sustantivos comunes

En el trabajo te encontrarás con muchos sustantivos propios, como Imprenta ABC o Insumos XYZ. También deberás conocer diversos sustantivos comunes. Algunos sustantivos comunes que suelen usarse en el trabajo son:

beneficio
conferencia
desempeño
equipo
gerente
objetivos
programa
prototipo
tablas

Crea una lista de otros sustantivos comunes que podrían usarse en el trabajo.

Las **convenciones** son modos de escribir o hablar en una lengua que se consideran correctos. A veces en una misma oración hay pronombres de objeto directo y de objeto indirecto. En ese caso, usamos el pronombre *se* para el objeto indirecto. Por ejemplo:

- Marcus dio un libro a Frank.
- Marcus se lo dio.

En un cuaderno, vuelve a escribir estas oraciones usando el pronombre *se* junto a un pronombre de objeto directo.

Mamá dio una fruta a Ana.

Cecilia contó el chiste a Samuel.

Pronombres

Recuerda que los pronombres refieren o reemplazan a los sustantivos. Hay distintos tipos de pronombres según la función que cumplen en la oración.

Los **pronombres de sujeto** reemplazan sustantivos y ocupan el lugar del sujeto de la oración.

Muchas veces no es necesario expresar el sujeto porque el contexto es suficiente.

- Quincy es mi tío favorito. (sustantivo propio)
- Él es mi tío favorito. (pronombre)
- Es mi tío favorito. (sujeto tácito)

El pronombre de sujeto puede servir para hacer una comparación o expresar énfasis.

- Yo no tengo mascota, pero ella sí. (comparación)
- Eso es algo que tendrás que decidir tú. (énfasis)

Pronombres de sujeto en singular	Pronombres de sujeto en plural
yo	nosotros
tú	ustedes
él, ella	ellos, ellas

Los **pronombres de objeto** reemplazan sustantivos y ocupan el lugar del objeto, es decir, la persona o cosa que recibe la acción del verbo.

El objeto puede ser directo o indirecto.

- Luciana saludó a María. (objeto directo del verbo *saludó*)
- Luciana la saludó.
- Andrés regaló un libro a Luis. (objeto indirecto del verbo *regaló*)
- Andrés le regaló un libro.

Pronombres de objeto en singular	Pronombres de objeto en plural
me	nos
te	los, las (objeto directo) les (objeto indirecto)
lo, la (objeto directo) le (objeto indirecto)	los, las (objeto directo) les (objeto indirecto)

Los **pronombres de término** reemplazan sustantivos y aparecen luego de una preposición. Una preposición relaciona sustantivos, pronombres y frases con otras palabras de una oración.

- Por favor, trae una silla para Ana. (término de la preposición *para*)
- Por favor, trae una silla para ella.
- Por favor, trae una silla para mí.

Pronombres de término en singular	Pronombres de término en plural
mí	nosotros
ti	ustedes
él, ella	ellos, ellas

Con la preposición *con*, se usan las formas *conmigo* y *contigo*.

Posesivo

Algunas palabras sirven para indicar que algo o alguien pertenece a una persona o cosa. Son los llamados **posesivos**.

Existen pronombres posesivos y adjetivos posesivos. Tantos unos como otros indican a quién pertenece aquello de lo que se habla. Algunas palabras solo pueden funcionar como adjetivos posesivos, es decir, modificando a un sustantivo al que acompañan. Reemplazan a expresiones que comienzan con la preposición *de*:

- La casa de Tomás está en el pueblo.
- Su casa está en el pueblo.

Otras palabras pueden funcionar como adjetivos posesivos o como pronombres posesivos según su posición. Si aparecen junto a sustantivos, son adjetivos posesivos:

- Un amigo mío fue a Venecia.

Si aparecen junto a artículos o verbos, son pronombres posesivos.

- John anduvo en su bicicleta y yo anduve en la mía.
- Este pañuelo es tuyo.

	Posesivos en singular	Posesivos en plural
Adjetivos	mi	mis
	tu	tus
	su	sus
Adjetivos o pronombres	mío, mía	míos, mías
	tuyo, tuya	tuyos, tuyas
	suyo, suya	suyos, suyas

APLICA LA ESCRITURA

Instrucciones: Reescribe las siguientes oraciones con el pronombre o posesivo correcto. Si la oración no tiene errores, escribe "correcta".

1. Patricia necesitaba un libro y Lucas le lo dio.

   _____

2. Traje un regalo para tú.

   _____

3. Fernando nos contó un cuento de su país.

   _____

4. Tus zapatos me quedan grandes; usaré los mis.

   _____

Concordancia

Número

Los pronombres y los posesivos siempre deben concordar con su **antecedente** en número. El **antecedente** es el sustantivo al que refiere el pronombre o posesivo.

- Si un pronombre refiere a un sustantivo en singular (una cosa o una persona), debe estar en singular.

  La niña está durmiendo. (sustantivo singular)

  Ella está durmiendo. (pronombre singular)

- Si el pronombre refiere a un sustantivo en plural (más de una cosa o una persona), debe estar en plural.

  Tengo un regalo para mis vecinos (sustantivo plural)

  Tengo un regalo para ellos. (pronombre plural)

- Si el pronombre refiere a dos o más sustantivos unidos por *y*, debe estar en plural.

  Vi a Laura y su hermana esta mañana. (dos sustantivos)

  Las vi esta mañana. (pronombre plural)

- Si un posesivo se usa con un sustantivo en singular, debe estar en singular. Si se usa con un sustantivo en plural, debe estar en plural.

  Mi cuaderno es azul. (singular)

  Sus flores están muy bonitas. (plural)

- Si un posesivo refiere a un sustantivo en singular y se usa con un artículo en singular, debe estar en singular. Si refiere a un sustantivo en plural y se usa con un artículo en plural, debe estar en plural.

  Mi cuaderno es azul pero el cuaderno de Ariel es rojo. (singular)

  Mi cuaderno es azul pero el suyo es rojo. (singular)

  Me gustan estas galletas pero prefiero las galletas de Rolo. (plural)

  Me gustan estas galletas pero prefiero las suyas. (plural)

Género

El género de un sustantivo indica si es femenino o masculino. Si tienes dudas, en la mayoría de los casos puedes preguntarte si la palabra va acompañada de *él* o *la*.

el carro (masculino)   la bicicleta (femenino)

Algunos pronombres tienen formas masculinas y formas femeninas:

Pronombres masculinos	Pronombres femeninos
él, ellos, lo, los	ella, ellas, la, las

- Los pronombres deben concordar en género con el sustantivo al que reemplazan.

  Las señoras salieron de compras. Ellas compraron ropa. (femenino)

  Compré un telescopio para mirar el cielo. Lo compré ayer. (masculino)

- Los posesivos que se usan con artículo deben concordar en género con el sustantivo al que refieren y el artículo que acompañan.

  Este es mi lápiz y ese es el lápiz de Lucía. Me gusta más el suyo. (masculino)

  Estábamos cerca de mi casa y la casa de Luis. Yo me fui a mi casa y Luis se fue a la suya. (femenino)

Persona

Los pronombres deben mantener el mismo punto de vista que sus antecedentes. Cuando un escritor decide quién relatará el cuento, elige el punto de vista. Cuando un cuento está en primera persona, el narrador habla de sí mismo. Cuando está en segunda persona, el narrador le habla al lector. Cuando está en tercera persona, el narrador observa lo que pasa y se lo cuenta al lector.

Los pronombres personales nombran a la primera, segunda o tercera persona en singular o en plural.

	Singular	Plural
Primera persona	yo, me, mí,	nosotros, nos
Segunda persona	tú, te, ti	ustedes, los, las, les
Tercera persona	él, ella, lo, la, le	ellos, ellas, los, las, les

Los posesivos señalan a la persona que tiene algo.

Persona	Posesivos	Ejemplos
yo	mi, mis, mío, mía, míos, mías	¿Dónde están mis llaves?
tú	tu, tus, tuyo, tuya, tuyos, tuyas	¿Ese poema es tuyo?
usted	su, sus, suyo, suya, suyos, suyas	¿Estos son mis libros o los suyos?
él/ella	su, sus, suyo, suya, suyos, suyas	Manuel se confundió mi mochila con la suya.
nosotros	nuestro, nuestra, nuestros, nuestras	Nuestra familia es muy grande.
ustedes	su, sus, suyo, suya, suyos, suyas	¿Ustedes viajan con su familia?
ellos/ellas	su, sus, suyo, suya, suyos, suyas	Las niñas fueron a su casa.

A pesar de que los sustantivos son precisos, es importante evitar repetirlos para que el texto no sea monótono. Por otra parte, si un texto tiene muchos pronombres se vuelve vago e impreciso. Los buenos escritores deben buscar una manera de equilibrar la precisión y el interés. Copia este texto en un cuaderno, reemplazando los pronombres con posesivos, sustantivos u otros pronombres, o eliminando los pronombres innecesarios.

Ella quiere ser una gran artista. La semana pasada ella fue con la mamá de ella a una tienda de arte. Compró pinceles de varios tamaños y luego puso los pinceles en su mochila. Cuando llegaron a su casa, él le dijo que con esos materiales ella podría hacer muchas obras de arte y que él colgaría sus obras de arte en la pared.

Los publicistas usan lenguaje conciso y oraciones simples para vender sus productos. A menudo usan imágenes para aclarar lo que dice el texto. Por ejemplo, imagina un anuncio de un perfume. El texto dice "Ellos también lo usan". La imagen muestra a los miembros de una banda de música. Si lo consideramos de manera aislada, *ellos* podría hacer referencia a cualquier grupo de personas, pero con la imagen sabemos exactamente a quiénes hace referencia.

Busca un anuncio impreso o digital en el que se usen pronombres. En un cuaderno, describe el anuncio y analiza cómo la imagen y el texto se combinan para expresar el mensaje.

Responde estas preguntas:

¿Qué claves del texto permiten aclarar el pronombre?

¿Qué claves visuales permiten aclarar el pronombre?

¿Por qué crees que el publicista se apoya en imágenes para promover su mensaje o vender su producto?

ANTECEDENTE AMBIGUO

Todos los pronombres deben tener un antecedente claro. Si el referente es ambiguo, el lector tendrá dudas acerca del significado de la oración.

- Antes de poner los libros en los estantes, Lamar los limpió.
- ¿Lamar limpió los libros o los estantes? En este caso hay varios antecedentes posibles.
- El oyente llamó a la radio, pero ellos no respondieron.
- ¿Quién no respondió? ¿La radio? En este caso falta el antecedente (los técnicos de la radio).

Para evitar este tipo de errores,

- ...reemplaza el pronombre con un sustantivo.
- Antes de poner los libros en los estantes, Lamar limpió los estantes

  o

- ...reformula la oración.
- Lamar limpió los estantes y luego los llenó de libros.

APLICA LA ESCRITURA

Instrucciones: En un cuaderno, revisa el siguiente párrafo. Sustituye algunos de los sustantivos por pronombres o posesivos, o elimínalos si no son necesarios. También puedes combinar o reformular oraciones según te parezca conveniente. Asegúrate de usar los pronombres de manera clara y correcta.

Althea ama a Baron, el perro de Althea. Baron tiene mucha energía y le encanta correr y jugar. Para Baron, lo más divertido del mundo es correr y atrapar los palitos que Althea arroja a Baron. Un día, Althea se enojó porque Baron asustó a la nieta de Althea. Primero Althea gritó a Baron y luego persiguió a Baron por toda la casa. Cuando encontró a Baron, Baron estaba acurrucado debajo de la cama, mordiendo uno de los juguetes de Baron. Althea sintió pena por Baron y tomó a Baron en sus brazos. Althea no podía seguir enojada con Baron.

Pronombres relativos

Algunos problemas comunes en el uso de los pronombres tienen que ver específicamente con los **pronombres relativos**. Estos pronombres introducen proposiciones relativas. Una proposición es una oración o parte de una oración que tiene su propio sujeto y su propio predicado. Las proposiciones relativas son proposiciones dependientes que describen o especifican una palabra, frase o idea de la proposición principal. Esta palabra, frase o idea es el antecedente de la proposición relativa.

Estos son algunos ejemplos de pronombres relativos:

Pronombre relativo	Uso	Ejemplo
que	cosas o personas	Este es el libro que me prestaste. La niña que responda primero ganará un premio.
quien, quienes	personas	El señor con quien fui al museo es mi tío.
donde	lugar	El pueblo donde nací es muy bonito.
cuyo, cuya, cuyos, cuyas	posesión o pertenencia	La señora cuyo jardín estábamos limpiando nos agradeció y nos ofreció limonada.

Recuerda que el pronombre *cuyo, cuya, cuyos, cuyas* concuerda en género y número con la cosa que se nombra a continuación.

- El hombre *cuya silla* estaba rota se quedó de pie toda la reunión.

- La mujer *cuyos hijos* estaban jugando se acercó para llamarlos a almorzar.

- El equipo *cuya entrenadora* estaba de viaje continuó con las prácticas el fin de semana.

ESCRIBIR PARA APRENDER

Busca una foto o una imagen digital de una persona de la cual no sepas nada. Escribe tres párrafos con respuestas para estas preguntas: *¿Quién es esta persona? ¿Dónde está? ¿En qué momento del día fue tomada esta foto? ¿Qué hace y qué piensa esta persona? ¿Qué puede ver, oír, oler, tocar y saborear? ¿Por qué esta persona se comporta de esta manera?* Puedes escribir en primera persona, usando el pronombre *yo,* o en tercera persona, usando *él* o *ella.* Haz una primera versión de tu texto asegurándote de incluir sustantivos abstractos y plurales irregulares. Luego, revisa tus párrafos para verificar que hayas incluido los pronombres adecuados y que el texto sea claro. Pide a un compañero que lea la versión final y comente las partes que cree que pueden mejorarse.

Hay dos tipos de proposiciones relativas: las especificativas y las explicativas.

Las **proposiciones especificativas** no llevan comas y expresan información esencial para el significado de la oración, porque especifican datos necesarios para identificar el antecedente.

- El perro que robó el periódico es de los vecinos.

Las **proposiciones explicativas** se escriben entre comas y expresan información que no es esencial para el significado de la oración, pues no son necesarias para identificar el antecedente.

- La temporada de ofertas, que duró todo el mes, generó muchas ventas.

APLICA LA ESCRITURA

Instrucciones: Completa cada oración con el pronombre relativo correcto.

1. Los niños _____ entregaron su tarea pueden salir al recreo.

2. ¿Aún tienes la mochila _____ te presté?

3. Los vecinos, _____ se reunieron en el consejo vecinal, comentaron sus problemas.

4. Esta es la biblioteca _____ trabaja mi escritor preferido.

5. Fuimos a la presentación de un libro _____ autor vive en mi vecindario.

6. El vecino _____ hijas van a mi escuela pasó a visitarnos.

Repaso de vocabulario

Instrucciones: Empareja cada palabra de vocabulario con su definición.

1. _____ abstracto
2. _____ antecedente
3. _____ género
4. _____ sustantivo
5. _____ posesivo
6. _____ pronombre
7. _____ singular

A. rasgo que clasifica a algunas palabras en femeninas y masculinas

B. palabra que nombra una persona, un lugar, una cosa o una idea

C. que expresa una cualidad independiente de cualquier objeto material

D. palabra que expresa pertenencia o posesión

E. forma de una palabra que se refiere a una sola cosa o persona

F. palabra, frase o proposición a la que hace referencia un pronombre

G. palabra que reemplaza a un sustantivo

Repaso de destrezas

Instrucciones: Elige la mejor respuesta para cada pregunta.

1. ¿Qué posesivo completa correctamente esta oración?

   Lupita puso mi cuaderno encima del _____.

   A. su
   B. suya
   C. suyos
   D. suyo

2. ¿Qué sustantivo de la siguiente oración es abstracto?

   Las personas demostraron su patriotismo honrando la bandera en el auditorio.

   A. personas
   B. patriotismo
   C. bandera
   D. auditorio

3. ¿Cuál es el plural correcto de la palabra destacada en esta oración?

   *Cuando miramos hacia arriba, vimos que en el techo había una **telaraña**.*

   A. telasarañas
   B. telas arañas
   C. telarañas
   D. telasaraña

4. ¿Cuál es el plural correcto de la palabra destacada en esta oración?

   *Hacía tanto frío que teníamos la **nariz** congelada.*

   A. narices
   B. narizes
   C. nariz
   D. naríes

5. ¿Qué pronombre completa correctamente esta oración?

   El maestro pidió una hoja y Matías _____ la dio.

   A. las
   B. le
   C. les
   D. se

6. ¿Qué pronombre completa correctamente esta oración?

   Luis trajo un regalo para _____ .

   A. mí
   B. me
   C. mi
   D. yo

7. ¿Qué posesivo completa correctamente esta oración?

Saqué mi cuaderno de tu mochila y lo puse en la _____.

A. míos
B. mío
C. mía
D. mías

8. ¿Qué pronombre completa correctamente esta oración?

El cartero recibió la correspondencia y _____ repartió en el vecindario.

A. les
B. le
C. las
D. la

9. Reescribe esta oración para corregir la referencia ambigua del pronombre y lograr un lenguaje más preciso.

Baja la bicicleta de la camioneta y arréglala.

_____

_____

10. Reescribe esta oración para corregir la referencia confusa del pronombre y lograr un lenguaje más preciso.

A pesar de que la profesora Barnes era muy inteligente, no sabía cómo hacerlo.

_____

_____

11. ¿Qué pronombre relativo completa correctamente esta oración?

El lugar _____ hubo un terremoto quedó devastado.

A. que
B. donde
C. quien
D. quienes

12. ¿Qué pronombre relativo completa correctamente esta oración?

La lámpara _____ está en el escritorio es muy antigua.

A. quien
B. quienes
C. donde
D. que

Práctica de destrezas

Instrucciones: Revisa cada oración para corregir el error subrayado.

1. Ayer nos picaron los mosquitos, <u>quienes</u> aparecieron durante el espectáculo de fuegos artificiales.

   _____

   _____

   _____

2. Tengo una sorpresa para <u>tú</u>.

   _____

   _____

   _____

3. Camilo visitó a su prima y ella <u>los</u> invitó a pasear.

   _____

   _____

   _____

4. Ayer <u>tú</u> vi en la televisión.

   _____

   _____

   _____

5. No tengo mi álbum de figuritas porque <u>le lo</u> regalé a mi hermanito.

   _____

   _____

   _____

Práctica de escritura

Instrucciones: Escribe uno o dos párrafos comenzando como se indica abajo. Incluye al menos dos ejemplos de sustantivos abstractos, dos ejemplos de sustantivos en plural y dos ejemplos de posesivos y subráyalos con una línea. Usa pronombres según sea necesario y subráyalos con dos líneas.

Van a sorprenderse mucho cuando les cuente que...

Práctica de escritura (continuación)

Instrucciones: Cuando hayas terminado de escribir, revisa tu trabajo con un lápiz de color para verificar lo siguiente:

_____ ¿Los sustantivos abstractos y los sustantivos plurales están escritos correctamente?

_____ ¿Los posesivos tienen la concordancia correcta?

_____ ¿Los pronombres están en la forma correcta?

_____ ¿Los pronombres concuerdan con su antecedente en número, género y persona?

_____ ¿Todos los pronombres tienen un antecedente claro?

_____ ¿Los pronombres relativos están usados correctamente?

Repaso

Instrucciones: Elige la mejor respuesta para cada pregunta.

1. Mientras miles de patos salían volando.

   ¿Cuál es la mejor manera de escribir la parte subrayada para tener una oración completa? Si la opción original es la mejor, elige la opción (A).

   A. Mientras miles de patos
   B. Porque los patos estaban nerviosos y
   C. Alimentarse de semillas
   D. Miles de patos

2. Felicitar a Jevon por su trabajo.

   ¿Cuál es la mejor manera de escribir la parte subrayada para tener una oración completa? Si la opción original es la mejor, elige la opción (A).

   A. Felicitar a Jevon
   B. El felicitó a Jevon
   C. El jefe felicitó a Jevon
   D. Al terminar el informe,

3. Porque estaba muy resfriado.

   ¿Cuál es la mejor manera de escribir la parte subrayada para tener una oración completa? Si la opción original es la mejor, elige la opción (A).

   A. Porque estaba
   B. Mucha tos que estaba
   C. John se quedó en casa porque estaba
   D. Débil y con fiebre, que estaba

4. En esa fría noche alrededor de la fogata.

   ¿Cuál es la mejor manera de escribir la parte subrayada para tener una oración completa? Si la opción original es la mejor, elige la opción (A).

   A. noche alrededor de la fogata.
   B. noche, la fogata calentaba el ambiente.
   C. noche, mientras la nieve caía.
   D. noche, sin comida.

5. Eric tomó unas hojas y lápices de colores para hacer un dibujo. Quería mostrar con muchos detalles el cielo que vio esa tarde en que, después de la lluvia, salieron dos arcosiris.

   ¿Qué corrección hay que hacer en estas oraciones?

   A. reemplazar hojas por hojaces
   B. reemplazar lápices por lápizes
   C. reemplazar lápices por lápiz
   D. reemplazar arcosiris por arcoíris

6. Javier y Greta conversaron con el guardia forestal. Dijeron que querían conocer los animales y verlos de cerca, pero no querían invadirlos ni lastimarlos. El guardia los pidió que tuvieran precaución.

   ¿Qué corrección hay que hacer en estas oraciones?

   A. reemplazar verlos por ver
   B. reemplazar invadirlos por invadirla
   C. reemplazar lastimarlos por lastimarlo
   D. reemplazar los pidió por les pidió

7. Cuando Tony me dijo que necesitaba que le prestara mi carro, le pregunté qué había ocurrido con la suya. Me dijo que lo había llevado a su taller de confianza.

¿Qué corrección hay que hacer en estas oraciones?

A. reemplazar me por mí
B. reemplazar mi por mis
C. reemplazar le por su
D. reemplazar la suya por el suyo

8. ¿Ella vendrá a nuestra fiesta con ti?

¿Qué corrección hay que hacer en esta oración?

A. reemplazar Ella por Le
B. reemplazar nuestra por nuestras
C. reemplazar nuestra por nos
D. reemplazar con ti por contigo

9. Yo vivo en la ciudad, pero vives en el campo.

¿Cuál es la mejor manera de escribir la parte subrayada de la oración? Si la opción original es la mejor, elige la opción (A).

A. Yo vivo en la ciudad, pero vives en el campo.
B. Yo vivo en la ciudad, pero tú vives en el campo.
C. Yo vivo en la ciudad, pero vives, en el campo.
D. Yo vivo en la ciudad, pero tú vives, en el campo.

10. Se incendia el auto.

¿Qué corrección hay que hacer en esta oración?

A. agregar un sujeto
B. agregar un verbo
C. reemplazar el punto por un signo de exclamación
D. quitar el punto y agregar signos de exclamación al principio y al final

11. Después del partido con sus compañeras, Mercedes tenía hambre. Su hermana lo ofreció una manzana, pero ella le dijo que prefería compartir una pizza.

¿Qué corrección hay que hacer en estas oraciones?

A. reemplazar sus por suyas
B. reemplazar su por sus
C. reemplazar lo por le
D. reemplazar ella por se

12. Karen quiere que su hijo juegue básquetbol. Ella misma él enseña, y él ya juega mejor que su madre.

¿Qué corrección hay que hacer en estas oraciones?

A. reemplazar el primer su por suyo
B. reemplazar Ella por Su
C. reemplazar el segundo él por lo
D. reemplazar el primer él por le

13. Cuando ella vino a mi casa, me regaló un libro y dijo que era ideal para mi.

¿Qué corrección hay que hacer en esta oración?

A. reemplazar mi por mí
B. reemplazar mi por mía
C. reemplazar me por mí
D. reemplazar ella por la

14. El taller del artista

¿Qué habría que agregar al final de este fragmento para transformarlo en una oración completa?

A. y su casa.
B. que era muy frío.
C. era muy frío.
D. en el tercer piso.

15. Escribe un párrafo en el que compares y contrastes una actividad que te guste y una actividad que les guste a tus amigos o a tu familia. Usa los sustantivos y pronombres adecuados y sigue las convenciones de puntuación y uso adecuado de la lengua.

_____

_____

_____

_____

_____

_____

_____

_____

_____

_____

_____

_____

_____

_____

_____

_____

_____

_____

Comprueba tu comprensión

En la siguiente tabla, encierra en un círculo las preguntas que hayas respondido de forma incorrecta en el repaso del Capítulo 1, en las páginas 38–40. Junto a los números de las preguntas, verás las páginas que puedes repasar para responder las preguntas correctamente. Presta particular atención a las áreas en las que no respondiste correctamente la mitad o más de la mitad de las preguntas.

Repaso del Capítulo 1

Área de destreza	Número de pregunta	Páginas de repaso
Oraciones	1, 2, 3, 4, 10, 14, 15	16–23
Sustantivos y pronombres	5, 6, 7, 8, 9, 11, 12, 13, 15	24–37

Verbos

¿Cuál es tu actividad favorita? Tal vez sea jugar al básquetbol, asistir a un partido de fútbol o simplemente sentarte a mirar a las personas que pasan. Cualquiera que sea la actividad que disfrutes, es seguro que también disfrutas hablar de eso con los demás. Y cuando lo haces, usas verbos.

Lee las siguientes descripciones. ¿Qué oración es más interesante? ¿Por qué es más interesante?

El público aplaudió al famoso pianista.

El público ovacionó al famoso pianista.

Las dos oraciones brindan la misma información, pero seguramente la segunda te ha parecido más interesante. La palabra *ovacionó* ayuda a los lectores a imaginarse la acción más claramente que la palabra *aplaudió*. Las dos palabras son verbos, pero *ovacionó* hace que el texto sea más interesante para el lector.

En este capítulo aprenderás algunas nociones importantes acerca de los verbos que te ayudarán a hacer tus textos más interesantes y claros.

Lección 2.1: Verbos

¿Qué hiciste ayer? ¿Y hoy? ¿Qué harás mañana? Cuando escribes o hablas acerca de lo que hiciste, lo que haces o lo que harás, debes usar los tiempos verbales de manera apropiada.

Lección 2.2: Concordancia entre el sujeto y el verbo

¿Qué quiere decir que los sujetos y los verbos concuerdan? Aprende a seleccionar sujetos y verbos que concuerden para mejorar tus textos.

Establecer objetivos

Transformarte en un mejor escritor implica comprender los ladrillos del lenguaje: las clases de palabras. Cuando sabes qué es y cómo funciona cada clase de palabra puedes hacer tu escritura más profesional y más interesante.

Piensa en cómo ciertas palabras te ayudan a describir cosas que has visto o has hecho. Muchas de esas palabras probablemente son verbos. El uso correcto de verbos te ayudara a darles vida a tus textos. Además, los verbos también indican a los lectores cuándo tiene lugar una acción. En este capítulo aprenderás sobre los verbos. Marca una cruz en cada tema después de que lo hayas leído.

Tipos de verbos

_____ Verbos de acción

_____ Verbos copulativos

_____ Verbos regulares

_____ Verbos irregulares

_____ Verbos auxiliares

Tiempos verbales

_____ Formas simples

_____ Formas compuestas

_____ Correlación verbal

Concordancia entre el sujeto y el verbo

_____ Sujetos simples

_____ Sujetos compuestos

_____ Oraciones invertidas

_____ Incisos

_____ Proposiciones

¿Qué es lo que ya sabes acerca de los verbos?

_____

_____

_____

¿Cuál de los temas de arriba te ayudará a mejorar tu escritura?

_____

_____

_____

Verbos

CONCEPTO CLAVE: Los verbos indican qué *es* o qué *hace* el sujeto de una oración. El tiempo de un verbo señala cuándo ocurre la acción.

1. Selecciona el pronombre correcto para esta oración:

> Ana les propuso a Dave y Lucas estudiar juntos, y (*él, ellos*) estuvieron de acuerdo.

2. Subraya el sujeto con una línea y el predicado con dos líneas:

> Rihanna y yo preparamos un platillo nuevo todos los fines de semana.

Tipos de verbos

En las oraciones con sujeto y predicado, el núcleo del predicado, es decir, la palabra más importante, suele ser un verbo. Un **verbo** indica lo que el sujeto *es* o lo que *hace*. Los verbos pueden dividirse, según su significado, en dos tipos: verbos de acción y verbos copulativos.

Verbos de acción

Los **verbos de acción** son verbos que indican lo que el sujeto *hace*.

> Paul busca su carro en un estacionamiento enorme.

Busca es un verbo de acción que indica lo que Paul, el sujeto, hace. En este caso, la acción es física. Otros verbos indican la acción mental que realiza el sujeto. Estos puede ser más difíciles de identificar. *Saber, desear, descubrir* y *esperar* son verbos **comunes** que empleamos para indicar acciones mentales.

> Helena sabe dónde está aparcado su carro.

Verbos copulativos

Los **verbos copulativos conectan** o relacionan el sujeto con una palabra o algunas palabras que lo describen. Los verbos *ser, estar* y *parecer* son copulativos.

> Anoche, Toshi parecía cansado.
> Ernesto es guatemalteco.
> La farmacia está cerrada.

Verbos auxiliares

En ocasiones, el núcleo verbal puede estar formado por más de un elemento, es decir, por una **frase verbal**. Para formar una frase verbal se necesita un verbo auxiliar.

Algunas frases que estudiarás más adelante en esta lección están formadas por frases verbales con el verbo auxiliar *haber* y un participio.

> Hoy no he visto a Daniel.
> Antes del examen, Julia había estudiado muchísimo.

Objetivos de la lección

Serás capaz de:
- identificar verbos de acción y verbos copulativos.
- demostrar comprensión de los tiempos verbales.
- comprender la diferencia entre la voz activa y la voz pasiva.

Destrezas

- **Destreza de lectura:** Usar claves de contexto
- **Destreza principal:** Conjugar y usar verbos

Vocabulario

clave de contexto
común
conectar
mayoría
regular
verbo

Otras frases verbales expresan diferentes matices de significados, como posibilidad, necesidad, tiempo o modo.

> Yo puedo ir al supermercado y tú puedes ir a la panadería.

> Vamos a viajar a México el año que viene.

> Necesito comprar un nuevo diccionario.

APLICA LA ESCRITURA

Instrucciones: En una hoja aparte, escribe una oración que incluya los tipos de verbos que aparecen entre paréntesis.

Ejemplo: (de acción) Julian pintó su casa.

1. (frase verbal)
2. (frase verbal)
3. (de acción)
4. (copulativo)
5. (de acción)

Tiempos verbales

Además de indicar qué *es* o qué *hace* el sujeto, los verbos señalan el tiempo de la acción. Los **tiempos verbales** pueden ser simples (expresados por un verbo conjugado) o compuestos (expresados por una frase verbal).

Tiempos simples

Hay cinco tiempos simples.

Presente:	Tracy juega al fútbol los miércoles.
Pretérito perfecto simple:	Tracy jugó al fútbol el miércoles pasado.
Pretérito imperfecto:	Tracy jugaba al fútbol los miércoles.
Futuro simple:	Tracy jugará al fútbol el miércoles.
Condicional simple:	Tracy me comentó que jugaría al fútbol ese miércoles.

El infinitivo

Lee la siguiente oración. Presta especial atención a la palabra subrayada.

> Jim quiere construir un asador en su patio.

La palabra subrayada, *construir*, es una forma verbal llamada **infinitivo**. El infinitivo es el nombre del verbo. Sus **terminaciones** son *-ar, -er* e *-ir*. La parte del verbo que no es la terminación se denomina **raíz**. Conjugar un verbo es darle a un infinitivo la información de tiempo y de la persona que realiza la acción. Para conjugar un verbo, tomamos la raíz y reemplazamos la **terminación** *-ar, -er* o *-ir* con la terminación que corresponda, de acuerdo al tiempo verbal que queremos indicar y a la persona que realiza la acción.

Presente

Los verbos en **presente** se usan en tres situaciones. En primer lugar, los verbos conjugados en presente cuentan algo que ocurre o es verdadero en el momento presente.

Andrea sirve una segunda taza de café.

En segundo lugar, los verbos conjugados en presente señalan acciones que tienen lugar regularmente.

Todos los días caminamos una hora.

En tercer lugar, los verbos conjugados en presente indican que una acción o estado es siempre verdadero.

El desierto de Sonora es caluroso y seco.

En la conjugación regular del presente, se reemplazan las terminaciones *-ar*, *-er*, *-ir* del infinitivo con las siguientes desinencias (es decir, las terminaciones del verbo conjugado):

Presente			
	Amar	**Temer**	**Partir**
yo	amo	temo	parto
tú	amas	temes	partes
él, ella	ama	teme	parte
nosotros, nosotras	amamos	tememos	partimos
ustedes	aman	temen	parten
ellos, ellas	aman	temen	parten

Pretérito perfecto simple

El **pretérito perfecto simple** se usa para referirse a acciones que ocurrieron y concluyeron en el pasado.

La señora Chávez me preguntó si podía llevarla a su casa.

En la conjugación regular del pretérito perfecto simple, se reemplazan las terminaciones *-ar, -er, -ir* del infinitivo con las siguientes desinencias:

Pretérito perfecto simple			
	Amar	**Temer**	**Partir**
yo	amé	temí	partí
tú	amaste	temiste	partiste
él, ella	amó	temió	partió
nosotros, nosotras	amamos	temimos	partimos
ustedes	amaron	temieron	partieron
ellos, ellas	amaron	temieron	partieron

Pretérito imperfecto

El **pretérito imperfecto** se usa para referirse a acciones del pasado repetitivas o que no tienen un comienzo y un final explícito.

Luciano tomaba clases de piano todos los jueves.

Mi madre era muy bonita de joven.

Cuando salimos de la clase, llovía.

En la conjugación regular del pretérito imperfecto, se reemplazan las terminaciones -ar, -er, -ir del infinitivo con las siguientes terminaciones:

Pretérito imperfecto			
	Amar	**Temer**	**Partir**
yo	amaba	temía	partía
tú	amabas	temías	partías
él, ella	amaba	temía	partía
nosotros, nosotras	amábamos	temíamos	partíamos
ustedes	amaban	temían	partían
ellos, ellas	amaban	temían	partían

Futuro simple

El **futuro simple** se usa para referirse a una acción que ocurrirá en el futuro.

En la conjugación regular del futuro simple, se reemplazan las terminaciones -ar, -er, -ir del infinitivo con las siguientes desinencias:

Te llamaré mañana.

Futuro simple			
	Amar	**Temer**	**Partir**
yo	amaré	temeré	partiré
tú	amarás	temerás	partirás
él, ella	amará	temerá	partirá
nosotros, nosotras	amaremos	temeremos	partiremos
ustedes	amarán	temerán	partirán
ellos, ellas	amarán	temerán	partirán

Destreza de lectura
Usar claves de contexto

Las **claves de contexto** son palabras que dan pistas sobre el significado de una oración.

Las conjugaciones verbales del español permiten identificar muy fácilmente el tiempo de la acción. Sin embargo, en algunos casos no es tan sencillo hacer esta distinción.

Repasa las conjugaciones de presente y de pretérito perfecto simple. La conjugación para la primera persona del plural (nosotros) es la misma, en el caso de los verbos terminados en *-ar* y en *-ir*, para los dos tiempos verbales. En este caso, palabras como *antes*, *ayer*, y *ahora* pueden ayudar a que tu escritura sea más clara y funcionar como claves para que los lectores comprendan mejor el texto.

Lee estas oraciones. Observa las claves de contexto que te permiten saber en cada caso cuál es el tiempo de la acción.

Siempre desayunamos temprano.

El domingo pasado desayunamos bastante tarde.

Escribe una oración en presente y una oración en pasado con cada uno de los siguiente verbos. Asegúrate de incluir claves del contexto que permitan a tus lectores comprender el tiempo de la acción:

salimos
cantamos
pensamos

APLICA LA **ESCRITURA**

Instrucciones: Conjuga los infinitivos entre paréntesis en el tiempo correcto. Luego, subraya las palabras que te dan una clave para saber cuál es el tiempo correcto.

Ejemplo: (abrir) Yo ___*abriré*___ mis regalos de cumpleaños <u>mañana</u>.

1. (llamar)   Nosotros _____ a tu hermana ayer.

2. (esperar)   Todas las tardes, Stan _____ a sus hijos después de la escuela.

3. (mudarse)   Los Rosello _____ a Columbus hace dos años.

4. (leer)   Siempre _____ el periódico local.

5. (reparar)   La señora Haynes _____ su caldera la semana próxima.

6. (ocurrir)   ¿Qué _____ anoche?

7. (tomar)   De niña _____ clases de alemán una vez por semana.

8. (asistir)   ¿Tú _____ a la reunión del próximo martes?

9. (tener)   Ahora Simón _____ un carro y una camioneta.

10. (hablar)   Ayer, nosotros _____ de ti por horas.

El participio

Como has aprendido, hay cinco tiempos verbales simples: presente, pretérito perfecto simple, pretérito imperfecto, futuro simple y condicional simple. Además de estos tiempos simples, también hay tiempos compuestos. Los tiempos compuestos se forman con un verbo auxiliar y un participio.

El participio es una forma no conjugada del verbo. Los participios regulares se forman agregando *-ado* a la raíz de los verbos terminados en *-ar* e *-ido* a la raíz de los verbos terminados en *-er* e *-ir*.

Infinitivo	Participio
amar	amado
temer	temido
partir	partido

Algunos participios son irregulares. No hay una regla para su formación; por lo tanto, debes memorizarlos para poder escribirlos correctamente.

Participios irregulares	
abrir	abierto
cubrir	cubierto
decir	dicho
descubrir	descubierto
disolver	disuelto
escribir	escrito
freír	freído/frito
imprimir	impreso/imprimido
morir	muerto
poner	puesto
prever	previsto
proveer	proveído/provisto
resolver	resuelto
romper	roto
satisfacer	satisfecho
ver	visto
volver	vuelto

Observa que los verbos *freír*, *imprimir* y *proveer* tienen dos participios posibles.

Verbos irregulares

Hasta el momento, has estudiado los **verbos regulares**, es decir, verbos cuya conjugación sigue un modelo establecido. La **mayoría** de los verbos son regulares.

Los verbos que sufren modificaciones en la raíz o no se conjugan con las desinencias regulares se denominan **verbos irregulares**. Aunque los verbos irregulares no siguen las reglas convencionales de conjugación, sus irregularidades pueden agruparse según ciertos patrones. Para escribirlos correctamente debes recordar estos patrones. Otra clave es buscar la forma en infinitivo en el diccionario, y allí consultar la conjugación correcta.

A continuación verás los patrones de irregularidad más comunes.

Verbos irregulares del pretérito perfecto simple

Algunos verbos del pretérito perfecto simple sufren un cambio en la conjugación de todas las personas gramaticales, tanto en la raíz como en las desinencias. Otros sufren cambios solamente en algunas personas gramaticales, únicamente en la raíz.

Verbos irregulares con cambios en la raíz y las desinencias

En este grupos de verbos se modifica la raíz y se aplican desinencias que no siguen la conjugación regular.

Observa este ejemplo. La raíz de *andar* cambia de *and-* a *anduv-*.

Correcto: Yo anduve en bicicleta.

Incorrecto: Yo andé en bicicleta.

CONEXIÓN CON LA
TECNOLOGÍA

Verbos específicos de la tecnología

Para describir acciones relacionadas con la tecnología usamos algunos verbos que ya existían. Cliqueas una opción cuando usas la computadora. Instalas un programa en tu computadora Buscas información en internet. Liberas un teléfono celular.

Además, se han inventado algunos verbos nuevos. Estos verbos son tan usados que ya forman parte del diccionario. Tuiteas mensajes. mensajes e imágenes a tus amigos. Googleas "recetas de torta de chocolate".

	Andar
yo	**anduve**
tú	**anduviste**
él, ella	**anduvo**
nosotros, nosotras	**anduvimos**
ustedes	**anduvieron**
ellos, ellas	**anduvieron**

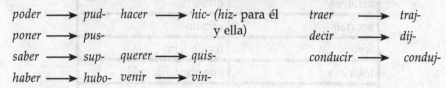

poder ⟶ *pud-* *hacer* ⟶ *hic-* (*hiz-* para él y ella) *traer* ⟶ *traj-*
poner ⟶ *pus-* *decir* ⟶ *dij-*
saber ⟶ *sup-* *querer* ⟶ *quis-* *conducir* ⟶ *conduj-*
haber ⟶ *hubo-* *venir* ⟶ *vin-*

Todos los verbos terminados en *ducir*, como *traducir* e *inducir*, tienen la misma irregularidad que *conducir*.

Verbos irregulares con cambios en la raíz

En otros verbos irregulares del pretérito perfecto simple los cambios se producen solamente en la raíz, en la tercera persona del singular y en la segunda y la tercera persona del plural.

En los siguientes verbos se modifica una vocal de la raíz:

	Pedir	Dormir
yo	pedí	dormí
tú	pediste	dormiste
él, ella	pidieron	d**u**rmió
nosotros, nosotras	pedimos	dormimos
ustedes	pidieron	d**u**rmieron
ellos, ellas	pidieron	d**u**rmieron

Otros verbos con cambios en la raíz:

- Verbos como *pedir*, donde la *e* cambia a *i*: competir, conseguir, corregir, derretir, elegir, invertir, hervir, medir, perseguir, preferir, rendir, repetir, seguir, sentir, servir, sugerir, vestirse.
- Verbos como *dormir* donde la *o* cambia a *u*: m**o**rir

En algunos verbos se agrega la consonante *y* a la raíz.

	Leer
yo	leí
tú	leíste
él, ella	leyó
nosotros, nosotras	leímos
ustedes	leyeron
ellos, ellas	leyeron

- Verbos como *leer*: creer, oír, poseer, proveer, construir y todos los verbos terminados en -*uir*.

Verbos irregulares del futuro simple

Las raíces de algunos verbos se modifican al ser conjugados en futuro simple.
Las desinencias son las mismas que las de los verbos regulares.

Verbos irregulares del futuro simple	
decir	**dir-é**
haber	**habr-é**
hacer	**har-é**
poder	**podr-é**
poner	**pondr-é**
querer	**querr-é**
saber	**sabr-é**
salir	**saldr-é**
tener	**tendr-é**
valer	**valdr-é**
venir	**vendr-é**
caber	**cabr-é**

APLICA LA ESCRITURA

Instrucciones: Escribe la forma correcta en pretérito perfecto simple para los infinitivos que están entre paréntesis.

Ejemplo: (estar) Ayer nosotros __estuvimos__ en la casa de Peter.

1. (andar)   Brian _____ dos horas en bicicleta.
2. (producir) La lluvia _____ mucho daño a la cosecha.
3. (decir)   Los padres de la novia _____ algunas palabras en la boda.
4. (querer)   Nosotros no _____ tomar el subte porque estaba lleno.
5. (traer)   La tía Mary _____ regalos de su viaje a Suiza.
6. (saber)   La profesora siempre _____ qué responder.
7. (traducir) ¿Tú _____ este párrafo al inglés mañana?

Tiempos compuestos

Los tiempos compuestos se forman con un auxiliar (el verbo *haber*) y un participio. Existen cinco tiempos compuestos:

Pretérito perfecto compuesto: Ya <u>he esperado</u> demasiado.

Pretérito pluscuamperfecto: Por un momento creí que <u>había perdido</u> las llaves.

Pretérito anterior: Tan pronto como <u>hubo terminado</u> de hablar, apagó el micrófono.

Futuro compuesto: Cuando llegues, ya <u>habré partido</u>.

Condicional compuesto: Me dijo que cuando yo llegara él ya <u>habría partido</u>.

Pretérito perfecto compuesto

El **pretérito perfecto compuesto** refiere a acciones del pasado que se consideran acabadas pero que tienen un vínculo con el presente, ya sea porque el tiempo en que ocurrió es todavía cercano o porque las consecuencias del hecho todavía son actuales.

Esta mañana <u>he encontrado</u> un billete de 10 dólares.

La colecta <u>ha sido</u> un éxito; <u>hemos recaudado</u> los fondos suficientes para ayudar a la escuela.

La frase verbal del pretérito perfecto compuesto está formada por el verbo *haber* conjugado en presente y un participio invariable.

Pretérito perfecto compuesto		
	Verbo auxiliar	**Participio**
yo	he	
tú	has	
él, ella	ha	
nosotros, nosotras	hemos	comido
ustedes	han	
ellos, ellas	han	

Pretérito pluscuamperfecto

El **pretérito pluscuamperfecto** expresa una acción pasada que se completó antes de otra acción en el pasado, por eso es muy común que aparezca en combinación con otros tiempos del pasado.

Pat ya <u>había esperado</u> 10 minutos cuando llegó el autobús.

La frase verbal del pretérito pluscuamperfecto está formada por el verbo *haber* conjugado en pretérito imperfecto y un participio invariable.

Pretérito pluscuamperfecto		
	Verbo auxiliar	**Participio**
yo	había	
tú	habías	
él, ella	había	
nosotros, nosotras	habíamos	comido
ustedes	habían	
ellos, ellas	habían	

Usar verbos en una carta de presentación

Cuando escribas una carta de presentación para adjuntar a una solicitud de empleo, incluirás diferentes tipos de verbos y es muy probable que uses más de un tiempo verbal.

Estimado Sr. Smith:

Estoy interesado en la posición de responsable del servicio automotriz que fue publicada en su página web. Adjunto mi currículum vitae. Considero que poseo las calificaciones que se requieren para el puesto. En junio me gradué en la universidad comunitaria Silver Lake con un título en Negocios. Previamente, trabajé por tres años como asistente de responsable del servicio en Mega-Cars. Estaré disponible para una entrevista cualquier día de la semana próxima. Espero recibir pronto sus noticias,

Saludos,

Max Grafton

APLICA LA ESCRITURA

Instrucciones: Conjuga el verbo entre paréntesis en el tiempo más adecuado (presente, pretérito perfecto simple, pretérito imperfecto, futuro simple, pretérito perfecto compuesto o pretérito pluscuamperfecto).

Ejemplo: (venir) La Srta. Luna ___**vendrá**___ a la conferencia la semana próxima.

1. (salir)   El crucero _____ del puerto en dos semanas.

2. (tener)   Una taza de té luego del almuerzo siempre _____ buen sabor.

3. (tomar)   Frank ya _____ muchísimas fotografías cuando se dio cuenta de que no había sacado el cobertor del lente de la cámara.

4. (ir)   Cuando éramos niños, José y yo _____ con nuestras familias a pescar todos los sábados.

5. (decir)   Como ya _____ antes, no me convencerán de tomar la primera oferta que se me presente.

6. (hacer)   Los ciudadanos están contentos con las obras que _____ el gobernador en su mandato.

Según lo que has aprendido, hay cuatro pasados en el modo indicativo: pretérito perfecto simple, pretérito imperfecto, pretérito perfecto compuesto y pretérito pluscuamperfecto. Cada uno expresa una temporalidad diferente.

Lee la siguiente oración:

Max va al trabajo caminando.

Ahora, lee la oración reescrita en cada uno de los pasados.

Max fue al trabajo caminando.

Max iba al trabajo caminando todas las mañanas.

Max había ido al trabajo caminando incluso antes de que yo me despertara.

Esta mañana, Max ha ido al trabajo caminando.

Reescribe la siguiente oración en un cuaderno usando cada uno de los cuatro pasados. Añade claves de contexto cuando sea necesario.

Mary y Brian miran una película.

El modo subjuntivo

Los tiempos verbales que has estudiado hasta ahora pertenecen al modo indicativo. El modo es una forma verbal que indica cómo percibe una acción o un estado el hablante. El modo indicativo suele emplearse para referirse a acciones que se consideran reales. El **modo subjuntivo** suele emplearse para referirse a acciones inciertas, o expresar suposiciones o deseos.

Modo subjuntivo:	Quizás mañana lluevas.
Modo indicativo:	Hoy llueve.
Modo subjuntivo:	John quiere que Rita vaya a la fiesta con él.
Modo indicativo:	Riva irá a la fiesta.

El subjuntivo en oraciones condicionales

Una oración condicional expresa una condición para que algo suceda. Esta formada por dos proposiciones: una proposición que expresa una condición y que comienza por la conjunción si y una proposición que expresa un resultado posible.

Si llueve, no iré al cine.

Algunas oraciones condicionales expresan condiciones y resultados menos probables. En estas oraciones, la proposición condicional incluye un verbo en pretérito imperfecto de subjuntivo, y la proposición que expresa un resultado incluye un verbo en condicional simple.

Si ahorráramos, compraríamos una casa.

Otras oraciones condicionales expresan una condición imposible o irrealizable, es decir, una condición que no se cumplió en el pasado. En estas oraciones, la proposición condicional incluye un verbo en pretérito pluscuamperfecto de subjuntivo, y la proposición que expresa un resultado incluye un verbo en condicional compuesto o en pretérito pluscuamperfecto del subjuntivo.

Si yo hubiera sido más alto, habría sido un gran basquetbolista.

Si yo hubiera sido más alto, hubiera sido un gran basquetbolista.

APLICA LA **ESCRITURA**

Directions: Todas estas oraciones expresan una situación poco probable. Selecciona la forma correcta de los verbos entre paréntesis.

Ejemplo: Si yo (*fuera, sería*) un corredor más rápido, ganaría la carrera de los 10 kilómetros.

1. Si (*escucharas, escucharías*) mejor, me entenderías.

2. Si (*sabría, supiera*) la respuesta, te la diría.

3. Si los niños no (*tomarán, tomaran*) gaseosas, no tendrían tantas caries.

4. Si las personas (*usaron, usaran*) menos el carro, habría menos contaminación.

5. Si (*viviéramos, habíamos vivido*) en la playa, estaríamos bronceados todos el año.

Voz activa y voz pasiva

Cuando una oración está en **voz activa**, el sujeto es el que realiza la acción. Cuando una oración está en **voz pasiva**, el sujeto no es quien realiza la acción sino en quien recae la acción del verbo.

> **Voz activa:** LeRoi puso la mezcla de panqueques en la sartén.

> **Voz pasiva:** La mezcla de panqueques fue puesta en la sartén.

La primera oración está en voz activa. El sujeto, *LeRoi*, realiza la acción de *poner* la mezcla de panqueques en la sartén. La segunda oración está en voz pasiva. El sujeto, *la mezcla de panqueques*, recibe la acción de ser puesta en la sartén.

Voz pasiva con el verbo *ser*

Para escribir una oración en voz pasiva, usa el verbo *ser* y un participio que concuerda con el sujeto. Si el sujeto es femenino y plural, el participio también será femenino plural. Si el sujeto es masculino y plural, el participio también será masculino y plural.

> Las mezclas de panqueques han sido puestas en reposo.

En las oraciones en voz pasiva, es posible indicar quién hizo la acción, usando *por* y la persona o cosa que realiza la acción por medio de un complemento agente. Los complementos agentes comienzan con la preposición *por*.

> Las mezclas de panqueques **serán** puest**as** en reposo por el cocinero.

Voz pasiva con *se*

Otra forma de formar una oración pasiva es con el pronombre *se*.

> Se hacen arreglos.

La voz pasiva con se se emplea únicamente con verbos en tercera persona del singular o del plural. El verbo concuerda con el sujeto.

Coherencia en el uso de tiempos verbales

Recuerda que los tiempos verbales se utilizan para mostrar cuándo una acción tiene lugar. Cuando escribes, usa los tiempos correctos de manera de no generar confusión en los lectores. No cambies los tiempos verbales dentro de una misma oración o entre una oración y otra, a menos que sea necesario para mostrar un cambio en los tiempos de la acción.

Incorrecto: Amy buscó las llaves y va a la puerta.

Correcto: Amy busca las llaves y va a la puerta.

Correcto: Amy buscó las llaves y fue a la puerta.

En la primera oración, *buscó* está en pretérito perfecto simple y *va* está en presente. Este cambio en los tiempos verbales es confuso. Ambos verbos deberían estar en tiempo presente, como se muestra en la segunda oración, o en pasado, como se muestra en la tercera oración.

La siguiente oración contiene dos verbos en tiempos diferentes. ¿Cómo corregirías esta oración?

Boris se queda parado en el extremo del trampolín por cinco minutos y después saltó.

Para corregir la oración, podrías poner ambos verbos en presente:

Boris se queda parado en el extremo del trampolín por cinco minutos y después salta.

También podrías usar dos verbos en pretérito perfecto simple:

Boris se quedó parado en el extremo del trampolín por cinco minutos y después saltó.

A veces, un cambio en los tiempos verbales sirve para mostrar que dos acciones ocurren en momentos diferentes. En el siguiente ejemplo, los dos sucesos ocurrieron en el pasado. Con el pretérito perfecto simple y el pretérito pluscuamperfecto, el escritor indica al lector que, si bien ambos sucesos tuvieron lugar en el pasado, un suceso (Abraham Lincoln ya había sido senador) ocurrió antes que el otro (se convirtió en presidente).

En 1861, Abraham Lincoln se convirtió (pretérito perfecto simple) en presidente, pero antes ya había sido (pretérito pluscuamperfecto) senador.

Cuando escribes acerca de dos acciones, puedes dar claves de contexto para ayudar a tus lectores a saber si las acciones ocurrieron al mismo tiempo o en momentos diferentes. Para esto, puedes usar las palabras *ya, todavía no, antes, ahora, ayer, antes de eso, mientras, siempre, después* y *cuando*.

APLICA LA ESCRITURA

Instrucciones: Conjuga el verbo en infinitivo que está entre paréntesis para completar los espacios en blanco.

Ejemplo: Cuando Yolanda (venir) _____vino_____ a verme, ella ya (ir) ___había ido___ a la panadería.

1. El año pasado, Lauren siempre (tomar) _____ el autobús al trabajo, pero ahora siempre (ir) _____ en bicicleta.

2. Después de comprar un horno a gas, Lucas y yo (descubrir) _____ que no (tener) _____ conexión a gas.

3. Nuestra compañía (implementar) _____ una nueva política de contrataciones el año pasado mientras yo (estar) _____ de vacaciones.

4. Cuando llegó David, Jason ya (terminar) _____ de leer su libro.

5. Ayer Audrey (estar) _____ cubierta de sudor cuando (regresar) _____ de cargar una caja de libros dos pisos por escalera.

6. Yo (estar) _____ segura de que los testigos (decir) _____ la verdad en el próximo juicio.

7. Desde el martes pasado, Sachi (memorizar) _____ sus diálogos para la obra que (estrenarse) _____ el próximo fin de semana.

8. Curtis no (lograr) _____ comunicarse con la dueña de su casa, aunque ya (llamar) _____ seis veces.

9. Cuando nosotros nos despertamos, Bill ya (correr) _____ seis millas.

10. Cuando el cartero vio al perro, se asustó y quiso escapar, pero era tarde, pues el perro ya lo (ver) _____.

Repaso de vocabulario

Instrucciones: Completa cada oración con una palabra de vocabulario. Luego usa las palabras para completar el crucigrama.

común   conectar   mayoría   regular   verbo

Vertical

1. Los tornados son un fenómeno muy _____ en algunas partes del país.

3. Una palabra que indica qué es o qué hace una persona es un _____.

5. Las estaciones pasan según un patrón _____

Horizontal

2. Los técnicos usan los cables para _____ el gas en un edificio.

4. Hay solo dos niñas en la clase. La _____ de los estudiantes son niños.

Repaso de destrezas

Instrucciones: Indica qué palabras de la oración son claves de contexto que te ayudan a determinar cuándo ocurre la acción. Luego, describe cuándo tiene lugar.

1. Antes de ir al acto escolar, desayunamos y paseamos al perro.

_____

_____

2. Vivimos en esta casa hace ocho años.

_____

_____

3. Cada año descubrimos un nuevo lugar para pasar las vacaciones.

_____

_____

4. El año pasado descubrimos un lugar muy tranquilo para pasar las vacaciones.

_____

_____

Práctica de destrezas

Instrucciones: Elige la mejor respuesta para cada pregunta.

1. Los olmos son podados el mes pasado.

   ¿Qué corrección hay que hacer en esta oración?

   A. reemplazar son por serán
   B. reemplazar podados por podada
   C. reemplazar son por fueron
   D. reemplazar son por serían

2. Los estudiantes que terminen el examen salirán antes.

   ¿Qué corrección hay que hacer en esta oración?

   A. reemplazar terminen por terminaron
   B. reemplazar terminen por termine
   C. reemplazar salirán por saldrán
   D. reemplazar salirán por salieron

3. Si el testigo mentiría, los jueces se darían cuenta.

   ¿Qué corrección hay que hacer en esta oración?

   A. reemplazar mentiría por fue mentido
   B. reemplazar mentiría por mintiera
   C. reemplazar darían por dieran
   D. reemplazar darían por daría

4. El abogado dijo que había resolvido las demandas.

   ¿Cuál es la mejor manera de escribir la parte subrayada de la oración? Si la opción original es la mejor, elige la opción (A).

   A. había resolvidas
   B. había resuelto
   C. había resueltas
   D. había resolvidos

5. Marta dijo que durmió bien anoche.

   ¿Cuál es la mejor manera de escribir la parte subrayada de la oración? Si la opción original es la mejor, elige la opción (A).

   A. Marta dijo que dormió
   B. Marta deció que dormió
   C. Marta dijo que durmió
   D. Marta dijo que durmiendo

6. Cuando Ted llegó al cine, los boletos se agotan.

   ¿Cuál es la mejor manera de escribir la parte subrayada de la oración? Si la opción original es la mejor, elige la opción (A).

   A. los boletos se agotan
   B. los boletos se agotarán
   C. los boletos se habían agotado
   D. los boletos se agotarían

Práctica de escritura

Instrucciones: En una hoja aparte, escribe un párrafo acerca de un lugar al que te gusta ir. Incluye ejemplos de las veces que has ido. Usa claves de contexto para indicar al lector más detalles de cuándo fuiste a ese lugar. Usa los tiempos verbales adecuados, la puntuación correcta y las normas del lenguaje.

Concordancia entre el sujeto y el verbo

Objetivos de la lección

Serás capaz de:

- identificar la concordancia entre sujeto y verbo en las oraciones.
- identificar incisos y proposiciones.
- identificar sustantivos colectivos.

Destrezas

- **Destreza de lectura:** Identificar una secuencia
- **Destreza principal:** Comprender la organización

Vocabulario

asegurarse
confusión
distinguir
modificar
secuencia

CONCEPTO CLAVE: Un verbo debe concordar con el sujeto de la oración.

Selecciona la forma correcta del verbo entre paréntesis.

1. Koda (ha trabajado; trabajaba) sin parar desde esta mañana.

2. Antes del estreno, Minh (había practicado; practica) durante dos meses.

Sujetos simples

La clave para hacer que los sujetos y los verbos concuerden es observar el **núcleo del sujeto**, es decir, el sustantivo o el pronombre que ocupa la posición central del sujeto, y del cual trata la oración. Un sujeto con un solo núcleo es un sujeto simple. Luego, observa el verbo. El verbo debe estar conjugado en la misma persona y en el mismo número que el núcleo del sujeto. ¿Cómo corregirías estas oraciones?

Juan suben las escaleras.   Los pájaros vuela hacia el bebedero.

En la primera oración, el núcleo del sujeto es *Juan*, un sustantivo singular. *Suben* es un verbo conjugado en plural. De modo que es necesario usar la forma *sube*, la forma en singular.

Juan <u>sube</u> las escaleras.

En la segunda oración, el núcleo del sujeto es *pájaros*, un sustantivo plural. Para corregir la oración, debes **modificar**, es decir, cambiar el verbo: debes reemplazar el verbo en singular *vuela* por la forma en plural *vuelan*. Otra forma posible de corregir esta oración es reemplazar el sustantivo plural *pájaros* y el artículo plural *los* por la forma singular.

Los pájaros <u>vuelan</u> hacia el bebedero.   El pájaro vuela hacia el bebedero.

Para comprobar si el sujeto y el verbo de una oración concuerdan, reemplaza el sustantivo que funciona como núcleo del sujeto por un pronombre. Esto te permitirá identificar la persona gramatical y conjugar correctamente el verbo. En las oraciones de arriba, *Juan* puede reemplazarse por el pronombre *él*. Es la tercera persona del singular. *Pájaros* puede reemplazarse por el pronombre *ellos*. Es la tercera persona del plural.

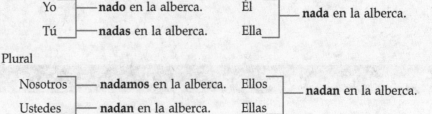

Singular

Yo / Tú — **nado** en la alberca. / **nadas** en la alberca.   Él / Ella — **nada** en la alberca.

Plural

Nosotros / Ustedes — **nadamos** en la alberca. / **nadan** en la alberca.   Ellos / Ellas — **nadan** en la alberca.

En el caso de la primera y la segunda persona (yo, tú, nosotros, ustedes), no tienes un sustantivo que reemplazar. En esos casos tienes que tener en cuenta si la acción refiere a la persona que habla (yo, nosotros) o a la persona a quien se habla (tú, ustedes).

IDENTIFICAR UNA SECUENCIA

Una **secuencia** es el orden en el cual ocurren los sucesos. A veces los escritores cuentan los sucesos en el orden en que ocurrieron, y otras veces, no. Algunas palabras clave como *primero, luego, después, al final, ayer* y *mañana* pueden ayudarte a comprender el orden de los sucesos mientras lees. Otra clave para identificar la secuencia de sucesos es el tiempo verbal: pasado, presente, futuro.

Para ordenar los sucesos en un texto, pregúntate: *¿Qué ocurrió primero? ¿Y después? ¿Y al final? ¿Qué tiempos verbales se usan? ¿El tiempo verbal cambia en alguna parte del pasaje?*

Lee el siguiente párrafo. Busca palabras clave y tiempos verbales que te ayuden a comprender el orden de los sucesos.

> (1) Ayer, Luke corrió su primera maratón. (2) Hoy recuerda todo el proceso de entrenamiento. (3) Primero, durante una semana caminó una hora cada dos días. (4) Después, caminó y corrió de manera alternada. (5) Finalmente, corrió de 8 a 13 millas por día.

La oración 1 cuenta un suceso que ya ha ocurrido. La palabra *ayer* y el verbo *corrió* nos indican que el suceso, el maratón, ocurrió en el pasado. La palabra *hoy* y el tiempo *recuerda* en presente, en la oración 2, son claves de que el escritor está hablando acerca de algo que ocurre del presente. Las oraciones 3–5 cuentan sucesos en el pasado. Sabemos esto porque los verbos *caminó* y *corrió* están en pretérito perfecto simple. También sabemos el orden en el cual cada suceso ocurrió en el pasado por las palabras claves *primero, después* y *finalmente*.

Recuerda que prestar
atención a los tiempos
verbales es una forma de
comprender el sentido de
lo que estás leyendo. Los
tiempos verbales indican a
los lectores si los sucesos
ocurrieron en el pasado,
si están ocurriendo ahora
mismo o si ocurrirán en el
futuro.

Después de que
completes las oraciones
de la actividad Aplica la
escritura de esta página,
pregúntate: ¿Esta oración
habla acerca de algo que
ocurrió en el pasado,
algo que ocurre ahora
o algo que ocurrirá en
el futuro? ¿Ocurrió en el
pasado y continúa hasta
el presente? ¿Ocurre en
el presente y seguirá
ocurriendo en el futuro?
¿Cómo puedo saberlo?

Concordancia entre sujeto y verbos copulativos

En los verbos copulativos, como el verbo ser, la concordancia puede causar cierta **confusión**. Por regla general, los verbos copulativos concuerdan con el núcleo del sujeto, como el resto de los verbos.

Mi hermano es pequeño.

Pero hay algunos casos en que esto no sucede. Cuando el atributo (es decir, lo que se dice acerca del sujeto) y el núcleo del sujeto son dos sustantivos que no tienen el mismo número (singular o plural), el verbo concuerda con el atributo.

El futuro son los niños.

Lo mismo sucede cuando el atributo es un pronombre.

El futuro son ustedes.

APLICA LA ESCRITURA

Instrucciones: Subraya el núcleo del sujeto en cada oración. Luego, elige la conjugación correcta de las opciones entre paréntesis y haz un doble subrayado.

Ejemplo: Las señoras que viven enfrente (*es*, *son*) mis tías.

1. Esos peces (*come*, *comen*) algas.
2. Nuestro problema (*es*, *son*) los desechos industriales.
3. Nosotros, los miembros del jurado, (*creo*, *creemos*) que es inocente.
4. ¿Tú (*sueles*, *suelen*) ir al trabajo en autobús?
5. Los empleados de la tienda (*quiere*, *quieren*) un aumento.
6. Yo (*voy*, *vamos*) a todos los partidos de béisbol de mi hijo.
7. El pedido (*incluye*, *incluyen*) clips, carpetas y cinta adhesiva.

Sujetos compuestos

Las oraciones pueden tener dos o más sustantivos o pronombres que funcionen como núcleo del sujeto. En ese caso, hablamos de **sujetos compuestos**, que pueden causar confusión en la concordancia entre sujeto y verbo.

Cuando el sujeto está compuesto por dos o más núcleos coordinados por la palabra y o la palabra ni, el verbo debe conjugarse en plural.

Alicia y Patrick compraron boletos para el concierto.

Ni Melany ni George vinieron hoy a la escuela.

Lo mismo ocurre con las construcciones *tanto... como* y *no solo... sino también*.

Tanto Sara como Miguel fueron a la fiesta.

Cuando en el sujeto está compuesto por dos o más núcleos en singular coordinados por la palabra *o*, el verbo puede estar en singular o en plural.

> El autor o el editor <u>hablará</u> mañana en la presentación del libro.

> El autor o el editor <u>hablarán</u> mañana en la presentación del libro.

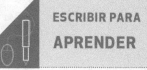

ESCRIBIR PARA APRENDER

APLICA LA ESCRITURA

Instrucciones: En las siguientes oraciones, conjuga el verbo entre paréntesis en singular o plural, en el tiempo que consideres adecuado. Si crees que hay más de una opción posible, escribe ambas.

Ejemplo: El niño y sus padres (llegar) _____*llegaron*_____ tarde.

1. Tanto Verónica como mi padre (tener) _____ las llaves de mi apartamento.

2. Robert y sus sobrinos (ir) _____ al cine todos los sábados.

3. Ni el perro ni el gato (dormir) _____ dentro de casa.

4. Melany o su hermana lo (recoger) _____ en el aeropuerto.

5. La semana próxima, tú o tu compañero (hacer) _____ tareas comunitarias.

6. No solo Elisa, sino también Pedro (creer) _____ que deben cambiar sus rutinas para proteger el medio ambiente.

7. Ni demasiada sal ni demasiada azúcar (ser) _____ aconsejables.

8. Zelda, Pearl y Tonya (quejarse) _____ constantemente.

En un cuaderno, escribe un párrafo o dos acerca de un trabajo que hayas tenido en el pasado, un trabajo que tengas ahora o un trabajo que te gustaría tener en el futuro. Recuerda usar los tiempos verbales adecuados y asegurarte de que los sujetos y los verbos concuerden.

Oraciones invertidas

Hasta el momento, has estudiado oraciones cuyos elementos siguen un orden en el que primero se presenta el sujeto y luego el predicado. Pero en ocasiones ese orden **se invierte**. Para verificar si la concordancia entre el sujeto y el verbo es correcta, es necesario **distinguir** qué elementos de la oración forman el sujeto.

No todas las oraciones comienzan con el sujeto. Observa estos ejemplos. ¿Cuál es el sujeto de las siguientes oraciones?

> A Bill <u>le gusta</u> el té.

> A Jim <u>le gustan</u> los deportes.

Los verbos de las oraciones anteriores se denominan verbos de afección, y son especiales porque al usarlos, el orden habitual de la oración suele invertirse. En la primera oración, el sujeto es *el té*. El verbo *gusta* concuerda con *el té*. En la segunda oración, el sujeto es *los deportes*. El verbo *gustan* concuerda con *los deportes*.

En las oraciones pasivas con el verbo *ser*, el orden también suele ser diferente. Observa este ejemplo

Este año en nuestra ciudad <u>fueron inauguradas</u> tres escuelas.

En esta oración, *tres escuelas* es el sujeto.

El orden habitual de la oración también se modifica con algunos verbos especiales, como *llegar, existir, aparecer*. En estos casos, el verbo aparece en primer lugar.

<u>Llegaron</u> mis primos.

<u>No existe</u> nadie que hable más de diez idiomas.

¡<u>Aparecieron</u> mis anteojos!

Incisos

Muchas oraciones parecen más complicadas de lo que realmente son porque tienen **incisos**. Los incisos son grupos de palabras que tienen el objeto de aclarar algo, y se colocan entre el núcleo del sujeto y el verbo. Esto puede llevar a cometer errores de concordancia. Los incisos son fácilmente identificables porque están expresados entre comas, rayas o paréntesis. Un inciso puede ser eliminado de la oración sin que se altere su sentido. Observa estos ejemplos.

Una sierra manual, como su nombre lo indica, es una sierra que funciona a mano.

Don Diego (uno de los vecinos más antiguos del barrio) decidió donar sus ahorros al hospital.

El doctor Spencer —junto con sus colegas y colaboradores— es el creador de este novedoso tratamiento.

Cuando escribas una oración con incisos, usa tres simples pasos para **asegurarte** de que el sujeto y el verbo concuerden.

1. Identifica el inciso que está entre comas, rayas o paréntesis. Táchalo.

   Peter, ~~uno de los técnicos que diseñaron el puente~~, (respondieron, respondió) las preguntas muy amablemente.

2. Identifica el núcleo del sujeto.

   <u>Peter</u>, ~~uno de los técnicos que diseñaron el puente~~, (respondieron, respondió) las preguntas muy amablemente.

3. Selecciona el verbo que concuerda con el sujeto.

   <u>Peter</u>, ~~uno de los técnicos que diseñaron el puente~~, (respondió) las preguntas muy amablemente.

APLICA LA ESCRITURA

Instrucciones: En las siguientes oraciones, elige el verbo correcto entre paréntesis y subráyalo.

Ejemplo: (Llegó, <u>llegaron</u>) mi primo y mi hermana.

1. Ayer (apareció, aparecieron) un voluntario para donar comida y una voluntaria para ayudar en las tareas de rescate.

2. Los directivos, al referirse al trabajo de Rachel, (valoran, valora) su excelente capacidad de comunicación oral.

3. A Paul y a su compañero de banco les (molesta, molestan) el frío del aire acondicionado.

4. El año pasado, Ernesto gracias a las familias y a los dueños de tiendas locales (logró, lograron) la compra de nuevos equipos para el hospital.

5. En el espacio exterior (existe, existen) espacios vacíos.

6. El museo, además de recibir a miles de niños cada año, (promueve, promueven) actividades extensivas a la comunidad.

7. A nosotras nos (gusta, gustan) las películas románticas.

8. (Existe, existen) una especie de escarabajo y una especie de oruga que dañan la corteza de los árboles.

Proposiciones

Otro grupo de palabras que frecuentemente causa problemas son las proposiciones. Una **proposición** es un grupo de palabras con un sujeto y un verbo. Una proposición puede funcionar de manera independiente como oración, o puede estar incluida en otra oración.

> En el periódico de hoy aparece un artículo <u>que explica el escándalo</u>.

Cuando una oración tiene más de una proposición, debes identificar qué verbo corresponde a cada sujeto. Si no estás seguro, primero elimina la proposición. Luego, verifica la concordancia entre el sujeto y el verbo en la oración principal y también la concordancia al interior de la proposición.

En la oración de ejemplo, *artículo* es el núcleo del sujeto de la oración principal, que concuerda con el verbo *aparece*. *Que explica el escándalo* es una proposición incluida dentro de la oración principal. *Que* es un pronombre, es el sujeto de la proposición y concuerda con el verbo *explica*.

Destreza principal
Comprender la organización

Muchas oraciones están organizadas de la misma manera: el sujeto está en primer lugar y es seguido por el verbo. Has aprendido que a veces ese orden está invertido. Este orden menos habitual puede causar confusión respecto de la concordancia entre sujeto y verbo.

Lee las siguientes oraciones. Ambas expresan lo mismo, pero de maneras diferentes

> Susan asistió a la obra de teatro del viernes.

> A la obra de teatro del viernes asistió Susan.

La segunda oración tiene una organización invertida. El verbo *asistió* está antes que el sujeto, Susan.

En un cuaderno, reescribe las siguientes oraciones invertidas para que el sujeto aparezca en primer lugar, antes del verbo.

- A las diez te esperaremos Raymond y yo en la esquina norte del parque.

- Inaugurarán el acto Charles y Linda.

Los errores en la concordancia entre el sujeto y el verbo generalmente se originan a causa de los pronombres que introducen las proposiciones. Algunos pronombres que introducen las proposiciones tienen una forma singular y una forma plural, como por ejemplo *quien, quienes, cual, cuales;* pero otros, como *que*, pueden tener como antecedente tanto un sustantivo singular como un sustantivo plural. Para asegurarte de que la concordancia entre el sujeto y el verbo de la proposición es correcta, identifica el antecedente del pronombre, es decir, el sustantivo al que refiere.

Kioko es una de esas personas <u>que aman leer novelas de misterio</u>.

En la oración de ejemplo, la proposición incluida en la oración principal es *que aman leer novelas de misterio*. El verbo de la oración principal es *es*, y concuerda con el núcleo del sujeto *Kioko*. El verbo de la proposición es *aman* y el sujeto es *que*. En esta oración, el antecedente de *que* es *personas*, un sustantivo plural. *Aman* es un verbo en plural, por consiguiente, el sujeto y el verbo de la proposición concuerdan.

APLICA LA **ESCRITURA**

Instrucciones: En las siguientes oraciones, elige el verbo correcto entre paréntesis y subráyalo.

Ejemplo: Fiona es una de esas mujeres que nunca (*se arrepienten, se arrepiente*).

1. Los fanáticos se reunieron en la puerta del hotel para conocer en persona al cantante que tantos kilómetros (*había recorrido, habían recorrido*).

2. Molly es una de esas personas que (*discute, discuten*) por todo.

3. Mi hermano y yo admiramos a nuestros padres, que nunca (*discutimos, discutían*).

4. Nuestros tíos, descendientes de una familia muy pobre, (*creían, creía*) que esta era la tierra de la prosperidad.

5. Larry lee libros que (*requieren, requiere*) mucha concentración.

6. Los oradores sugirieron un plan que (*parecían, parecía*) lógico.

7. Mi sobrino es uno de esos niños que (*ama, aman*) estar al aire libre.

8. En la oficina de June hay muchísima computadoras que, a causa de su sistema informático deficiente, ya no (*sirven, sirve*).

9. Los dos hermanos, que (*adoran, adora*) la pesca, suelen ir al lago Beck.

10. El señor López, que tiene muchas sillas y mesas guardadas en su depósito, (*decidió, decidieron*) donarlas a la escuela.

11. Sus sobrinos, que (*llegarán, llegará*) la próxima semana, se encontrarán con Don en el aeropuerto.

12. La genética es una de las áreas de estudio que (*despierta, despiertan*) más polémicas.

La extensión de las oraciones

Si una oración contiene varias proposiciones e incisos, puede resultar muy larga. Las oraciones muy largas pierden claridad, y al lector le es más difícil identificar cuál es el sujeto y cuál el predicado. La extensión de las oraciones también puede provocar errores de concordancia. Observa este ejemplo.

Nuestra fábrica, modelo de eficiencia, y que es el orgullo de nuestros antepasados, premiada este año por su responsabilidad social.

Esta oración no es correcta. Si realizamos los tres pasos que ya has aprendido, eliminando la proposición y el inciso que refieren a *fábrica*, encontraremos la oración principal.

Nuestra fábrica, ~~modelo de eficiencia, y que es el orgullo de nuestros antepasados,~~ premiada este año por su responsabilidad social.

La oración principal es *Nuestra fábrica, premiada este año por su responsabilidad social*. El problema de esta oración es que el sujeto no puede concordar con ningún verbo, y esto es así porque no hay ningún verbo en la oración principal.

Cuando lees o escribes, debes prestar atención al sujeto y al verbo principal. No olvides que para que el sujeto y el verbo concuerden, la oración debe estar completa.

Sustantivos colectivos y cuantificadores

Algunos sustantivos, como *gente, cardumen, fauna* o *alumnado*, refieren a grupos de personas o elementos. Sin embargo, no deben usarse como sustantivos plurales. Son una clase de sustantivos llamados **sustantivos colectivos**. Estos sustantivos concuerdan con verbos en singular.

La bandada <u>levantó</u> vuelo.

Algunas expresiones construidas a partir de sustantivos cuantificadores, es decir, que refieren a una cantidad, como *la mayoría, una parte, el resto*, pueden ir acompañadas de verbos tanto en plural como en singular. Es decir, el verbo puede concordar con el sustantivo que indica la cantidad o con el sustantivo plural que se cuantifica.

La mayoría de los estudiantes <u>llegó</u> temprano.

El resto de los estudiantes <u>llegaron</u> con cierto retraso.

Repaso de vocabulario

Instrucciones: Completa cada oración usando una de las palabras de vocabulario:

asegurarse   confusión   distinguir   modificar   secuencia

1. Cuando _____ de algo, verificas que algo sea verdadero.

2. Cuando cambias algo, lo _____.

3. Una _____ es el orden en el que ocurren los sucesos.

4. Algo que no está claro o es incierto puede generar _____ en una persona.

5. Leyendo con atención, puedes _____ los diferentes tipos de pronombres.

Repaso de destrezas

Instrucciones: Lee las oraciones. Analiza los tiempos verbales para responder las preguntas acerca de la siguiente secuencia de sucesos.

> Graciela siempre está ocupada. El lunes tuvo una cita con el médico. El miércoles, tuvo lección de piano. Mañana, tendrá su práctica de fútbol.

1. ¿Cuáles son los dos sucesos que ocurrieron en el pasado? _____
_____

2. ¿Qué suceso ocurrió primero: la cita con el médico o la lección de piano? ¿Cómo lo sabes?
_____
_____

3. ¿Qué suceso ocurrirá en el futuro? ¿Cuándo ocurrirá? _____

Instrucciones: Lee las siguientes oraciones. ¿Qué opciones muestran una organización más clara de los elementos? Márcalas con una cruz.

4. _____ Después de caminar tres horas, un merecido descanso se tomó Amelia.
_____ Después de caminar tres horas, Amelia se tomó un merecido descanso.

5. _____ Por sus excelentes calificaciones, una beca recibió Matías.
_____ Matías recibió una beca por sus excelentes calificaciones.

Práctica de destrezas

Instrucciones: Elige la mejor respuesta para cada pregunta.

1. Shen y Mike planean visitar el Museo Aeroespacial, que forma parte del Instituto Smithsoniano. No quiere dejar de ver los aeroplanos históricos. La colección cuenta con muchos aviones famosos.

   ¿Qué corrección hay que hacer en estas oraciones?

   A. reemplazar planean por planea
   B. reemplazar forma por forman
   C. reemplazar quiere por quieren
   D. reemplazar cuenta por cuentan

2. Tanto Rosa como su hermana salieron del coche, que se había detenido en medio de la avenida. Ni Rosa ni su hermana podía llegar tarde a la entrevista, porque era su oportunidad de conseguir un excelente trabajo. Se ofrecía un puesto de locución en la radio local.

   ¿Qué corrección hay que hacer en estas oraciones?

   A. reemplazar podía por podían
   B. reemplazar se había detenido por se habían detenido
   C. reemplazar salieron por salió
   D. reemplazar se ofrecía por se ofrecían

3. Lavarse los dientes es la única manera de tener dientes sanos. Esta es la conclusión de un equipo que investigaron durante un año las rutinas de higiene dental de un grupo de cien niños de entre 6 y 8 años. La mitad de los niños eran mujeres y la otra mitad, varones.

   ¿Qué corrección hay que hacer en estas oraciones?

   A. reemplazar es por son
   B. reemplazar investigaron por investigó
   C. reemplazar eran por era
   D. reemplazar es la conclusión por será la conclusión

4. En el teatro, el público, muy variado, repleto de hombres y mujeres de diferentes edades, esperaban con ansiedad que apareciera su cantante favorito. Todos murmuraban cada vez que percibían un movimiento del telón. Pronto comenzaron a aplaudir pidiendo que comenzara el espectáculo.

   ¿Qué corrección hay que hacer en estas oraciones?

   A. reemplazar murmuraban por murmuró
   B. reemplazar apareciera por aparecieran
   C. reemplazar esperaban por esperaba
   D. reemplazar comenzaron por comenzó

Práctica de escritura

Instrucciones: En una hoja aparte, describe un viaje que hayas hecho o un viaje que te gustaría hacer. Asegúrate de describir los sucesos del viaje en la secuencia correcta. Recuerda utilizar los tiempos verbales adecuados y verificar que los sujetos y los verbos concuerden.

Instrucciones: Elige la mejor respuesta para cada pregunta.

1. Un guardia no debe ser una de esas personas que se distraen con cualquier cosa. Todos esperan que los guardias estén atentos. Este guardia y sus compañeros ha recibido un entrenamiento específico para cuidar la puerta de un banco.

   ¿Qué corrección hay que hacer en estas oraciones?

   A. reemplazar ha recibido por han recibido
   B. reemplazar esperan por esperan
   C. reemplazar se distraen por se distrae
   D. reemplazar ha recibido por habían recibido

2. El próximo viernes iniciarán las clases tanto de computación como de cocina. Las personas que estén interesadas en tomar una clase debe anotarse en la administración. El costo de las clases será de $25.00.

   ¿Qué corrección hay que hacer en estas oraciones?

   A. reemplazar iniciarán por iniciará
   B. reemplazar estén por esté
   C. reemplazar debe por deben
   D. reemplazar será por serán

3. Lucinda llegó a la tienda pero la liquidación ha finalizado.

   ¿Qué corrección hay que hacer en esta oración?

   A. reemplazar llegó por llegaba
   B. reemplazar llegó por habría llegado
   C. reemplazar ha finalizado por había finalizado
   D. reemplazar ha finalizado por habría finalizado

4. Alicia y otra persona que no conozco está en el parque que queda a dos calles de la escuela.

   ¿Qué corrección hay que hacer en estas oraciones?

   A. reemplazar conozco por conoceré
   B. reemplazar queda por quedará
   C. reemplazar queda por quedan
   D. reemplazar está por están

5. Ana y Curtis discuten a causa de un libro. Ana dice que Curtis todavía no le ha devolvido el libro que le prestó hace ya un año.

   ¿Qué corrección hay que hacer en estas oraciones?

   A. reemplazar discuten por discutían
   B. reemplazar ha devolvido por ha devuelto
   C. reemplazar ha devolvido por había devolvido
   D. reemplazar prestó por había prestado

6. Es indispensable que el grupo firmen el contrato una semana antes del festival.

   ¿Cuál es la mejor forma de escribir la parte subrayada de la oración? Si la opción original es la mejor, elige la opción (A).

   A. Es indispensable que el grupo firmen el contrato
   B. Es indispensable que el grupo firme el contrato
   C. Son indispensables que el grupo firmen el contrato
   D. Es indispensable que el grupo firmará el contrato

7. <u>El mejor ejemplo de una política orientada a preservar el medio ambiente son</u> la adquisición de los cestos de separación de residuos que ha instalado el ayuntamiento en cada esquina.

¿Cuál es la mejor forma de escribir la parte subrayada de la oración? Si la opción original es la mejor, elige la opción (A).

A. El mejor ejemplo de una política orientada a preservar el medio ambiente son
B. El mejor ejemplo de una política orientada a preservar el medio ambiente es
C. Los mejor ejemplo de una política orientada a preservar el medio ambiente son
D. El mejor ejemplo de una política orientado a preservar el medio ambiente son

8. <u>Elisa, que siempre llevaba a sus perros Fido y Cometa a pasear por el parque, fueron</u> a dar un paseo por la costanera del río.

¿Cuál es la mejor manera de escribir la parte subrayada de la oración? Si la versión original es la mejor, elige la opción (A).

A. Elisa, que siempre llevaba a sus perros Fido y Cometa a pasear por el parque, fueron
B. Elisa, que siempre llevaba a sus perros Fido y Cometa a pasear por el parque, fue
C. Elisa, que siempre llevaban a sus perros Fido y Cometa a pasear por el parque, fueron
D. Elisa, que siempre llevaban a sus perros Fido y Cometa a paseaban por el parque, fueron

9. Los accidentes pueden evitarse. <u>Si las personas conducirían con cuidado, no habría accidentes de tránsito.</u>

¿Cuál es la mejor manera de escribir la oración subrayada? Si la versión original es la mejor, elige la opción (A).

A. Si las personas conducirían con cuidado, no habría accidentes de tránsito.
B. Si las personas conducirían con cuidado, no hubiera accidentes de tránsito.
C. Si las personas habrían conducido con cuidado, no habría accidentes de tránsito.
D. Si las personas condujeran con cuidado, no habría accidentes de tránsito.

10. Era la primera vez que Marta y Kim iban a un parque de diversiones. <u>Ni Marta ni Kim había visto una montaña rusa antes.</u>

¿Cuál es la mejor forma de escribir la oración subrayada? Si la versión original es la mejor, elige la opción (A).

A. Ni Marta ni Kim había visto una montaña rusa antes.
B. Ni Marta ni Kim ven una montaña rusa antes.
C. Ni Marta ni Kim habían visto una montaña rusa antes.
D. Ni Marta ni Kim había vido una montaña rusa antes.

11. En la parte trasera del edificio en construcción <u>descansa tres cansados carpinteros.</u> Se irán a casa cuando hayan terminado su trabajo.

¿Cuál es la mejor manera de escribir la parte subrayada de la oración? Si la versión original es la mejor, elige la opción (A).

A. descansa tres cansados carpinteros
B. descansan tres cansados carpinteros
C. habrían descansado tres cansados carpinteros
D. había descansado tres cansados carpinteros

12. En tu examen para la licencia de conducir no aparcaste bien el auto, pero en general conduciste bien.

¿Qué corrección hay que hacer en esta oración?

- **A.** reemplazar aparcaste por aparcado
- **B.** reemplazar aparcaste por aparcas
- **C.** reemplazar conduciste por han conducido
- **D.** reemplazar conduciste por condujiste

13. Es una pena. La casa de mis abuelos y la de sus vecinos fueron devastadas por el huracán.

¿Cuál es la mejor manera de escribir la oración subrayada? Si la versión original es la mejor, elige la opción (A).

- **A.** La casa de mis abuelos y la de sus vecinos fueron devastadas por el huracán.
- **B.** La casa de mis abuelos y la de sus vecinos fue devastado por el huracán.
- **C.** La casa de mis abuelos y la de sus vecinos fueron devastados por el huracán.
- **D.** La casa de mis abuelos y la de sus vecinos fue devastada por el huracán.

14. El director de la escuela cree que a los estudiantes les entusiasmarán la visita al Museo Aeroespacial.

¿Qué corrección hay que hacer en esta oración?

- **A.** reemplazar entusiasmarán por entusiasmará
- **B.** reemplazar cree por creen
- **C.** reemplazar entusiasmarán por entusiasmaron
- **D.** reemplazar cree por creyó

15. Elena es una de las estudiantes más avanzada de la clase.

¿Qué corrección hay que hacer en esta oración?

- **A.** reemplazar las estudiantes por la estudiante
- **B.** reemplazar la clase por las clases
- **C.** reemplazar es por fuera
- **D.** reemplazar avanzada por avanzadas

16. Escribe un párrafo o dos acerca de una destreza o un talento que tengas. Describe cómo te diste cuenta de que tenías esa destreza o ese talento. Explica los pasos que has dado para desarrollarlo y cómo planeas continuar desarrollándolo en el futuro. Recuerda utilizar los tiempos verbales adecuados y verificar que los sujetos y los verbos concuerden.

_____

_____

_____

_____

_____

_____

_____

_____

Repaso

Comprueba tu comprensión

En la siguiente tabla, encierra en un círculo las preguntas que hayas respondido de forma incorrecta en el repaso del Capítulo 2, en las páginas 70–72. Junto a los números de las preguntas, verás las páginas que puedes repasar para responder las preguntas correctamente. Presta particular atención a las áreas en las que no respondiste correctamente la mitad o más de la mitad de las preguntas.

Repaso del Capítulo 2

Área de destreza	Número de pregunta	Páginas de repaso
Verbos	3, 5, 8, 9, 12, 16	44-59
Concordancia entre el sujeto y el verbo	1, 2, 4, 6, 7, 10, 11, 13, 14, 15, 16	60-69

Modificadores

Lee esta descripción de un gato:

El gato es gordo.

¿Qué dice acerca del gato esta oración? Lo único que sabes es que el gato es gordo.

Ahora, lee esta descripción del mismo gato:

El travieso gato blanco y negro tiene la panza gorda.

Esta oración nos da mucha más información acerca del gato. Nos indica que el gato es travieso, que su pelaje es blanco y negro y que tiene una panza gorda. La segunda oración muestra de qué modo los modificadores le dan vida a una oración.

Los modificadores son palabras que describen a otras palabras. En este capítulo aprenderás de qué modo los modificadores transforman un texto plano en algo vívido e interesante. Los modificadores ayudan a los lectores a hacerse una imagen mental de lo que están leyendo.

Esto es lo que aprenderás en este capítulo:

Lección 3.1: Adjetivos y adverbios
Los adjetivos y los adverbios son palabras que describen otras palabras. Hacen que tu texto sea más interesante. Un texto sin adjetivos ni adverbios es como cocinar sin especias: resulta desabrido.

Lección 3.2: Otros modificadores
¿Quieres agregar detalles y precisión a tu texto? Aprende las distintas maneras de modificar las frases para que tu texto sea interesante y preciso.

Establecer objetivos

Aprender cómo se usan los modificadores ampliará tus conocimientos sobre clases de palabras y fundamentos de la oración. Piensa de qué modo emplear modificadores en tus oraciones hará que tus textos sean más personales e interesantes.

¿Qué quieres aprender acerca de los modificadores? ¿De qué modo crees que te ayudarán a modificar o mejorar tus textos?

_____

_____

_____

Escribe en la siguiente tabla, escribe nuevas formas de describir los objetos que te rodean y las acciones que realizas en tu vida cotidiana. Agrega nuevos ejemplos a la tabla a medida que vayas completando las lecciones de este capítulo.

Objetos y acciones	Modificadores

Adjetivos y adverbios

CONCEPTO CLAVE: Los adjetivos y los adverbios son modificadores, es decir, palabras que describen otras palabras en una oración.

1. Subraya la forma correcta del verbo en esta oración:
   Los sobrinos de Don, que (*llegan, llega*) hoy, tienen planeado encontrarse con él en el aeropuerto.

2. Subraya el pronombre correcto en esta oración:
   La película en la que actuaban Lindsey y Jo comenzaba a las nueve, pero (*nosotros, ellos*) llegamos cinco minutos más tarde.

Adjetivos

Los **adjetivos** son palabras que **modifican**, es decir, describen un sustantivo o un pronombre.

Un adjetivo puede modificar un sustantivo de muchas maneras. Puede indicar *de qué tipo, cuál* o *cuántos* hay. La mayoría de los adjetivos deben concordar en género y número con los sustantivos o pronombres que modifican.

de qué tipo	⟶	organización **civil**	mar **agitado**
cuál	⟶	**este** huracán	**esa** orilla
cuántos	⟶	**dos** ciudades	**numerosas** opciones

Los sustantivos pueden estar modificados por más de un adjetivo.

estas deliciosas moras **silvestres**

Adverbios

Los **adverbios** son palabras que modifican, es decir, describen, un verbo, un adjetivo u otro adverbio. Los adverbios son invariables. Esto significa que su forma no se modifica en género ni en número.

modifican un verbo	⟶	se movió **lentamente**
modifican un adjetivo	⟶	**siempre** disponible
modifican un adverbio	⟶	**bastante** lejos

Los adverbios pueden modificar a las palabras de diversas maneras. Pueden indicar *cómo, cuándo, con qué frecuencia, dónde* y *en qué medida*.

cómo	⟶	se movió **lentamente**
cuándo	⟶	**siempre** disponible
dónde	⟶	nació **aquí**
con qué frecuencia	⟶	llama **diariamente**
en qué medida	⟶	**casi** vacío

VISUALIZAR

Visualizar es formarse una imagen mental de una descripción escrita u oral. Visualizar es una de las mejores formas de comprender y recordar algo. Para ayudarte a visualizar lo que lees, los escritores dan detalles interesantes y vívidos. Una forma de hacer esto es agregar adjetivos y adverbios a las oraciones. Los adjetivos y los adverbios ayudan a los lectores a "ver" lo que están leyendo. Le dan al lector una imagen visual.

Lee estas dos oraciones.

> (1) Miguel tiene una motocicleta nueva.
>
> (2) Miguel tiene una motocicleta nueva, negra, brillante y potente.

La oración 1 da un detalle acerca de la motocicleta de Miguel, pero la oración 2 ayuda a los lectores a visualizar o formarse una imagen mental de cómo es la motocicleta de Miguel.

APLICA LA ESCRITURA

Instrucciones: Mira el modificador subrayado en cada oración. Encierra en un círculo la palabra a la que modifica. Indica si el modificador es un adjetivo o un adverbio.

Ejemplo: *adjetivo* La nieve caía sobre las (rosas) rojas.

1. _____ El correo llegó tarde hoy.

2. _____ En el restaurante sirvieron una deliciosa cena.

3. _____ En ese carro caben cinco personas.

4. _____ El arcoíris desapareció muy rápidamente.

Cuanto más específico es un adjetivo, mejor describe aquello de lo que hablas. Por ejemplo, *pequeño* es un adjetivo que indica el tamaño. *Diminuto* también es un adjetivo que indica el tamaño, pero es más preciso y ayuda a los lectores a visualizar mejor aquello de lo que hablas.

En un cuaderno, escribe estos tres adjetivos: *bueno, bonito, importante*. Junto a cada uno de ellos, escribe la mayor cantidad posible de adjetivos que provean detalles específicos.

pequeño ⟶ diminuto

Formas de adjetivos y adverbios

Los adjetivos no tienen una forma que los caracterice. Tienen muchas terminaciones posibles. En cambio, una gran cantidad de adverbios se forman agregando la terminación *mente* a un adjetivo.

Adverbios formados con *mente*	
Adjetivos	**Adverbios**
una silla **cómoda**	sentarse **cómodamente**
un lugar **tranquilo**	trabajar **tranquilamente**
un ejercicio **fácil**	resolver **fácilmente**

Algunos adverbios tienen la misma forma que un adjetivo en su forma singular masculina, como *alto*, y en algunos casos puede usarse como adverbio tanto esa forma como la forma que termina con mente (*rápido y rápidamente*). La tabla de abajo muestra algunos casos de adverbios que tienen la misma forma que el adjetivo.

Adverbios que tienen la misma forma que un adjetivo		
alto	lento	fuerte
bajo	rápido	suave
claro	duro	profundo

En estos ejemplos se muestra una palabra usada como adjetivo y luego como adverbio. En cada oración, la palabra a la que modifica ese adjetivo o adverbio está subrayada.

Este pan está duro. (adjetivo)
Mi padre siempre trabaja duro. (adverbio)

Mi pantalón es de color claro. (adjetivo)
El profesor nos pide que hablemos claro. (adverbio)

El lago es profundo. (adjetivo)
Antes de responder, respiré profundo. (adverbio)

APLICA LA ESCRITURA

Instrucciones: En cada oración, identifica si la palabra subrayada es un adjetivo o un adverbio.

Ejemplo: *adverbio* El comité trabajó duro en su presentación.

1. _____ El proceso de fabricación del pan es muy lento.

2. _____ No hables tan alto, porque nos van a oír.

3. _____ Eran las seis de la mañana y el vecino martillaba fuerte.

4. _____ El castigo es duro para aquellos que conducen con exceso de velocidad.

5. _____ Este café tiene un aroma muy suave.

6. _____ Los paramédicos llegaron rápido al lugar del accidente.

Problemas al usar adverbios

La posición de los adverbios

Los adverbios pueden ocupar distintos lugares en una oración.

> Quizás te vi ayer.
>
> Quizás ayer te vi.
>
> Ayer te vi, quizás.

En este ejemplo, *quizás* y *ayer* ocupan diferentes posiciones en la oración, pero el significado de la oración no se modifica.

Pero en otros casos el significado de la oración sí se modifica de acuerdo a la posición que ocupan los adverbios. Observa este ejemplo:

> Fui a un teatro que está a **casi** tres cuadras de mi casa.
>
> **Casi** fui a un teatro que está a tres cuadras de mi casa.

En la primera oración, *casi* modifica a *tres cuadras*. El teatro al que fue la persona que habla no estaba a tres cuadras de su casa, pero sabemos que fue a un teatro.

En la segunda oración, *casi* modifica a toda la oración. El que habla no fue al teatro que describe, y no tenemos información suficiente para saber si fue a algún lugar.

Cuando utilizas un adverbio con el objetivo de valorar algo, presta atención al lugar donde colocas el adverbio para asegurarte de que el significado de la oración sea claro.

Exceso de adverbios terminados en *mente*

Un exceso de adverbios terminados en *mente* produce un efecto de repetición en el texto. Observa este ejemplo:

> Cada vez más personas hacen un uso responsable de los recursos **naturales**. Afortunadamente, los niños enseñan fácilmente a sus padres a reciclar y ahorrar energía. El impacto de estos cambios se nota inmediatamente.

En este fragmento encontramos tres adverbios terminados en *mente*: *afortunadamente, fácilmente* e *inmediatamente*. Esta repetición debe evitarse, ya que el escrito debe ser fluido y fácil de leer y no llamar la atención sobre el uso del lenguaje (excepto que sea un texto poético o literario). Solucionar este problema es muy fácil. Busca una expresión equivalente siguiendo estos tres pasos:

Paso 1: Identifica el adverbio que quieres eliminar: *fácilmente*.

Paso 2: Busca un sustantivo de la misma familia de palabras de este adverbio: *facilidad*.

Paso 3: Agrega la preposición *con* a ese sustantivo: *con facilidad*.

También puedes buscar un adjetivo y agregar la preposición *de*. Así, por ejemplo, puedes transformar *nuevo* e *inmediatamente* en *de inmediato*.

Destreza de lectura
Visualizar

Puedes comprender mejor lo que lees cuando **visualizas**, es decir, cuando creas imágenes mentales de aquello que estás leyendo. Cuando escribas, ofrece detalles descriptivos que puedan ayudar a los lectores a imaginar los sucesos, los sitios y las personas sobre los que escribes. Pregúntate:

- ¿Los lectores pueden formarse una imagen de esto?

- ¿Qué aspecto tendría esto?

- ¿Qué me hacen imaginar, ver, oír, sentir, probar y oler las palabras?

APLICA LA ESCRITURA

Instrucciones: Lee las oraciones de abajo. Reemplaza los adverbios terminados en *mente* usando *con* y un sustantivo.

1. _____ Julian administraba <u>cuidadosamente</u> los alimentos que quedaban.

2. _____ Las hojas de los árboles se movían <u>suavemente</u>.

3. _____ El cachorro abandonado miraba <u>tristemente</u> a sus futuros dueños.

4. _____ En la primera clase de ruso, el profesor habló <u>claramente</u> a los alumnos.

Adjetivos y adverbios en comparaciones

Los adjetivos se usan para comparar personas, lugares, cosas e ideas. Los adverbios se usan para comparar acciones. Hay tres grados o niveles de comparación. En el primer nivel se usa la forma básica del adjetivo y del adverbio.

Adjetivo	Adverbio
Claudia es **alta**.	Phuong camina **rápido**.

Comparar dos cosas o acciones

Los adjetivos y los adverbios se pueden usar para comparar dos cosas o dos acciones. Hay tres comparaciones posibles, que usan las palabras *tan*, *más* y *menos* seguidas del adjetivo o adverbio y la preposición *que*.

Igualdad: Phuong camina **tan** *rápido* **como** Peter.

Inferioridad: Una casa es **menos** *cara* **que** un edificio.

Superioridad: Claudia es **más** *alta* **que** Julia.

Existen algunas palabras que expresan superioridad o inferioridad por sí solas, es decir, al usarlas no se deben incluir las palabras *más* ni *menos*:

grande	$\longrightarrow$	*mayor*
pequeño	$\longrightarrow$	*menor*
bueno	$\longrightarrow$	*mejor*
malo	$\longrightarrow$	*peor*

Al comparar dos cosas, es incorrecto utilizar las expresiones *más bueno* o *más malo*. En su lugar, debe usarse *mejor* o *peor*.

Incorrecto: El zumo de naranja es *más bueno* que el de manzana.

Correcto: El zumo de naranja es *mejor* que el de manzana.

Incorrecto: El café es *más* malo que el té.

Correcto: El café es *peor* que el té.

Comparar tres o más cosas o acciones

Cuando hay más de dos elementos, para comparar dos cosas o dos acciones se utilizan las siguientes formas:

Adjetivos

Inferioridad: Esta casa es **la menos** *cara* **de todas**.

Superioridad: Claudia es **la más** *baja* **de todos**.

Adverbios

Inferioridad: Phuong **es el que** camina **menos** *rápidamente*.

Superioridad: Peter **es el que** camina **más** *rápidamente*.

Forma superlativa de los adjetivos

Los adjetivos pueden graduarse según la intensidad que se desee expresar:

La camisa está limpia.

La camisa está **bastante** limpia.

La camisa está **muy** limpia.

La camisa está limp**ísima**.

En las últimas dos oraciones encontramos un adjetivo en su grado **superlativo**, es decir, su grado máximo. Para formar el superlativo de un adjetivo puedes realizar las siguientes operaciones:

1. Agregar *muy* a cualquier adjetivo.

2. Agregar la terminación *ísimo-a*. En algunos casos hay que hacer, además, cambios en la raíz de la palabra, y en otros el superlativo se forma de manera distinta: *antiguo: antiquísimo; sabio, sapientísimo, libre, libérrimo*.

APLICA LA ESCRITURA

Instrucciones: Lee las siguientes oraciones. Si son correctas, escribe C. Si no son correctas, reescríbelas correctamente.

Ejemplo: Hoy jugamos el partido más malo de la temporada.

Hoy jugamos el peor partido de la temporada.

1. _____ Helena es más buena deportista que su hermana.

_____

2. _____ El rendimiento de esa empresa es bastante bueno.

_____

3. _____ Mathew es el hermano más grande.

_____

4. _____ Luc es más alto de su hermano menor.

_____

5. _____ La pasta de este restaurante es más mala que la que cocino yo.

_____

6. _____ Esta blusa es la menos colorida que todas.

_____

Los problemas más frecuentes al escribir adjetivos y adverbios

Hay cuatro errores muy comunes al usar modificadores.

La redundancia

Una frase es redundante cuando la información está duplicada. Si un adverbio repite la información del adjetivo o del verbo al que califica, el resultado es una frase redundante. Observa estos ejemplos:

Incorrecto: Este libro es **muy** fantástico.

Correcto: Este libro es fantástico.

Incorrecto: ¿Por qué no entramos **adentro**?

Correcto: ¿Por qué no entramos?

Incorrecto: Salgamos **afuera**.

Correcto: Salgamos.

Incorrecto: Martha subió **arriba** del techo de su casa.

Correcto: Martha subió al techo de su casa.

En todos los casos, la forma de corregir estas frases es eliminar el adverbio. Recuerda que menos es más.

Los adjetivos con apócope

Algunos adjetivos masculinos modifican ligeramente su forma al colocarse inmediatamente antes del sustantivo. Este fenómeno es una excepción denominada **apócope**. Observa estos ejemplos:

Adjetivo (masculino)	Adjetivo con apócope
Julien es un amigo bueno.	Julien es un **buen** amigo.
El concierto fue malo.	Fue un **mal** concierto.
Michael fue el primero de los estudiantes. Sean fue el tercero.	Michael fue el **primer** estudiante. Sean fue el **tercer** estudiante.
El elefante es grande.	Este es un **gran** elefante.
¿Cuántos años tienes? Veintiuno.	Tengo **veintiún** años.

Recuerda que este fenómeno ocurre solo en la forma masculina de los adjetivos. Pero no ocurre así en la forma femenina.

Incorrecto: Sara es una **buen** amiga.

Correcto: Sara es una **buena** amiga.

Dentro, fuera, arriba y abajo

Las formas *dentro*, *fuera*, *arriba* y *abajo* nunca se deben combinar con los posesivos.

Forma incorrecta	Forma correcta
dentro mío	dentro de mí
fuera tuyo	fuera de ti
arriba suyo	arriba de él/ella/ellos/ella
abajo nuestro	abajo de nosotros/nosotras

Bastante y demasiado

No se deben confundir los adjetivos *bastante y demasiado* (que, por ser adjetivos, admiten algunas variaciones de género y número) con los adverbios *bastante* y *demasiado*, que son invariables. Al usar *bastante* y *demasiado* como adverbios, la forma siempre debe ser singular. Observa estos ejemplos:

bastante

    Incorrecto: Las pruebas eran **bastantes** difíciles.

    Correcto: Las pruebas eran **bastante** difíciles.

demasiado

    Incorrecto: Los requisitos eran **demasiados** exigentes.

    Correcto: Los requisitos eran **demasiado** exigentes.

APLICA LA ESCRITURA

Instrucciones: En cada una de las oraciones de abajo, subraya la opción correcta que está entre paréntesis.

Ejemplo: Los amigos de Hilda están (bastantes, <u>bastante</u>) preocupados por ella.

1. No encontraba el libro porque estaba abajo (de mí, mío).

2. Me sentí mal, así que salí (afuera, al patio).

3. Samantha es (buen, buena) compañera.

4. Este es nuestro (tercero, tercer) intento.

5. Decidimos subir (arriba, al techo).

6. Nuestra (primera, primer) mascota se llamaba Cindy.

Repaso de vocabulario

Instrucciones: Completa cada oración usando una de las siguientes palabras:

modificar   un adjetivo   un adverbio   una excepción   visualizar

1. _____ un adjetivo es cambiar su forma para que concuerde con un sustantivo.

2. Si quieres calificar una acción para indicar con cuanta frecuencia ocurre, debes usar _____

3. Cuando haces algo de una manera diferente a como lo haces en general, haces _____.

4. Para modificar un sustantivo, usas _____.

5. Cuando creas imágenes mentales, lo que haces es _____ lo que has leído o has escrito.

Repaso de destrezas

Instrucciones: Subraya las palabras o frases de este párrafo que te ayudan a visualizar la escena.

1. **(1)** Una de las peores tormentas de la historia avanzaba lentamente hacia esas tierras desprotegidas. **(2)** La gente, preocupada, se preparaba para el huracán. **(3)** El huracán les lanzaría vientos poderosos y olas salvajes. **(4)** Ya había olas gigantes chocando estruendosamente en la costa. **(5)** La ciudad entera estaba casi vacía. **(6)** Previsoramente, sus habitantes habían huido en dirección a tierras más altas, lejos de ese peligroso mar.

Instrucciones: Usa la red de palabras para escribir modificadores (adjetivos y adverbios) que se te ocurran al escuchar la palabra *héroe*.

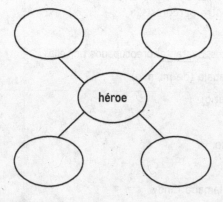

2. Escribe dos oraciones acerca de alguien que consideres un héroe usando los modificadores que incluiste en la red de palabras.

_____

_____

Práctica de destrezas

Instrucciones: Elige la mejor respuesta para cada pregunta.

1. Julia, ¿por qué caminas tan lento? Debes ser la persona más lenta que todas.

   ¿Qué corrección hay que hacer en estas oraciones?

   A. reemplazar tan lento por tan lentamente
   B. reemplazar más lenta que todas por más lenta de todas
   C. reemplazar más lenta que todas por más lenta que todos
   D. reemplazar tan lento por tan lenta

2. Primero, Horace limpió cuidadosamente los vegetales. Luego, los cortó prolijamente. Finalmente, Horace puso los vegetales en la olla.

   ¿Qué corrección hay que hacer en este párrafo?

   A. La posición de los adverbios no es correcta.
   B. Hay un exceso de adverbios terminados en *mente*.
   C. Es necesario reemplazar luego por en segundo lugar.
   D. Los sucesos están desordenados.

3. El protagonista hablaba tan bajo que yo prácticamente no entendía lo que decía. La primera actriz era muy mala. La escenografía parecía de cartón. Fue la más mala obra de teatro que vi en mi vida.

   ¿Qué corrección hay que hacer en este párrafo?

   A. reemplazar bajo por bajamente
   B. reemplazar muy mala por muy mal
   C. reemplazar primera por primer
   D. reemplazar más mala por peor

4. Los vecinos que se mudaron arriba nuestro son bastantes simpáticos. Son tres hermanos. El menor de ellos tiene mi edad. Seguramente irá a la misma escuela que yo.

   ¿Qué corrección hay que hacer en este párrafo?

   A. reemplazar seguramente por de seguro
   B. reemplazar menor por mejor
   C. reemplazar menor por más pequeño
   D. reemplazar bastantes por bastante

Práctica de escritura

Instrucciones: En una hoja aparte, describe alguna experiencia que hayas tenido a causa de un fenómeno climático como una tormenta de nieve, una tormenta eléctrica, un huracán o un tornado. Usa adjetivos y adverbios para crear una descripción precisa y atractiva. Usa las formas y tiempos verbales apropiados, la puntuación correcta y las normas del lenguaje adecuadas.

Otros modificadores

Objetivos de la lección

Serás capaz de:

- comprender el uso de frases que funcionan como modificadores.

- identificar las frases preposicionales como modificadores.

- identificar las frases con verbos que funcionan como modificadores.

- identificar las aposiciones como modificadores.

Destrezas

- **Destreza principal:** Aclarar y explicar

- **Destreza de lectura:** Reconocer detalles de apoyo

Vocabulario

ambiguo
frase
infinitivo
participio

CONCEPTO CLAVE: Una *frase* es un grupo de palabras que puede modificar una palabra de una oración.

Subraya los adjetivos de cada oración. Indica a qué palabra modifican.

1. El perro blanco movió su larga cola.

2. Grandes gotas cayeron de las nubes negras.

Subraya el adverbio de cada oración. Indica a qué palabra modifica.

3. Mañana iremos al parque.

4. El colibrí se acercó y desapareció rápidamente.

Otros modificadores

A veces un grupo de palabras puede modificar o describir a otra palabra de una oración. Una **frase** es un grupo de palabras que contiene un sustantivo (o pronombre) o un verbo, pero no las dos cosas. Una frase también incluye otras palabras que describen al sustantivo o verbo o que la relacionan con el resto de la oración.

Frases preposicionales

De acuerdo con lo que aprendiste en el capítulo 2, una **frase preposicional** es un grupo de palabras que comienza con una preposición e incluye un sustantivo o un pronombre. En una oración, las frases preposicionales pueden funcionar como un adjetivo o como un adverbio. Cuando cumple las funciones de un adjetivo, la frase preposicional modifica a un sustantivo o pronombre.

> El agua **de la piscina** es limpia y clara.

Cuando una frase preposicional se usa como un adverbio, modifica a un verbo, a un adjetivo o a un adverbio.

> El pajarito salió **de su nido**.

> Este libro es útil **para los científicos**.

> Mi escuela está cerca **de mi casa**.

La frase preposicional siempre modifica a una palabra cercana. Debe estar junto a la palabra a la que modifica para evitar confusiones.

> Los niños fueron al parque de la escuela.

> Los niños de la escuela fueron al parque.

En la primera oración, *de la escuela* modifica a *parque*. En la segunda oración, *de la escuela* modifica a *niños*. Las oraciones tienen significados distintos porque la frase preposicional está en lugares distintos.

RECONOCER DETALLES DE APOYO

Los detalles son palabras y frases que dan información. Los detalles de apoyo describen al sujeto o el verbo de una oración o la idea principal de un texto. Algunos detalles dan información basada en hechos, especialmente en los artículos de no ficción. Otros ofrecen una descripción, especialmente en los textos de ficción.

En esta lección aprenderás cómo los modificadores agregan detalles que describen otra palabra de una oración.

Lee las siguientes oraciones y busca los detalles de apoyo. Piensa si dan más información acerca del sujeto o del verbo.

> (1) El olor a galletas recién horneadas inundó la casa.
>
> (2) El gatito de cola blanca y negra tomaba una siesta al sol.

En la oración 1, el detalle de apoyo *a galletas recién horneadas* da información sobre el sujeto, *olor*. En la oración 2, las palabras *de cola blanca y negra* dan detalles acerca del gatito. Estas palabras nos ayudan a imaginarnos al gatito.

Destreza del siglo XXI
Comunicación y colaboración

Trabaja con un compañero. Haz una lista de frases preposicionales y dásela a tu compañero. Cada uno deberá escribir un párrafo en el que use esas frases. Luego, intercambia los trabajos con tu compañero para corroborar que haya usado correctamente las frases.

APLICA LA ESCRITURA

Instrucciones: Lee las oraciones y subraya la frase preposicional. Luego, indica si la frase funciona como un adjetivo o un adverbio, a qué palabra modifica y qué información brinda.

1. El cartel de la autopista se voló durante la tormenta.

   _____

   _____

2. Durante la tormenta, el perro se escondió bajo la cama.

   _____

   _____

3. Kyle tuvo que limpiar las ramas que cayeron a la calle.

   _____

   _____

Cuando un texto es **ambiguo**, es decir, poco claro, a los lectores les resulta difícil comprender lo que leen.

En esta lección estás aprendiendo a usar modificadores en tus textos. Los modificadores te permiten explicar o aclarar lo que quieres decirles a los lectores, ya que los ayudan a crearse imágenes completas en su mente.

Lee las siguientes oraciones:

El bebé dejó de llorar.

El bebé, cansado, dejó de llorar cuando se durmió.

A pesar de que la primera oración está completa, da poca información y no responde a las preguntas *¿Por qué dejó de llorar el bebé? ¿Cuándo?* En la segunda oración se incluyen modificadores, que permiten aclarar y explicar lo que está pasando.

Revisa las oraciones de abajo. Reescríbelas en un cuaderno agregando detalles para aclarar y explicar.

La torta se arruinó.

Luis se perdió el espectáculo.

El pájaro cantó.

Frases con verbos

Algunas frases con ciertas formas verbales, como el **infinitivo** y el **participio**, pueden funcionar como modificadores. Tanto el infinitivo como el participio son formas verbales que no tienen concordancia de persona con el sujeto. Los infinitivos terminan en *-ar, -er* o *-ir*, y los participios terminan en *-ado* o *-ido*.

Cansado de tanto trabajo, José salió a pasear con su perro.

Al salir de su casa, se encontraron con Marta.

APLICA LA ESCRITURA

Instrucciones: Subraya las frases de cada oración que funcionan como modificadores. Luego, escribe la palabra a la que modifica cada una.

Ejemplo: ___*Jan*___ Al volver a casa, Jan vio nubes negras en el cielo.

1. _____ Louis vio el bus en la esquina.

2. _____ Al abrir la puerta, Shen suspiró.

3. _____ El olor a pollo asado me dio hambre.

4. _____ El extenuado corredor, al ver la línea de llegada, aceleró el paso.

5. _____ Julie estaba triste como nunca.

6. _____ Jacob dejó sus libros en la biblioteca.

7. _____ Empapado por la lluvia, el señor Cárdenas abrió el paraguas.

8. _____ El partido terminó después del atardecer.

9. _____ La policía llegó rápidamente.

10. _____ Convencida de que conseguiría más clientes, la jefa bajó los precios.

11. _____ La señora Cosmos pasó por mi casa.

12. _____ Sentada entre sus padres, Lenore reía.

Aposiciones

Una **aposición** es un grupo de palabras que da más información acerca de un sustantivo de una oración. Está conformada por un sustantivo y otras palabras que lo modifican.

John Santos, **el conductor del camión**, salió del depósito al mediodía.

Al igual que ocurre con otros tipos de frases, el lugar de la oración donde se ubique la aposición es importante. Si no se presta atención a esto, la oración puede resultar confusa o expresar una idea equivocada. La aposición siempre aparece a continuación del sustantivo al que modifica.

Margarita Frías, **la antigua directora de la escuela**, continúa visitando a los alumnos.

Generalmente, las aposiciones están separadas por comas del resto de la oración. Si la aposición está en el medio de la oración, lleva una coma antes y otra después.

APLICA LA ESCRITURA

Instrucciones: Busca la aposición de cada oración y corrige la puntuación.

Ejemplo: Neil Armstrong, el astronauta, fue la primera persona que pisó la Luna.

1. Yuri Gagarin el primer ser humano en viajar el espacio nació en la Unión Soviética.

2. Ham un chimpancé fue usado para testear la cápsula espacial de los Estados Unidos.

3. Alan Shepard el primer ciudadano estadounidense en viajar al espacio escribió un libro acerca de los inicios del programa espacial.

4. Shepard viajó al espacio en el Redstone 3 un cohete espacial muy pequeño.

5. Shepard un astronauta y piloto de pruebas viajó a la Luna años después.

ESCRIBIR PARA APRENDER

Puedes usar una frase que funciona como modificador para comenzar una oración. Si lo haces, generalmente debes separar la frase del resto de la oración con una coma. En cualquier otro lugar de la oración no es necesario usar una coma.

Perdido en sus pensamientos, Lucas se quedó dormido.

Escribe en un cuaderno cinco oraciones con frases que funcionen como modificadores. Al menos tres de las oraciones deben incluir la frase al inicio de la oración.

Repaso de vocabulario

Instrucciones: Completa las oraciones con las siguientes palabras:

ambiguo   **infinitivo**   **un participio**   **una frase**

1. El grupo de palabras *colgado en la pared* es un ejemplo de _____.

2. Un ejemplo de verbo en _____ es *vivir*.

3. _____ puede terminar en *-ado* o *-ido*, como *agotado*.

4. Lo que dijo fue _____, así que no sé si vendrá a la fiesta o no.

Repaso de destrezas

Instrucciones: Lee las oraciones. Subraya los detalles de apoyo.

1. A Pang le encanta el básquetbol. Practica a cada momento. Los domingos por la mañana es el primero en levantarse, y en pocos minutos está listo para batear.

2. Zihana terminó su tercer maratón. Siempre fue una persona activa. ¡Corrió y ganó su primer maratón cuando solo tenía ocho años!

3. Lian lloraba y lloraba. Cuando su papá le acercó la leche, Lian dio vuelta la cara y se restregó los ojos. Tampoco quiso jugar con su juguete favorito. Así el papá supo que era el momento de llevar al bebé a la cama.

4. A Walter le gusta anticiparse y planificar. Todos los domingos, elige la ropa que va a usar durante la semana. También decide qué va a comer en el desayuno, el almuerzo y la cena de cada día.

Instrucciones: Lee cada oración. Luego, reescríbela agregando un modificador para aclarar y explicar lo que ocurre.

5. El perro se sienta.

_____

_____

6. Los zapatos estaban mojados.

_____

_____

7. Fueron juntos a casa.

_____

_____

8. Liz horneó un pastel.

_____

_____

Práctica de destrezas

Instrucciones: Elige la mejor respuesta para cada pregunta.

1. Al despertarse Isabel, la amiga de mi mamá, vio que la ventana estaba abierta.

   ¿Qué corrección hay que hacer en esta oración?

   A. mover al despertarse al final de la oración
   B. insertar una coma después de despertarse
   C. quitar las comas después de Isabel y mamá
   D. insertar una coma después de abierta

2. Luego de salir del cine fuimos a tomar un té.

   ¿Cuál es la mejor manera de escribir la oración? Si la oración original es la mejor, elige la opción (A).

   A. Luego de salir del cine fuimos a tomar un té.
   B. Luego, de salir del cine, fuimos a tomar un té.
   C. Luego de salir del cine, fuimos a, tomar un té.
   D. Luego de salir del cine, fuimos a tomar un té.

3. Leonard Chiny, el encargado de la seguridad, me dijo que habían encontrado mi cartera.

   ¿Cuál es la mejor manera de escribir la parte subrayada de la oración? Si la opción original es la mejor, elige la opción (A).

   A. Leonard Chiny, el encargado de la seguridad,
   B. Leonard Chiny, el encargado de la seguridad
   C. Leonard Chiny el encargado de la seguridad,
   D. Leonard Chiny el encargado de la seguridad

4. Para rescatar a su gatita Ann llamó a su amigo, el bombero.

   ¿Cuál es la mejor manera de escribir la oración? Si la oración original es la mejor, elige la opción (A).

   A. Para rescatar a su gatita Ann llamó a su amigo, el bombero.
   B. Para rescatar a su gatita, Ann llamó a su amigo, el bombero.
   C. Para rescatar, a su gatita Ann llamó a su amigo, el bombero.
   D. Para rescatar a su gatita Ann llamó a su amigo el bombero.

Práctica de escritura

Instrucciones: Piensa en las destrezas que dominas y que se relacionan con el trabajo. Escribe una carta a un posible empleador y describe tus destrezas en detalle. Usa frases preposicionales, frases con verbos y aposiciones para ampliar y aclarar tus descripciones.

Instrucciones: Elige la mejor respuesta para cada pregunta.

1. Ann Watson, la gerenta del supermercado, contrató a dos empleados. El más menor ayudará a Sid, el gerente de compras.

   ¿Qué corrección hay que hacer en esta oración?

   A. reemplazar más menor por pequeño
   B. reemplazar más menor por más mayor
   C. reemplazar el por el empleado
   D. eliminar más

2. El perro de Noriko, un fox terrier, estaba enfermo y se escondió abajo de la cama. Noriko le habló suave. Le dijo que subiera arriba de su cama.

   ¿Qué corrección hay que hacer en esta oración?

   A. reemplazar arriba de por a
   B. reemplazar suave por con suavidad
   C. eliminar las comas antes y después de un fox terrier
   D. reemplazar suave por suavemente

3. Después de poner las latas en el refrigerador yo agregué una bolsa de hielo seco. Como ayer hacía mucho calor, el hielo se derritió rápidamente.

   ¿Qué corrección hay que hacer en esta oración?

   A. agregar una coma después de refrigerador
   B. agregar una coma a continuación de después
   C. reemplazar rápidamente por con rapidez
   D. eliminar rápidamente

4. Para comprar su primer camioneta, Sheri pidió un préstamo. Afortunadamente, se lo dieron de inmediato.

   ¿Qué corrección hay que hacer en esta oración?

   A. reemplazar para comprar por al comprar
   B. agregar una coma a continuación de Sheri
   C. reemplazar primer por primera
   D. eliminar afortunadamente

5. El auto de Taro es mucho más brillante de mi auto. La cera que usa es muy buena.

   ¿Qué corrección hay que hacer en esta oración?

   A. eliminar la palabra mucho
   B. agregar una coma a continuación de Taro
   C. reemplazar más brillante de por más brillante que
   D. eliminar muy

6. El cartero un joven vestido de azul, miraba nervioso al perro. Era el perro más feroz de todos los perros del barrio.

   ¿Qué corrección hay que hacer en esta oración?

   A. agregar una coma después de cartero
   B. agregar una coma después de miraba
   C. reemplazar más feroz de por más feroz que
   D. eliminar nervioso

7. Ahora veo que comprar esos bifes fue una mala idea. Tienen un pésimo aspecto.

   ¿Cuál es la mejor manera de escribir la oración subrayada? Si la opción original es la mejor, elige la opción (A).

   A. Ahora veo que comprar esos bifes fue una mala idea.
   B. Ahora veo que comprar esos bifes fue una mal idea.
   C. Ahora veo que, comprar esos bifes fue una mal idea.
   D. Ahora veo que comprar esos bifes fue una pésima idea.

Repaso

8. Los cuentos completos de Mark Twain me parecen más interesantes de los cuentos de Poe.

¿Cuál es la mejor manera de escribir esta oración? Si la oración original es la mejor, elige la opción (A).

A. Los cuentos completos de Mark Twain me parecen más interesantes de los cuentos de Poe.

B. Los cuentos completos de Mark Twain, me parecen más interesantes de los cuentos de Poe.

C. Los cuentos completos de Mark Twain me parecen más interesantes que los cuentos de Poe.

D. Los cuentos completos, de Mark Twain me parecen más interesantes de los cuentos de Poe.

9. Al salir de su casa Lee Chung notó que no se sentía muy bien y decidió no ir al trabajo.

¿Cuál es la mejor manera de escribir esta oración? Si la oración original es la mejor, elige la opción (A).

A. Al salir de su casa Lee Chung notó que no se sentía muy bien y decidió no ir al trabajo.

B. Al salir de su casa, Lee Chung notó que no se sentía muy bien y decidió no ir al trabajo.

C. Al salir de su casa, Lee Chung, notó que no se sentía muy bien y decidió no ir al trabajo.

D. Al salir de su casa Lee Chung notó que no se sentía muy bien, y decidió no ir al trabajo.

10. Ayer hablábamos de lo bien en casa que lo pasamos.

¿Cuál es la mejor manera de escribir esta oración? Si la oración original es la mejor, elige la opción (A).

A. Ayer hablábamos de lo bien en casa que lo pasamos.

B. Ayer hablábamos de lo bien en casa, que lo pasamos.

C. Ayer, en casa, hablábamos de lo bien que lo pasamos.

D. Ayer hablábamos de lo bien, en casa, que lo pasamos.

11. Ese jugador de basquetbol no tiene experiencia en competiciones. Mira cómo pierde la pelota tan torpe.

¿Cuál es la mejor manera de escribir la oración subrayada? Si la oración original es la mejor, elige la opción (A).

A. Mira cómo pierde la pelota tan torpe.

B. Mira cómo pierde, la pelota tan torpe.

C. Mira, cómo pierde la pelota tan torpe.

D. Mira cómo pierde la pelota tan torpemente.

12. La computadora que compré hace dos meses es la más pésima computadora que existe. Ni Internet ni los programas funcionan bien.

¿Cuál es la mejor manera de escribir la oración subrayada? Si la oración original es la mejor, elige la opción (A).

A. La computadora que compré hace dos meses es la más pésima computadora que existe.

B. La computadora que compré hace dos meses es pésima.

C. La computadora que compré hace dos meses es la peor computadora que existe.

D. La computadora que compré hace dos meses es la pésima computadora que existe.

13. Colgado del barco hambriento y sin energía, el capitán lanzaba pedidos de auxilio al barco que pasaba.

¿Cuál es la mejor forma de escribir la oración? Si la versión original es la mejor, elige la opción (A).

A. Colgado del barco hambriento y sin energía, el capitán lanzaba pedidos de auxilio al barco que pasaba.

B. Colgó del barco hambriento y sin energía, el capitán lanzaba pedidos de auxilio al barco que pasaba.

C. Colgado, del barco hambriento y sin energía, el capitán lanzaba pedidos de auxilio al barco que pasaba.

D. Colgado del barco, hambriento y sin energía, el capitán lanzaba pedidos de auxilio al barco que pasaba.

Capítulo 3 Modificadores 93

14. Perdida Patty decidió entrar a un bar y pedir indicaciones de cómo llegar al hotel.

¿Cuál es la mejor manera de escribir esta oración? Si la oración original es la mejor, elige la opción (A).

A. Perdida Patty decidió entrar a un bar y pedir indicaciones de cómo llegar al hotel.

B. Perdida Patty, decidió entrar a un bar y pedir indicaciones de cómo llegar al hotel.

C. Patty perdida decidió entrar a un bar y pedir indicaciones de cómo llegar al hotel.

D. Perdida, Patty decidió entrar a un bar y pedir indicaciones de cómo llegar al hotel.

15. Serena, tuvo que limpiar la suciedad que había caído en la alfombra.

¿Cuál es la mejor manera de escribir la oración? Si la oración original es la mejor, elige la opción (A).

A. Serena, tuvo que limpiar la suciedad que había caído en la alfombra.

B. Serena tuvo que limpiar la suciedad que había caído en la alfombra.

C. Serena, tuvo que limpiar la suciedad en la alfombra que había caído.

D. Serena, tuvo que limpiar la suciedad que había en la alfombra caído.

16. En su tercera serenata, el mariachi estuvo mejor que nunca.

¿Cuál es la mejor manera de escribir la oración? Si la oración original es la mejor, elige la opción (A).

A. En su tercera serenata, el mariachi estuvo mejor que nunca.

B. En su tercer serenata, el mariachi estuvo mejor que nunca.

C. En su tercera serenata, el mariachi estuvo mejor de nunca.

D. En su tercera serenata, el mariachi estuvo más bien que nunca.

17. Si fuera un poco más inteligente, habría comprado esa televisión la semana pasada. Los productos de la tienda eran bastantes más baratos de lo normal.

¿Cuál es la mejor manera de escribir la oración subrayada? Si la opción original es la mejor, elige la opción (A).

A. Los productos de la tienda eran bastantes más baratos de lo normal.

B. Los productos de la tienda eran bastante más baratos de lo normal.

C. Los productos de la tienda eran bastantes más baratos que lo normal.

D. Los productos de la tienda eran bastantes más baratos que normales.

18. Escribe un párrafo breve acerca de tu pasatiempo favorito. Usa frases preposicionales, verbos que funcionen como modificadores y aposiciones. Asegúrate de incluir descripciones claras que ayuden a los lectores a visualizar. Utiliza la puntuación correcta.

_____

_____

_____

_____

_____

_____

_____

Repaso

Comprueba tu comprensión

En la siguiente tabla, encierra en un círculo las preguntas que hayas respondido de forma incorrecta en el repaso del Capítulo 3 de las páginas 92-94. Junto a los números de las preguntas, verás las páginas que puedes repasar para responder las preguntas correctamente. Presta particular atención a las áreas en las que no respondiste correctamente la mitad o más de la mitad de las preguntas.

Repaso del Capítulo 3

Área de destreza	Número de pregunta	Páginas de repaso
Adjetivos y adverbios	2, 3, 4, 5, 6, 7, 8, 9, 10, 11, 12, 13, 14, 15, 17, 18	76–85
Otros modificadores	1, 16, 18	86–91

Normas

Vivimos en un mundo tecnológico de ritmo acelerado. Parecería que nadie se preocupa por el uso correcto de las mayúsculas y los signos de puntuación al escribir un mensaje de texto o un correo electrónico, de modo que ¿por qué deberíamos preocuparnos de esas cuestiones al escribir un texto? La razón principal es que resulta fundamental apegarse a las convenciones de uso del español escrito que todos los hablantes comparten. Los empleadores, por ejemplo, esperan de sus potenciales empleados que demuestren un buen manejo de estas reglas cuando completan una solicitud de empleo o cuando escriben una carta de presentación o cualquier otro tipo de texto relacionado con el ámbito laboral.

En este capítulo aprenderás qué palabras llevan mayúscula inicial, cuándo se usan las comas y otros signos de puntuación, y la importancia de seguir las reglas ortográficas.

Lección 4.1: Mayúsculas
Aprender las reglas básicas de empleo de mayúsculas, como el tratamiento de nombres y títulos, y cuáles son las palabras con letras mayúsculas con las que puedes toparte en tu ámbito laboral.

Lección 4.2: Puntuación
Aprender las reglas básicas de puntuación, como el uso de comas, puntos y otros signos de puntuación habituales, y el modo en que una puntuación incorrecta puede alterar el significado de un texto.

Lección 4.3: Ortografía
Aprender las reglas de acentuación y evitar los errores ortográficos más habituales. Esto te permitirá escribir textos claros y comprensibles para los demás.

Establecer objetivos

Escribir correctamente y con precisión les demuestra a los lectores que eres un escritor prolijo y atento. Piensa en lo que ya sabes acerca del uso de mayúsculas, las reglas de puntuación y las reglas de ortografía. Luego, responde estas preguntas para establecer tus objetivos para este capítulo.

¿Qué te gustaría aprender en este capítulo acerca de las normas de escritura?

_____

_____

_____

¿Cómo aplicarás lo que aprendas? ¿De qué manera esta información te ayudará a escribir mejor?

_____

_____

_____

Objetivos de la lección

Serás capaz de:

• editar un texto para asegurarte de que las mayúsculas estén bien empleadas en títulos y al inicio de las oraciones.

• editar un texto para asegurarte de que los nombres propios estén escritos con mayúscula inicial.

Destrezas

• **Destreza principal:** Demostrar dominio de las convenciones del español

• **Destreza principal:** Usar lenguaje preciso

Vocabulario

cargo
cita
convención
mayúsculas
narrador

CONCEPTO CLAVE: El uso correcto de las mayúsculas te ayudará a escribir textos claros y eficaces.

Tal vez recuerdes cómo aprendiste a escribir letras mayúsculas y minúsculas en la escuela primaria. Probablemente escribías un renglón tras otro de letras A mayúsculas. Sin embargo, las letras mayúsculas no son solo un ejercicio de caligrafía. Si prestas atención a lo que te rodea, notarás que usas letras mayúsculas todos los días.

Por ejemplo, los sustantivos propios, los títulos de libros y de películas, y todas las oraciones se escriben con mayúscula inicial.

Uso de mayúsculas

Las letras **mayúsculas**, empleadas correctamente, permiten que tus textos sean fáciles de comprender por los lectores. Existen tres formas básicas de uso de mayúsculas: 1) al inicio de una oración; 2) en títulos; 3) en sustantivos propios, también llamados nombres propios.

Mayúsculas al comienzo de las oraciones

Se usa mayúscula inicial en la primera palabra de todas las oraciones.

> *Mi amigo vive en una gran ciudad.*

> *¿Cómo te llamas?*

La misma regla aplica para las **citas**, es decir, la reproducción de las palabras exactas de otra persona, siempre que estén introducidas por dos puntos. Si las citas no están precedidas por dos puntos, no se emplea mayúscula inicial.

> *Dionne preguntó: "¿La impresora necesita tinta?".*

> *Rashan señaló que "el proyecto está bien encaminado".*

Si la cita está dividida por una intervención del **narrador**, es decir, la persona que habla, solo se usa mayúscula al inicio de la oración completa.

> *"Se desató un incendio en la fábrica Martínez", informó el reportero, "y tres personas resultaron heridas".*

Títulos

Los títulos de libros, películas, obras de arte, poemas, canciones y programas de televisión o de radio comienzan con mayúscula; por ejemplo, *Cien años de soledad* o "Arroz con leche".

En los nombres de publicaciones periódicas y de colecciones, en cambio, se escriben con mayúscula inicial todos los sustantivos y adjetivos que forman el título. Los artículos (*un, la*), las conjunciones (*y, o, pero*) y las **preposiciones** (*a, desde, sin*) se escriben con minúscula inicial, a menos que sean la primera palabra del título; por ejemplo, *El País, La Gaceta de la Rivera, Biblioteca de Autores Latinoamericanos*.

Los títulos de nobleza, como *rey* o *duque*, y los **cargos** (es decir, los empleos) en funciones públicas se escriben con minúscula si acompañan un nombre propio.

> *El presidente Jones se dirigió a la prensa.*

> *El rey Juan Carlos fue en misión oficial a China.*

En cambio, si el nombre propio no aparece de manera explícita en el texto pero el contexto nos permite saber de quién se habla, el título se escribe con mayúscula inicial.

> *El Presidente se dirigió a la prensa.*

Si el título refiere solo a un cargo y no a una persona en particular, debe escribirse con minúscula.

> *El presidente es la autoridad máxima del poder ejecutivo.*

SUSTANTIVOS PROPIOS

Recuerda que existen dos tipos de sustantivos: los comunes y los propios. Los sustantivos comunes nombran grupos completos o clases de personas, lugares o cosas. Los sustantivos propios nombran a personas, lugares o cosas específicos. Los sustantivos propios son más precisos que los sustantivos comunes y se escriben con mayúscula inicial.

	Sustantivo común > Sustantivo propio
Referencias temporales	• día festivo > Día del Trabajador
Ubicaciones geográficas	• ciudad > San Francisco • edificio > Capitolio • calle > avenida Arce Las direcciones (norte, sur, este, oeste) no llevan mayúscula inicial a menos que refieran a una región específica o al punto cardinal: *el Oeste*. Las palabras *calle* y *avenida* no llevan mayúscula.
Referencias históricas	• documento del gobierno > Declaración de Independencia • depresión económica > Gran Depresión • movimiento social > Movimiento por los Derechos Civiles
Nombres	• presidente > Barack Obama • panadería > Pancitos Frescos • organización > Cruz Roja Internacional Las abreviaturas de cargos y las fórmulas de respeto se escriben con mayúscula inicial; por ejemplo, *Dr., Srta.* Las iniciales de los nombres se escriben con mayúscula; por ejemplo, *Susan R. Snow.* Todas las letras de las siglas se escriben con mayúsculas: *OMS.*

CONEXIÓN CON EL
TRABAJO

Mayúsculas

Es posible que en tu ámbito laboral te topes con algunos nombres propios y siglas en inglés, especialmente si están relacionados con la tecnología. Estos son los más frecuentes:

- Flash, Java y otros programas de computación
- FAQ: frequently asked questions (preguntas frecuentes)
- HTML: Hypertext Markup Language (lenguaje de marcas de hipertexto)
- ID: identification (identificación)
- IM: instant message (mensaje instantáneo)
- KB: kilobyte
- MB: megabyte
- PC: personal computer (computadora de escritorio)
- RAM: random access memory (memoria de acceso aleatorio)
- URL: Uniform Resource Locator (localizador de recursos uniforme)

Algunas palabras en inglés relacionadas con tecnología se escriben siempre en minúsculas:

- blog
- smartphone

Busca otras siglas y nombres propios relacionados con el ámbito laboral. Indica en cada caso si existe una forma establecida en español para esos términos o si se usan en inglés.

Las **convenciones** del español escrito, es decir, las reglas de uso aceptadas por todos, indican que las letras mayúsculas se usan con tres propósitos específicos:

- indicar el inicio de una oración
- indicar un nombre propio
- indicar dónde comienza un título o, en el caso de las publicaciones periódicas, las palabras más importantes

Las palabras que no entran dentro de estas categorías se escriben en minúsculas.

Por otro lado, la regla establece que, a excepción de las siglas, las palabras en mayúsculas se acentúan como el resto de las palabras, es decir, no es correcto omitir el acento gráfico cuando la palabra en mayúsculas debe llevarlo; por ejemplo, *PANADERÍA o PERÚ.*

Las palabras completamente en mayúsculas suelen usarse en periódicos y revistas para indicar un título, pero, más allá de esta función, no deben usarse para dar énfasis.

Elige un artículo de un periódico o una revista. Encierra en un círculo todas las mayúsculas que encuentres. En un cuaderno, escribe cada una de esas palabras y explica en cuál de las tres reglas podría englobarse.

Instrucciones: Lee el siguiente texto y anota en una hoja aparte los problemas que encuentres relacionados con el uso de las mayúsculas. Escribe en una columna las palabras que deberían llevar alguna letra en mayúscula. En otra columna, escribe las palabras que tenga alguna letra en mayúscula que debería ir en minúsculas. Repasa las pautas de uso de las mayúsculas si lo crees necesario.

> geraldo toma el Tren todas las mañanas para ir a trabajar. Tiene suerte, pues vive en la avenida golondrinas, que está a pocos pasos de la Estación. Geraldo camina todos los días, sin importar qué tiempo hace. Si llueve, lleva un paraguas. Si nieva, se pone botas. Disfruta de la enérgica caminata a la estación de tren. Habitualmente, Geraldo se detiene a tomar un café y a leer el Periódico Local en una cafetería que queda de camino. Este ejercicio físico le da a Geraldo tiempo de prepararse mentalmente para el día.
>
> Tomar el tren le da a Geraldo oportunidad de hacer cosas que no puede hacer en otro momento. Por ejemplo, suele dedicarle este tiempo a leer el periódico local que recogió en el café o un libro. Ahora está leyendo una biografía sobre el Presidente john adams que se titula *john adams y la libertad.* A veces dedica parte de ese tiempo a responder correos electrónicos o mensajes de texto con su teléfono, o a navegar en Internet. El día que tiene por delante en mcCain y dunn es en ocasiones tan intenso que NO le deja un rato libre para ocuparse de estas cosas. A veces, Geraldo se divierte mirando a otras personas. Le gusta sentir que es parte de la Comunidad de trabajadores que se trasladan a diario a la ciudad para hacer su pequeña contribución al mundo.
>
> Sin importar cómo emplee Geraldo su tiempo en el tren, no lo cambiaría por ir en carro. El tiempo que le da el viaje en tren para prepararse para el día de trabajo es a su modo de ver algo más valioso que la velocidad o la privacidad.

APLICA LA **ESCRITURA**

Instrucciones: Edita las oraciones para que el uso de mayúsculas sea correcto.

1. geraldo toma el Tren todas las mañanas para ir a trabajar.

   _____

2. Tiene suerte, pues vive en la avenida golondrinas, que está a pocos pasos de la Estación.

   _____

3. Ahora está leyendo una biografía sobre el Presidente john adams que se titula *john adams y la libertad.*

   _____

4. El día que tiene por delante en mcCain y dunn es en ocasiones tan intenso que NO le deja un rato libre para ocuparse de estas cosas.

   _____

APLICA LA **ESCRITURA**

Instrucciones: Lee el siguiente texto. Luego, vuelve a escribirlo reemplazando los sustantivos comunes y frases subrayados por sustantivos propios que hagan que la escritura sea más precisa. Ten en cuenta las normas de uso de mayúsculas al escribir los sustantivos propios.

Mis vacaciones comienzan el próximo día festivo. Tengo planeado viajar a otro estado, a visitar a mis parientes. Estoy ansioso por mi viaje, porque no he visto a mi hermana ni a mis sobrinos en muchos años.

Mi hermana vive cerca de una gran ciudad. Planeamos llevar a los niños a dar una caminata por un sitio natural. Los niños están en muy buen estado físico para ir de aquí para allá todo el día porque juegan al béisbol. ¡Pero yo no sé si podré seguir su ritmo! Con algo de suerte, mi restaurante favorito estará abierto y podré tomar algún refrigerio en un ambiente con aire acondicionado.

La escuela a la que solía ir también está cerca. Espero tener algo de tiempo para pasar a visitar a mi profesor, que enseñaba mi materia favorita. Puedo mostrarles a los niños la biblioteca, donde pasaba horas estudiando.

_____

_____

_____

_____

_____

_____

_____

_____

_____

_____

_____

_____

_____

_____

_____

_____

Usar sustantivos propios hará que tus escritos sean más claros, interesantes y precisos.

En un cuaderno, escribe sustantivos propios que puedas usar para reemplazar los sustantivos comunes que se enumeran abajo.

Para la palabra *carro*, pregúntate: ¿qué palabra usarías para referirte a un carro en particular? Usa el mismo método para el resto de las palabras.

Sustantivos comunes

carro
día festivo
capital estatal
organización benéfica
compañía
partido político
funcionario público
novela
periódico

Escribe instrucciones para ir desde tu casa a un mercado, una tienda, un parque o una escuela cercanos. Asegúrate de incluir los nombres de las calles, edificios, sitios reconocibles del vecindario y **puntos cardinales** (norte, sur, este y oeste). Puedes escribir las instrucciones en forma de lista o en un párrafo, pero asegúrate de usar mayúsculas al inicio de las oraciones y de los nombres propios y usar minúscula en los puntos cardinales y las palabras *calle* y *avenida*. Cuando hayas terminado tus instrucciones, pídele a un compañero que las lea para asegurarte de que son claras. Revisa tu texto teniendo en cuenta los comentarios o preguntas que tenga tu compañero.

APLICA LA ESCRITURA

Instrucciones: Lee las oraciones. Subraya las palabras que no cumplen con las reglas de uso de mayúsculas. Luego, escribe nuevamente las palabras aplicando esas reglas.

1. _____ Para llegar a la oficina de empleo, dobla hacia el Este en la calle Riverdale.

2. _____ En Springfield, Illinois, hay un famoso monumento al Presidente Lincoln.

3. _____ "No bebas agua del arroyo", me advirtió mi hermana, "A menos que quieras enfermarte".

4. _____ En la Escuela Washington harán una representación de *Mi Bella dama*.

5. _____ La Dra. Susan Córdova enseña biología los Miércoles.

Repaso de vocabulario

Instrucciones: Empareja cada palabra con su definición.

1. _____ convención

2. _____ narrador

3. _____ cargo

4. _____ cita

A. puesto en un empleo, especialmente en la función pública

B. palabras dichas o escritas por alguien y repetidas literalmente por otra persona

C. persona que relata o que habla en un texto

D. regla que proviene de una costumbre y que todos aceptan

Instrucciones: Elige la <u>mejor respuesta</u> para cada pregunta.

1. ¿Qué palabra de la siguiente oración debe llevar inicial mayúscula?

   en primavera, visitaré a mi amigo Omar, que vive en una gran ciudad.

   A. En
   B. Primavera
   C. Gran
   D. Ciudad

2. ¿Qué palabra de la siguiente oración debe llevar inicial mayúscula?

   en el restaurante, la familia pidió pan de ajo y espagueti.

   A. En
   B. Restaurante
   C. Familia
   D. Pan

3. ¿Qué palabra de la siguiente oración debe llevar inicial mayúscula?

   condujimos hacia el sur hasta la costa, y luego hacia el noreste hasta la ladera de la montaña.

   A. Condujimos
   B. Sur
   C. Costa
   D. Noreste

4. ¿Qué palabras de la siguiente oración deben llevar inicial mayúscula?

   Ana leyó un artículo de la gaceta para dar una presentación oral.

   A. Ana Leyó
   B. Un Artículo
   C. La Gaceta
   D. Presentación Oral

5. ¿Qué palabras de la publicación que se menciona en la oración deben llevar inicial mayúscula?

   La editorial Pinceladas anunció la publicación de la colección grandes maestros de la pintura universal.

   A. Grandes maestros de la pintura universal
   B. Grandes Maestros de la pintura Universal
   C. Grandes maestros de la Pintura Universal
   D. Grandes Maestros de la Pintura Universal

6. ¿Qué opción completa correctamente la siguiente oración?

   El _____ presentó un proyecto de ley.

   A. Senador López
   B. senador López
   C. senador lópez
   D. Senador lópez

Repaso de destrezas (continuación)

7. ¿Qué palabra de la siguiente oración debe llevar inicial mayúscula?

María y Pablo prepararon un regalo especial para el día de las Madres.

- **A.** Regalo
- **B.** Especial
- **C.** Las
- **D.** Día

8. ¿Qué palabra de la siguiente oración debe llevar inicial mayúscula?

Vamos a visitar la estatua de la Libertad, un monumento que está en una isla al sur de Manhattan.

- **A.** Estatua
- **B.** Isla
- **C.** Sur
- **D.** Monumento

9. ¿Qué palabra de la siguiente oración debe llevar inicial mayúscula?

La avenida madison está bordeada por antiguos robles de la zona.

- **A.** Madison
- **B.** Antiguos
- **C.** Robles
- **D.** Zona

10. Reescribe la siguiente oración reemplazando la frase subrayada por un sustantivo propio.

Visitamos una ciudad, que está en el Oeste.

_____

_____

11. Reescribe la siguiente oración reemplazando la frase subrayada por un sustantivo propio.

Esteban irá a almorzar con su familia en el día festivo.

_____

_____

12. Reescribe la siguiente oración reemplazando la frase subrayada por un sustantivo propio.

En su viaje a Washington D. C., la familia Kowalski visitó el sitio histórico.

_____

_____

Práctica de destrezas

Instrucciones: Edita las oraciones para resolver los problemas de uso de mayúsculas. Luego, explica los cambios que hiciste.

1. El Padre de Winton trabaja en el ministerio de justicia.

   _____

   _____

   _____

2. Estoy tomando una Clase para prepararme para entrar a la universidad de california.

   _____

   _____

   _____

3. ¿Has visto la película *El Retorno del Rey*?

   _____

   _____

   _____

4. la dra. Kathy Chung es vocera de la Asociación estadounidense contra la diabetes.

   _____

   _____

   _____

Práctica de escritura

Instrucciones: Escribe uno o dos párrafos a partir de la oración para completar que se muestra abajo. Asegúrate de incluir al menos tres ejemplos de títulos y nombres propios. Subraya cada ejemplo.

Fui a visitar _____, *que está en* _____.

_____

_____

_____

_____

_____

_____

_____

_____

_____

_____

_____

_____

_____

_____

_____

_____

_____

_____

_____

Práctica de escritura (continuación)

Instrucciones: Cuando hayas terminado de escribir tu texto, usa un bolígrafo de color para editarlo teniendo en cuenta las siguientes normas.

_____ ¿Has escrito con mayúscula inicial la primera palabra de cada oración, incluidas las citas que siguen a los dos puntos?

_____ ¿Has escrito con mayúscula inicial los sustantivos propios?

_____ ¿Has respetado la diferencia en el uso de mayúsculas entre los títulos de publicaciones periódicas y los títulos de otro tipo de publicaciones y obras de arte?

_____ ¿Has evitado usar mayúsculas en otros casos?

Puntuación

CONCEPTO CLAVE: Emplear correctamente las mayúsculas y los signos de puntuación te permitirá escribir textos claros y eficaces.

Has aprendido que escribir oraciones completas te permite expresar tus ideas de manera clara. El uso correcto de los signos de puntuación te permitirá aclarar el sentido de las oraciones que escribes. Lee las siguientes oraciones, prestando especial atención a la puntuación. Escribe junto a cada oración una "C" si el sentido es claro o una "N" si el sentido no es claro.

Ana te dije que no quiero ir al juego contigo.
Una de las opciones del menú es una ensalada con aceitunas, tomates, lechuga y queso.
Paso de animales baje la velocidad.
Las aves pían los elefantes barritan.

Puntuación

Los **signos de puntuación**, como el punto, la coma, los signos de interrogación y las comillas, permiten organizar un texto de modo que su sentido sea claro. Existen reglas de uso para cada signo de puntuación.

El punto, los signos de interrogación y los signos de exclamación

El punto, los signos de interrogación y los signos de exclamación se usan para identificar tipos de oraciones. El punto se usa al final de las oraciones enunciativas, es decir, las oraciones que afirman o niegan algo, y puede usarse también al final de las oraciones imperativas. Los signos de interrogación se usan al principio y al final de las oraciones interrogativas, es decir, de las preguntas. Los signos de exclamación se usan al principio y al final de las oraciones exclamativas, es decir, las oraciones que expresan entusiasmo, sorpresa o una emoción fuerte. También pueden emplearse en oraciones imperativas.

- La familia Rivera llegará mañana.

- ¿Por qué Jonathan se queda siempre trabajando hasta tarde?

- ¡Auxilio! ¡Dese prisa, doctor!

La coma

La coma tiene diversos usos. Uno de ellos es separar las partes de una oración, como por ejemplo, los elementos de una serie, las **aposiciones** y otros elementos opcionales que agregan información a la oración. Las aposiciones son frases que dan un nuevo nombre o más información sobre los sustantivos. Una **frase** es un conjunto de palabras que tiene un sentido pero no constituye una oración completa.

Las comas en series

Cuando una serie incluye más de dos sustantivos, verbos, adjetivos o adverbios, los elementos se separan por comas. Entre el último y el penúltimo elemento de la serie, en lugar de una coma se usa habitualmente una **conjunción**, como *y* u *o*. Una conjunción es una palabra que conecta otras palabras o frases.

- Comimos hamburguesas, frijoles, papas y ensalada.

- Ese perro grande, apestoso y temperamental es un verdadero dolor de cabeza.

Las comas también separan frases o **proposiciones** que forman parte de una serie. Las proposiciones son grupos de palabras con sujeto y predicado.

- Andrés tomó la pelota, esquivó a su rival, se detuvo y la lanzó a la canasta.

Aposiciones y otros elementos opcionales

Las aposiciones y otros elementos opcionales son partes no esenciales de la oración que se usan para añadir información. Son palabras o frases que pueden eliminarse sin alterar el sentido de la oración. Existen tres tipos de elementos opcionales que se separan del resto de la oración por comas.

Tipo de elemento	Ejemplos
Aposiciones (frases que dan otro nombre o más información sobre un sustantivo)	Manuel Suárez, la persona que se sienta en ese escritorio, es contador.
Vocativos (interpelaciones directas a una persona determinada)	Si vienes a la reunión conmigo, Latona, podemos compartir el carro.
Otros (información adicional o que establece un contraste)	Mary Ellen, de hecho, se negó a irse. Pavel trabajará hoy, no el viernes.

Antes de separar una frase con comas, asegúrate de que no sea esencial para determinar el sentido de la oración completa. En el ejemplo de abajo, si la frase subrayada se quitara, la oración cambiaría de sentido, de modo que no debe estar separada con comas del resto de la oración.

- Todos los estudiantes que presentaron sus trabajos con anticipación serán recompensados.

- Todos los estudiantes serán recompensados.

Demostrar dominio de las reglas de puntuación en español

Al final de una abreviatura o después de una inicial es necesario escribir un punto. Las siglas, en cambio, se escriben sin punto. Por ejemplo:

pág. 8 (página 8)
John F. Kennedy (John Fitzgerald Kennedy)
OMS (Organización Mundial de la Salud)

Se usan comas para separar partes de una dirección. Por ejemplo:

calle de los Robles 23, Akron, OH, 44303

Se usan comas en la despedida de las cartas. Por ejemplo:

Con afecto, (despedida informal)
Atentamente, (despedida formal)

Corrige en un cuaderno la puntuación de los siguientes elementos.

Saludos cordiales.
John Q Adams
Boston M.A.
Dr López

APLICA LA ESCRITURA

Instrucciones: Lee las siguientes oraciones, prestando atención a la puntuación. Luego, vuelve a escribir las oraciones en las que sea necesario usar comas o haya que cambiar o agregar algún signo de puntuación. Si la oración es correcta, escribe "correcta".

1. Caitlin esperó el autobús sentada.
   _____

2. ¿Deisha ya terminó de preparar su currículum?
   _____

3. Fue de hecho el mejor pastel que había probado el señor Littleshield.
   _____

4. ¿Por qué no te pones tu suéter amarillo Malik?
   _____

5. Yolanda la persona que me consiguió este trabajo ha renunciado.
   _____

DEMOSTRAR DOMINIO DE LAS REGLAS DE PUNTUACIÓN EN ESPAÑOL

Algunos elementos que suelen aparecer en documentos laborales, como abreviaturas, iniciales de nombres y siglas, siguen reglas específicas de puntuación.

Abreviaturas, iniciales y siglas

Las **abreviaturas** e iniciales, formas acortadas de palabras o nombres, se escriben con punto al final. Las siglas, en cambio, se escriben en mayúsculas y sin punto.

Direcciones y saludos de despedida

Las direcciones del remitente y el destinatario de una carta tienen diferentes partes que van separadas por comas. Después de la despedida se usa una coma. En cambio, después del saludo inicial se usan dos puntos.

Instrucciones: Busca en Internet un ejemplo de una carta de recomendación e imprímela. Marca los usos especiales de signos de puntuación en las abreviaturas, las iniciales, las direcciones y la despedida. Comenta con un compañero las ventajas de usar abreviaturas.

Editar para corregir errores de puntuación

Al editar para corregir errores de puntuación, piensa en el sentido de las oraciones.

Corregir puntos y signos de interrogación y de exclamación

Para corregir los signos de puntuación, ten en cuenta el mensaje que transmite tu oración.

Puedes reconocer una oración enunciativa porque afirma o niega algo. Este tipo de oración termina con un punto.

- La fecha de entrega del informe es el viernes.

Puedes reconocer una oración interrogativa porque formula una pregunta.

- ¿Cuándo es la fecha de entrega?

El contexto puede ayudarte a reconocer una oración exclamativa, en la que se expresa una emoción intensa.

- Me equivoqué. ¡La fecha de entrega del informe es el viernes!

Corregir el uso de comas en una serie

Al editar para corregir errores en el uso de comas en una serie, piensa en los elementos que forman la serie. Recuerda que entre el último y el penúltimo elemento no se usa una coma sino una conjunción.

- Luciano corrigió algunos errores ortográficos, agregó algunos signos de puntuación para que el texto resultara más claro, eliminó un párrafo completo y guardó el texto en su computadora.

Corregir el uso de comas en aposiciones y elementos opcionales

Al editar para corregir errores en el uso de comas en aposiciones y elementos opcionales, lee la oración sin la frase entre comas. Si el sentido de la oración se ha alterado, borra las comas.

- Te compré este regalo, Kyoko, como forma de agradecimiento.

Los dos puntos

Los **dos puntos** introducen una o varias ideas que aportan más información sobre una idea completa. Debes usar dos puntos después de un pensamiento completo que introduce una lista. No debes usar dos puntos si se introduce una lista en un contexto que no es un pensamiento completo.

- Guardamos los siguientes alimentos: manzanas, queso y pan. (correcto)
- Guardamos: manzanas, queso y pan. (incorrecto)

Debes usar dos puntos después del saludo en las cartas.

- Estimado señor:

Debes usar dos puntos para separar las horas de los minutos al escribir la hora.

- Son las 6:45.

Los dos puntos se usan también para introducir una cita.

- El periodista señaló: "Se ha registrado un descenso en los índices de inflación".

Destreza principal
Editar para resolver problemas de puntuación

Los buenos escritores se suelen hacer preguntas como: "¿Qué quiero decir? ¿Qué quiero que comprendan mis lectores con este texto?".

En un cuaderno, escribe estas oraciones usando una puntuación correcta. Ten en cuenta el sentido de cada oración.

El presidente del club no estaba de hecho en la reunión

Adónde irás esta tarde

Mira papá esa es la tienda a la que quería ir

A mi hermana la niña de camiseta roja le gusta pintar

Los publicistas están a veces tan ocupados en vender sus ideas o productos al público que no les prestan mucha atención a las reglas de puntuación. Por ejemplo, mientras esperas que cambie el semáforo, es posible que te topes con un cartel que diga *"Hoy"* *venta de garaje*.

Busca un anuncio impreso o digital en el que se usen comillas, puntos suspensivos o signos de exclamación. En un cuaderno, evalúa si el escritor ha usado los signos de puntuación correctamente.

Responde estas preguntas:

¿Qué mensaje intenta transmitir el escritor? ¿Cuál es el sentido que se transmite a través del uso de esos signos de puntuación?

¿Cómo debería reescribirse el texto para que la puntuación sea correcta?

¿En qué medida los errores de puntuación del anuncio influyen en tu percepción del anunciante o de sus ideas o productos?

El punto y coma

El punto y coma se usa para formar **oraciones compuestas**. Las oraciones compuestas están formadas por dos oraciones simples, es decir, por dos **proposiciones independientes**, que están unidas en una misma oración. Cuando las proposiciones están ligadas por una conjunción o un conector que establece un contraste con lo anterior, el punto y coma va antes de la conjunción.

- Emily programó dos alarmas antes de irse a la cama; sin embargo, se quedó dormida.

A veces no es necesario usar una conjunción para relacionar dos proposiciones independientes: basta con usar un punto y coma.

- Es un hermoso día; deberíamos ir afuera a disfrutarlo.

El punto y coma también se usa para separar elementos de una serie que ya incluye comas.

- Los perros de la competencia eran Fido, un perrito blanco y marrón; Fifi, un caniche francés; y Farley, un labrador.

APLICA LA ESCRITURA

Instrucciones: En un cuaderno, edita la siguiente carta para corregir los errores de puntuación.

Querido tío Quincy,

Estoy muy feliz de que vengas a visitarme la semana que viene te recogeremos en el aeropuerto el sábado 15 de marzo a las 7 p m No te olvides de traer traje de baño toalla y protector solar Podrías traer por favor las últimas fotos familiares No veo la hora de verte

Con amor
Cantrice

Las comillas

Las comillas se usan para citar las palabras exactas de una persona. No se usan comillas en las construcciones de discurso indirecto.

- "Deja de gritar", dijo Ernesto, "o nos vamos a casa".

- Ernesto nos dijo que dejáramos de gritar o nos iríamos a casa.

Al usar otros signos de puntuación con las comillas, ten en cuenta las siguientes reglas.

El punto, la coma, el punto y coma y los dos puntos siempre se escriben fuera de las comillas. Las intervenciones del hablante se encierran entre comas o entre rayas.

- "Los elefantes", dijo Tyrell, "pueden ser muy peligrosos".

- El guardián del zoológico dijo: "Tengan listos sus boletos"; nadie le hizo caso.

Los signos de interrogación y de exclamación van dentro de las comillas si forman parte de la cita. Si no forman parte de la cita, se colocan afuera.

- ¿Keith dijo "el elefante está suelto"?

- "¿El elefante está suelto?", preguntó Marisol.

Los puntos suspensivos

Los puntos suspensivos se usan para marcar una interrupción de la oración o un final impreciso. Cuando los puntos suspensivos cierran una idea, la siguiente palabra se escribe con mayúscula inicial. Cuando los puntos suspensivos no cierran una idea, la siguiente palabra se escribe en minúsculas.

- Creo que... mejor volvemos a casa.

- Ese artículo habla de... En otro momento te lo explico.

Los puntos suspensivos se usan también para señalar que falta parte de una cita. En ese caso, se escriben entre paréntesis.

- "Nosotros, el pueblo de Estados Unidos, a fin de formar una Unión más perfecta, establecer la justicia (...) y asegurar los beneficios de la libertad (...), por la presente promulgamos y establecemos esta Constitución para los Estados Unidos de América".

Los paréntesis

Los paréntesis se usan para incluir elementos aclaratorios pero no esenciales en una oración, como fechas, definiciones o explicaciones.

- Mi hermana me regaló un perrito (un labrador) para mi cumpleaños.

- En el museo vimos una clepsidra (un reloj de agua) muy antigua.

La raya

La raya se usa para incluir aclaraciones en una oración. Puede reemplazarse por comas o por paréntesis.

- El Sr. Chung —el maestro de mi hermana— corrió a su casa después de recibir una misteriosa llamada.

La raya se usa también para señalar las intervenciones en un diálogo. Todas las intervenciones de un diálogo deben comenzar con raya. Si hay una aclaración sobre el hablante, debe colocarse entre rayas.

- —¿Dónde queda tu casa?
  —A dos cuadras del parque.

ESCRIBIR PARA APRENDER

Escribe una carta o un correo electrónico a un familiar o a un amigo. Asegúrate de que la carta tenga al menos tres párrafos de extensión, y que incluya una fecha, un saludo y una despedida. Puedes escribir sobre un tema de tu elección o comenzar completando la siguiente oración: *Estoy feliz porque...* Asegúrate de emplear correctamente los signos de puntuación. Intenta usar un ejemplo de cada signo de puntuación. Incluye al menos un ejemplo de serie y una aposición u otro elemento opcional. Subraya cada ejemplo. Cuando hayas terminado, envía tu carta o tu correo electrónico a la persona que hayas elegido.

Repaso de vocabulario

Instrucciones: Empareja las palabras de vocabulario con su definición.

1. _____ abreviatura
2. _____ aposición
3. _____ proposición
4. _____ oración compuesta
5. _____ conjunción
6. _____ frase

A. oración formada por dos oraciones simples, es decir, por proposiciones independientes

B. palabra que conecta otras palabras, frases o proposiciones

C. grupo de palabras con sujeto y predicado

D. forma escrita reducida de algunas palabras

E. palabra, frase o proposición que da otro nombre o más información sobre un sustantivo

F. conjunto de palabras con un sentido pero que no constituye una oración

Repaso de destrezas

Instrucciones: ¿Cuál es la mejor manera de escribir la parte subrayada de cada oración? Si la mejor opción es la original, elige la opción A.

1. "¿La nueva compañía de Mark <u>está en Filadelfia",
preguntó Julie</u>.

   A. está en Filadelfia", preguntó Julie.
   B. está en Filadelfia", preguntó Julie?
   C. está en Filadelfia?", preguntó Julie.
   D. está en Filadelfia?" preguntó Julie.

2. Teresa en realidad quería viajar a <u>México; sin embargo,</u> accedió a pasar sus vacaciones en el lago.

   A. México; sin embargo,
   B. México, sin embargo;
   C. México, sin embargo,
   D. México; sin embargo;

3. Quería mudarse por estos <u>motivos tener un jardín más grande</u>, más habitaciones y menos impuestos.

   A. motivos tener un jardín más grande,
   B. motivos: tener un jardín más grande,
   C. motivos, tener un jardín más grande,
   D. motivos; tener un jardín más grande

4. Son las <u>7:00, Stan</u> acaba de llegar.

   A. 7:00, Stan
   B. 7:00: Stan
   C. (7:00), pero Stan
   D. 7:00; Stan

5. Kalindi le preguntó a su <u>hermano: ¿Quién le dará de comer al perro?</u>

   A. hermano: ¿Quién le dará de comer al perro?
   B. hermano: "¿Quién le dará de comer al perro?".
   C. hermano, "¿Quién le dará de comer al perro?"
   D. hermano "¿Quién le dará de comer al perro?"

6. Su <u>carro un híbrido</u> consume poca gasolina.

   A. Su carro un híbrido
   B. Su carro "un híbrido"
   C. Su carro; un híbrido
   D. Su carro, un híbrido,

Repaso de destrezas (continuación)

7. A Paulo le gustaría recordar <u>todo; siempre se</u> olvida de los detalles.

   A. todo; siempre se olvida de los detalles.
   B. todo, siempre se olvida de los detalles.
   C. todo siempre se olvida de los detalles.
   D. todo; y siempre se olvida de los detalles.

8. Cuando vio que salía fuego del motor, <u>Sachi gritó "¡Salgan del carro!".</u>

   A. Sachi gritó "¡Salgan del carro!".
   B. Sachi gritó: "¡Salgan del carro!".
   C. Sachi gritó ¡"Salgan del carro"!
   D. Sachi gritó: "Salgan del carro!".

9. Ricardo y Felicia fueron a ver un partido de <u>básquetbol su escuela ganó por 10 puntos.</u>

   A. básquetbol su escuela ganó por 10 puntos.
   B. básquetbol, su escuela ganó por 10 puntos.
   C. básquetbol su escuela (ganó por 10 puntos).
   D. básquetbol (su escuela ganó por 10 puntos).

10. "Juro lealtad a la bandera de los Estados Unidos de <u>América —una nación, bajo Dios,</u> indivisible, con libertad y justicia para todos".

    A. América —una nación, bajo Dios,
    B. América (una nación), bajo Dios,
    C. América (...) una nación, bajo Dios,
    D. América —una nación—, bajo Dios,

11. La obra favorita de <u>Lucita que ha leído diez veces es</u> *La muerte de un viajante.*

    A. Lucita que ha leído diez veces es
    B. Lucita que ha leído diez veces es:
    C. Lucita —que ha leído diez veces— es
    D. Lucita que ha leído (diez veces) es

12. Como no fue contratada por Trivets, Inc. Gina <u>se preguntó qué debía hacer para obtener un empleo</u>

    A. se preguntó qué debía hacer para obtener un empleo
    B. se preguntó ¿qué debía hacer para obtener un empleo?
    C. se preguntó qué debía hacer para obtener un empleo.
    D. se preguntó qué debía hacer para obtener un empleo;

Práctica de destrezas

Instrucciones: Vuelve a escribir el siguiente texto, corrigiendo los errores de puntuación.

¡Marcela volvió a revisar el horario del tren! El tren pasaría a las 6 45: tenía que esperar quince minutos más en el frío. Pero valía la pena, a pesar de que se había olvidado los guantes en casa aún podía oír la voz de su madre, que le había gritado mientras salía: No te olvides tus guantes. Marcela decidió que no valía la pena pensar en sus guantes olvidados en lugar de eso se puso a pensar en la cara que pondrían sus amigos al verla bajar del tren. diez años es mucho tiempo Se reconocerían cuando se vieran? Marcela estaba segura de que sí, los recuerdos de los años compartidos en la Escuela Middletown los harían sentir como si se hubieran visto el día anterior.

_____

_____

_____

_____

_____

_____

_____

_____

_____

_____

_____

_____

_____

_____

_____

_____

_____

_____

Instrucciones: Busca una publicación impresa o digital que tenga avisos de empleo. Selecciona un empleo para el que estés calificado. Escribe una carta de presentación formal que puedas añadir a tu currículum vitae en respuesta a esa publicación. Recuerda escribir la fecha, un saludo y una despedida. Asegúrate de describir tus aptitudes laborales.

_____

_____

_____

_____

_____

_____

_____

_____

_____

_____

_____

_____

Instrucciones: Cuando hayas terminado tu carta, usa un bolígrafo de color para editarla teniendo en cuenta las siguientes convenciones.

_____ ¿Has usado correctamente las comas en las series?

_____ ¿Has usado correctamente el punto y coma en series cuyos elementos incluyen comas?

_____ ¿Has usado comas para señalar aposiciones y otros elementos opcionales?

_____ ¿Has usado la puntuación correcta para identificar cada tipo de oración?

_____ ¿Te has asegurado en tu edición de que todos los signos de puntuación estén usados correctamente, incluidos los dos puntos, el punto y coma, las comillas, los puntos suspensivos, las rayas y los paréntesis?

Ortografía

CONCEPTO CLAVE: Escribir sin errores de ortografía es una destreza de escritura importante que te permitirá expresar claramente tus ideas.

Vuelve a escribir las siguientes oraciones corrigiendo errores de uso de mayúsculas y de puntuación.

1. La amable señora dijo: Doblen a la izquierda por la calle principal. el restaurante delicias está a la izquierda.

2. La alarma se apagó a las 6 00 pero sebastián aún estaba cansado?

3. te gustaría comer tostadas o huevos revueltos?

Reglas de acentuación

Todas las palabras de más de una sílaba tienen una sílaba acentuada, es decir, una sílaba que se pronuncia con mayor intensidad que el resto. Estas palabras pueden agruparse en cuatro categorías según la posición que ocupe la sílaba acentuada en ellas.

- Las palabras agudas son aquellas que se acentúan en la última sílaba, como *calor* y *revés*.

- Las palabras graves o llanas son aquellas que se acentúan en la penúltima sílaba, como *martes* y *lápiz*.

- Las palabras esdrújulas son aquellas que se acentúan en la antepenúltima sílaba, como *matemáticas* y *murciélago*.

- Las palabras sobresdrújulas son aquellas que se acentúan en una sílaba anterior a la antepenúltima, como *fácilmente* y *cuéntamelo*.

En español existe una marca gráfica llamada **tilde** que permite identificar cuál es la sílaba acentuada, y de ese modo distinguir palabras que se escriben igual, como en el caso de *amo* y *amó*. En el caso de los **monosílabos**, es decir, las palabras de una sílaba, la tilde no indica diferencias de pronunciación entre una palabra y otra, sino diferencias de sentido o de función, como en el caso del pronombre *te* y el sustantivo *té*.

La tilde en palabras de más de una sílaba

Se escriben con tilde:

- las palabras agudas que terminan en *-n*, *-s* o vocal; por ejemplo, *canción*, *además*, *Perú*.

- las palabras graves que no terminan en *-n*, *-s* o vocal; por ejemplo, *árbol*, *azúcar*, *difícil*.

- todas las palabras esdrújulas; por ejemplo, *teléfono*, *últimas*.

- las palabras sobresdrújulas.

Muchas palabras sobresdrújulas son adverbios terminados en -*mente*. En el caso de esos adverbios, llevan tilde solo si el adjetivo a partir del cual están formados lleva también tilde. Por ejemplo, el adverbio *rápidamente* lleva tilde porque deriva de *rápida*, que es una palabra esdrújula y, por lo tanto, lleva tilde. En cambio, el adverbio *evidentemente* no lleva tilde porque deriva de *evidente*, que es una palabra grave terminada en vocal, y por lo tanto no lleva tilde.

La tilde en monosílabos

Los monosílabos, es decir, las palabras de una sola sílaba, por regla general no llevan tilde. Sin embargo, en ciertos casos se usa tilde para diferenciar un monosílabo de otro que se escribe igual pero tiene una función o un significado diferente.

Monosílabos		Función	Ejemplo
el/él	el	artículo	*El camino es angosto.*
	él	pronombre	*Él es mi primo.*
tu/tú	tu	posesivo	*Este es tu lápiz.*
	tú	pronombre	*¿Tú eres Ana?*
mi/mí	mi	posesivo	*Mi casa es la de la esquina.*
		sustantivo	*Las notas musicales son do, re, mi, fa, sol, la, si.*
	mí	pronombre	*Esta porción es para mí.*
te/té	te	pronombre	*¿Qué te dijo Alberto?*
	té	sustantivo	*Voy a tomar un té de menta.*
mas/más	mas	conjunción	*Podrán intentarlo, mas nunca me vencerán.*
	más	adverbio	*Este suéter me gusta más que el otro.*
si/sí	si	conjunción	*Iremos si deja de llover.*
		sustantivo	*Las notas musicales son do, re, mi, fa, sol, la, si.*
	sí	adverbio	*¡Sí, acepto!*
		pronombre	*Piensa en sí mismo.*
de/dé	de	preposición	*Son las cuatro de la tarde.*
	dé	verbo	*No creo que le dé pena.*
se/sé	se	pronombre	*Se cepilló los dientes antes de ir a dormir.*
	sé	verbo	*No sé de qué se trata.*
			Sé un poco más amable.

También se usa tilde para distinguir las palabras *aún* ("todavía") y *aun* ("hasta", "incluso").

- María aún no compró los boletos.
- Todos, aun los más tímidos, se acercaron a la pista de baile.

La tilde en interrogativos y exclamativos

Las palabras *qué, cuál, quién, cómo, cuán, cuánto, cuándo, dónde* y *adónde* y sus variantes de género y número llevan tilde si se usan en exclamaciones o preguntas o si tienen ese sentido. Esto permite diferenciar a estas palabras de sus equivalentes sin tilde, que cumplen una función diferente dentro de la oración.

- ¿Qué quieres decirme?
- Es posible que llegue más tarde.

- ¿Adónde se dirige ese tren?
- Iré adonde haya menos ruido.

- ¿Cuándo llegaste?
- Me lo encontré cuando salía del mercado.

APLICA LA ESCRITURA

Parte A **Instrucciones**: Subraya la palabra entre paréntesis que completa correctamente cada oración.

Ejemplo: ¿Quieres una taza de (*te, té*)?

1. Ya comenzó la película, pero Andrés (*aun, aún*) no llega.
2. Lilia me comentó que (*te, té*) vio ayer en el teatro.
3. (*Se, Sé*) hacer nudos marineros.
4. ¿(*Que, Qué*) haremos si comienza a llover?
5. Estoy leyendo (*el, él*) libro que me recomendaste.

Parte B **Instrucciones:** Encuentra y corrige los errores de acentuación en el siguiente texto.

   Los fundadores de Estados Unídos no sabían sí lograrían obtener la independéncia de Gran Bretaña, pero sabían que debían intentarlo. Perseguían la libertád. Este país fue fundado sobre él principio de la igualdad para todos. Los fundadores nos transmitieron su creencia en la democrácia. La Constitucion garantiza el derecho de libre expresion. Eso significa que todos tienen derecho a decir lo que piensan, aunque los demas no quieran oírlo.

Problemas ortográficos frecuentes

Algunas letras del alfabeto español representan un mismo sonido; por ejemplo, las letras *s* y *z*. Esto frecuentemente lleva a que se generen errores de ortografía.

Existen algunas reglas que permiten evitar estos errores.

Las letras *b* y *v*

Se escriben con *b*:

- los verbos *deber, beber, caber, saber* y *haber*; los verbos terminados en *-buir*, como *distribuir*; los verbos terminados en *-bir*, como *escribir* (excepto los verbos *hervir, servir* y *vivir*).

- las formas en pretérito imperfecto de los verbos terminados en *-ar*, como *cantaba, bailabas, estábamos*, y el pretérito imperfecto del verbo *ir*, como *iba, íbamos*.

- las palabras que comienzan por *biblio-, bu-, bur-, bus-, bi-, bis-, biz-* o *bio-*; por ejemplo, *biblioteca, buque, burla, buscar, bicicleta, bisabuelo, bizcocho, biología*.

- las palabras que terminan en *-bio, -bilidad, -ible, -able*; por ejemplo, *microbio, posibilidad, inestable*.

- las palabras en las que el sonido de la *b* está antes de otra consonante; por ejemplo, *obtener, brazo, blanco*.

Se escriben con *v*:

- las palabras que comienzan por *eva-, eve-, evi-, evo-, vice-*; por ejemplo, *evadir, evento, evidencia, evolución, vicepresidente*.

- los adjetivos graves terminados en *-avo, -ava, -evo, -eva, -eve, -ivo, -iva*, como *octavo, nueva, nocivo, decisiva*.

- los verbos terminados en *-olver*, como *devolver*.

- las formas en presente y en imperativo de *ir*, como *voy, vaya*.

- el pretérito simple de los verbos *estar, andar, tener* y sus derivados; por ejemplo, *estuvo, anduviste, obtuvimos*.

- las palabras en las que el sonido de la *v* está después de las sílabas *ad-, sub-* y *ob-*, como *obvio* y *advertir*, y luego de sílabas que terminan en *-n*, como *conveniente, convidar*.

Revisa las reglas para formar sustantivos que terminan en -ción o -sión y úsalas para transformar los siguientes verbos en sustantivos.

Al terminar, consulta un diccionario para verificar si escribiste correctamente los sustantivos.

revisar
suprimir
pretender
incluir

Las letras c, s y z

La letra c ante las vocales e o i, la letra z y la letra s representan el mismo sonido. Así, por ejemplo, el sonido inicial de las palabras *cero, zapato* y *sur* es el mismo. Existen algunas reglas de uso de las letras c, s, z:

- Se escriben con s los adjetivos terminados en -oso, -osa, -esco, -esca; por ejemplo, *amoroso, silenciosa, fresca.*

- Se escriben con s los plurales de los adjetivos y los sustantivos; por ejemplo, *patos, estudiantes, verdes, cansados.*

- Se escriben con z los sustantivos terminados en -azo, -aza, -azgo, -ez y –eza, como *codazo, hallazgo* y *destreza;* y los adjetivos terminados en -az, como *capaz.*

- En el plural de las palabras terminadas en z, como *pez*, la z se transforma en c (*peces*).

Para los sustantivos abstractos que terminan en -ción o -sión, el uso de s o c en la terminación depende de la palabra de la que provienen.

Origen	Terminación del sustantivo	Ejemplo
Verbos terminados en –ar	–ción	contemplar > contemplación
Verbos terminados en –ir		intuir > intuición
Verbos terminados en –primir	–sión	comprimir > compresión
Verbos terminados en –cluir		concluir > conclusión
Verbos terminados en –der (cuando no conservan la d en la terminación)		extender > extensión
Verbos terminados en –dir (cuando no conservan la d en la terminación)		invadir > invasión
Verbos terminados en –tir (cuando no conservan la t en la terminación)		admitir > admisión
Verbos terminados en –sar (cuando no conservan la a en la terminación)		precisar > precisión

- En algunos casos, la terminación -ción toma la forma -cción. Esto sucede cuando una palabra de su familia de palabras, no necesariamente el verbo, tiene el grupo ct; por ejemplo, *director/dirección* o *actuar/acción.*

Las letras k y q

La letra *k* tiene el mismo sonido que la letra *c* cuando esta se encuentra antes de las vocales *a, o* y *u* y de otras consonantes, como en las palabras *casa* y *claro*. Sin embargo, son muy pocas las palabras en español que se escriben con *k*. Son, en general, palabras que se toman en préstamo o se adaptan de otras lenguas, como *kiwi, kimono* o *karate*.

La letra *q* siempre se escribe junto a la letra *u*. Juntas, estas dos letras se pronuncian con el mismo sonido que la letra *k*. El grupo *qu* siempre va seguido de las vocales *e* o *i*, como en las palabras *queso, esquina* y *buque*.

Las letras j y g

Cuando se encuentra frente a las vocales *e* o *i*, la letra *g* tiene el mismo sonido que la letra *j*.

Se escriben con *g*:

- las palabras que terminan en *-logía, -gia, -gión, -géneo;* por ejemplo, *trilogía, magia, región, homogéneo.*
- los verbos terminados en *-ger* y *-gir*, como *proteger* y *fingir*. Las formas conjugadas de estos verbos que representan los sonidos *ja* y *jo* se escriben con *j*. Así, *elige, elija.*

Se escriben con *j*:

- las palabras en las que el sonido *j* se combina con las vocales *a, o* y *u*, como *caja, ajo* y *juntos.*
- las palabras que terminan en *-aje* o *-eje*, como *salvaje* y *eje.*
- los sustantivos que terminan en *-jería*, como *cerrajería.*
- los verbos terminados en *-jar, -jer, -jir* y *-jear*, como *trabajar, tejer, crujir* y *canjear.*
- algunas formas de pretérito irregulares, como el pasado de *traer (traje)* o de *decir (dije).*

La letra h

La letra *h* no representa ningún sonido. Un error ortográfico frecuente en español es escribir sin *h* palabras que llevan, por su historia, esa letra.

Se escriben con *h*:

- las formas de los verbos *haber, hacer, hallar, hablar* y *habitar.*
- las palabras que comienzan por los diptongos *ia, ie, ue* y *ui*; por ejemplo, *hiena* y *hueco.*
- las palabras que contienen prefijos de origen griego como *hecto-, hidro-, homo-* o *hiper-*; por ejemplo, *hidráulico, hipermercado, homogéneo.*

Es habitual que encuentres palabras que no conoces cuando lees. A veces puedes interpretar su sentido analizando sus partes. En el caso de las palabras compuestas, muchas veces, aunque no siempre, el significado de las palabras que las forman puede ayudarte a comprenderlas. Mira estos ejemplos:

> abrelatas: aparato para abrir latas

> agridulce: que tiene un sabor agrio y dulce al mismo tiempo

> guardabosques: persona que se ocupa de cuidar los bosques

> lavavajillas: aparato para lavar la vajilla

Escribe una definición para las siguientes palabras compuestas, teniendo en cuenta el significado de las palabras que las forman.

- pararrayos
- quitamanchas
- trabalenguas
- rascacielos

PALABRAS COMPUESTAS

Al leer un texto, es posible que te topes con palabras formadas por otras dos palabras. Este tipo de palabras se llaman palabras compuestas. Las palabras compuestas se forman por dos o más palabras; por ejemplo, *mediodía* es una palabra formada por *medio* y *día*, y *subibaja* es una palabra formada por la frase *sube* y *baja*.

Para **interpretar**, es decir, entender, el significado de las palabras compuestas, puedes pensar en el significado de las palabras que las forman. Pregúntate: *¿Puedo identificar las palabras que forman la palabra compuesta? ¿Qué significa cada parte? ¿Qué indica el contexto de la oración?*

Lee el siguiente texto. Identifica las palabras compuestas y explica qué significan.

El pasatiempo favorito de Adela es cuidar su jardín. Todos los mediodías se pone su sombrero para el sol y un par de guantes y sale a cuidar sus plantas. A veces hace pequeños descubrimientos que la llenan de alegría: un saltamontes escondido debajo de una hoja, una delicada telaraña tejida entre dos ramitas, un ciempiés paseándose entre la hierba. A Adela le basta con salir a su jardín para que inmediatamente se le pase el malhumor.

Algunas palabras compuestas, como *malhumor*, se forman simplemente por la unión de dos palabras, sin que cambie la ortografía. En otros casos es necesario tener en cuenta las reglas ortográficas generales para escribirlas correctamente. Por ejemplo, la palabra *ciempiés* está formada por las palabras *cien* y *pies*, pero frente a la letra *p* el sonido *n* se transforma en *m*. Además, como la palabra *ciempiés* es aguda y termina en *-s*, es necesario escribir una tilde, tal como indica la regla.

PREFIJOS

Los **afijos** son elementos que se añaden al principio o al final de una palabra base o una raíz para formar una palabra con un sentido nuevo. Por ejemplo, si a la palabra *leer* le agregamos el afijo *re-*, que indica repetición, formaremos la palabra *releer*, que significa "volver a leer". Los afijos que se añaden al principio de las palabras se llaman **prefijos**. Existen algunas normas ortográficas que indican cómo deben escribirse los prefijos.

- Los prefijos se escriben siempre pegados a la palabra base si se trata de una sola palabra; por ejemplo, *expresidente, vicejefe, antinatural, supermercado*.

- Si el prefijo se une a un nombre propio o un número, se separa de la base con un guion; por ejemplo, *sub-17*.

- Si el prefijo se une a una base de más de una palabra, se escriben separados; por ejemplo, *pro movimientos ecológicos, ex primer ministro*.

ESCRIBIR PARA APRENDER

Repasa las reglas para escribir prefijos que se encuentran en esta página. Luego, escribe una oración que incluya una palabra que ejemplifique cada regla. Puedes usar los siguientes prefijos o buscar listas de prefijos en Internet.

Prefijos: anti-, ex-, hiper-, inter-, micro-, pos-, pre-, pro-, super-

Escribir sin errores de ortografía

Independientemente de lo que escribas, haz lo posible para asegurarte de que tu texto no tenga errores de ortografía. Sigue estos consejos para lograr tu objetivo.

- Presta atención cuando leas. Eso te permitirá tener una referencia visual de las palabras que no sabes bien cómo escribir.

- Consulta un diccionario de papel o digital cuando no estés seguro de la forma en que se escribe una palabra. Es posible que debas consultar un diccionario especializado para saber cómo se escriben algunos términos muy técnicos.

- Usa la función de corrector ortográfico de tu procesador de textos. Pero ten cuidado: esa función, en algunos casos, no es precisa o produce errores porque no tiene en cuenta el contexto. Lee con atención lo que escribes y comprueba la ortografía con un diccionario.

- Pídele a un amigo o un compañero que tenga buena ortografía que revise tu trabajo.

- Escribe las palabras que te suelen resultar complicadas en una lista. Cuando debas escribirlas, consulta tu lista, hasta que ya no necesites hacerlo.

- Crea trucos **mnemotécnicos** (es decir, trucos para recordar algo con mayor facilidad) para recordar las palabras que te resultan difíciles de escribir.

- Los juegos de tablero o de computadora en los que se ejercita la ortografía, como los crucigramas, son una manera divertida de mejorar tus destrezas.

Escribir correctamente en el ámbito laboral

En un trabajo es extremadamente importante escribir de manera correcta. Si trabajas como médico, por ejemplo, escribir correctamente es esencial. No querrías cometer errores al escribir un diagnóstico o el nombre de un medicamento en una receta. Una o dos letras incorrectas, o escritas en un orden incorrecto, pueden provocar graves complicaciones en los pacientes.

Escribir un memorando de manera desprolija, sin tener en cuenta las reglas ortográficas, puede hacerte ver poco profesional y poco preparado frente a tu jefe o tus colegas. Puede incluso costarte un ascenso. Antes de enviar un memorando, comprueba que no tenga errores ortográficos.

Vuelve a escribir en un cuaderno el memorando de James a su jefa, Karen. Corrige los errores de ortografía. Luego, escribe una oración o dos en la que expliques por qué es importante evitar los errores de ortografía en los intercambios dentro del ámbito laboral.

Para: Karen

De: James

Asunto: Reciclage

A partír del proximo lunes 5 de marzo, se recojerán los cestos de reciclage a medio día. La compañía responsavle se contactará directamente con el contadór para conbenir este servisio.

APLICA LA **ESCRITURA**

Instrucciones: Es posible que debas verificar la ortografía de una palabra en otras fuentes además de un diccionario. Lee cada situación. Escribe dónde podrías hallar la información que necesitas o cómo podrías asegurarte de escribir sin errores de ortografía.

1. Estás redactando un informe académico acerca de un raro insecto y no estás seguro de cuál es el nombre científico de ese insecto.

   _____

2. Estás escribiendo un informe académico en la computadora y quieres asegurarte de no tener errores de ortografía.

   _____

3. Estás escribiendo una nota manuscrita a un colega y estás preocupado de haber cometido algún error ortográfico.

   _____

4. Estás actualizando el directorio de tu compañía y debes escribir correctamente el nombre de todos los empleados.

   _____

Repaso de vocabulario

Instrucciones: Empareja cada palabra de la columna 1 con su definición en la columna 2.

Columna 1

1. _____ afijo
2. _____ interpretar
3. _____ mnemotécnico
4. _____ monosílabo
5. _____ prefijo
6. _____ tilde

Columna 2

A. elemento que se añade al principio de una palabra base

B. marca gráfica que indica qué sílaba de la palabra está acentuada

C. palabra de una sílaba

D. explicar el sentido de algo

E. elemento que se añade al principio o al final de una palabra base o una raíz

F. que sirve para recordar algo con mayor facilidad

Repaso de destrezas

Instrucciones: Subraya la palabra compuesta en cada oración. Luego, escribe una definición de esa palabra.

1. Ayer olvidé mi paraguas en un banco de la plaza, así que debo comprar uno nuevo.

   _____

2. Matías le prestó un bolígrafo, un lápiz y un sacapuntas.

   _____

3. Las orcas deben tener mucho cuidado para no quedar encalladas en la playa cuando hay bajamar.

   _____

Instrucciones: Lee cada par de palabras de la columna izquierda. Halla la palabra de la columna derecha que podrías encontrar en la misma página del diccionario.

4. capa/casual   espejo

5. temor/temporal   triple

6. codo/cuna   carta

7. trama/trueno   cultura

8. espalda/espina   temperatura

Práctica de destrezas

Instrucciones: Elige la mejor respuesta para cada pregunta.

1. Marcos verificó la estavilidad de la mesa con el pie.

   ¿Qué corrección debe hacerse en la oración?

   A. reemplazar de por dé
   B. reemplazar estavilidad por estabilidad
   C. reemplazar estavilidad por estavilidád
   D. reemplazar el por él

2. Una organización pro-derechos de los animales organizó una conferencia pública.

   ¿Qué corrección debe hacerse en la oración?

   A. reemplazar pro-derechos por "pro" derechos
   B. reemplazar organización por orgánizacion
   C. reemplazar pública por publica
   D. reemplazar pro-derechos por pro derechos

3. Esteban observó la pequeña telaraña qué se había formado entre las hojas del arbusto.

   ¿Qué corrección debe hacerse en la oración?

   A. reemplazar observó por ovservó
   B. reemplazar observó por observo
   C. reemplazar qué por que
   D. reemplazar telaraña por tela araña

4. El árbol caído estaba ueco, pero miles de pequeños insectos lo poblaban.

   ¿Qué corrección debe hacerse en la oración?

   A. reemplazar árbol por arbol
   B. reemplazar ueco por hueco
   C. reemplazar de por dé
   D. reemplazar El por Él

5. Cuando bajó del avión, se enteró de que su equipage había sido enviado por error a Dallas.

   ¿Qué corrección debe hacerse en la oración?

   A. reemplazar equipage por ekipage
   B. reemplazar equipage por ecipage
   C. reemplazar equipage por eqipage
   D. reemplazar equipage por equipaje

6. El gobierno trabaja en una ampliasión de las líneas de subterráneo.

   ¿Qué corrección debe hacerse en la oración?

   A. reemplazar subterráneo por sub-terráneo
   B. reemplazar subterráneo por sub terráneo
   C. reemplazar ampliasión por ampliasion
   D. reemplazar ampliasión por ampliación

7. "¿Donde pasarás tus próximas vacaciones?", preguntó Alicia.

   ¿Qué corrección debe hacerse en la oración?

   A. reemplazar próximas por proximas
   B. reemplazar vacaciones por vacaciónes
   C. reemplazar Donde por Dónde
   D. eliminar las comillas

Práctica de escritura

Instrucciones: ¿Qué ocurriría si se eliminaran todas las reglas ortográficas? ¿De qué modo cambiaría la comunicación si todos los escritores escribieran como quisieran? Describe en el espacio de abajo cómo imaginas que cambiaría la vida de las personas si no existieran reglas ortográficas. Asegúrate de comentar qué posibles confusiones se podrían generar en el espacio de trabajo y en otros ámbitos, y cómo responderían las personas a esas confusiones. Sigue las reglas ortográficas en tu texto.

_____

_____

_____

_____

_____

_____

_____

_____

_____

_____

_____

_____

_____

_____

_____

_____

_____

Instrucciones: Elige la mejor respuesta para cada pregunta.

1. Cuando el Dr. Méndez anunció su retiro, los Médicos del hospital organizaron una fiesta.

   ¿Cuál es la mejor manera de escribir la parte subrayada de la oración? Si la mejor opción es la original, elige la opción A.

   A. su retiro, los Médicos del hospital organizaron una fiesta
   B. su retiro, los Médicos del Hospital organizaron una fiesta
   C. su retiro, y los Médicos del hospital organizaron una fiesta
   D. su retiro, los médicos del hospital organizaron una fiesta

2. Cuando Annie llegó a su casa, encontró la puerta abierta. Él cerrojo estaba roto. Corrió a la casa de su vecino y llamó a la policía.

   ¿Qué corrección debe hacerse en estas oraciones?

   A. reemplazar la coma después de casa por un punto y coma
   B. reemplazar la palabra y de la última oración por una coma
   C. reemplazar Él por El
   D. añadir una coma después de vecino

3. "¿A que hora comienza el concierto?", preguntó Andrew.

   ¿Qué corrección debe hacerse en esta oración?

   A. reemplazar la coma por dos puntos
   B. reemplazar la coma por un punto y coma
   C. reemplazar el por él
   D. reemplazar que por qué

4. Lupita practica tres deportes, tenis, básquetbol y softbol. No quiere decir cuál le gusta más, pero es una jugadora de softbol excelente.

   ¿Cuál es la mejor manera de escribir la oración subrayada? Si la mejor opción es la original, elige la opción A.

   A. Lupita practica tres deportes, tenis, básquetbol y softbol.
   B. Lupita practica tres deportes: tenis, básquetbol y softbol.
   C. Lupita practica tres deportes; tenis, básquetbol y softbol.
   D. Lupita practica tres deportes, tenis, básquetbol, y softbol.

5. Esa película es genial, me gustaría volver a verla. Nunca recuerdo el nombre de la protagonista, pero creo que es fantástica.

   ¿Cuál es la mejor manera de escribir la parte subrayada de la oración? Si la mejor opción es la original, elige la opción A.

   A. es genial, me gustaría volver a verla
   B. es genial me gustaría volver a verla
   C. es genial —me gustaría volver a verla
   D. es genial; me gustaría volver a verla

6. Los habitantes del estado de Colorado están de hecho satisfechos con quienes gobiernan.

   ¿Qué corrección debe hacerse en esta oración?

   A. reemplazar estado por Estado
   B. reemplazar Colorado por colorado
   C. añadir comas antes y después de de hecho
   D. reemplazar quienes por quiénes

Repaso

7. "El afortunado que tenga el número ganador", anunció el presentador, "Se llevará a su casa este hermoso carro nuevo".

   ¿Qué corrección debe hacerse en esta oración?

   A. reemplazar que por qué
   B. reemplazar "Se por "se
   C. reemplazar nuevo". por nuevo."
   D. reemplazar el presentador por él presentador

8. El cronograma no puede "cambiarse", porque muchos miembros del club no viven en la ciudad.

   ¿Qué corrección debe hacerse en esta oración?

   A. reemplazar porque por por qué
   B. eliminar las comillas
   C. reemplazar club por Club
   D. añadir una coma después de porque

9. Papá, ¿me cuentas la historia de tu Tío, el que fue a buscar oro a Alaska?

   ¿Cuál es la mejor manera de escribir la parte subrayada de la oración? Si la mejor opción es la original, elige la opción A.

   A. Papá, ¿me cuentas la historia de tu Tío,
   B. Papá, ¿me cuentas la historia de tu tío,
   C. Papá, ¿me cuentas la historia de tú Tío,
   D. Papá ¿me cuentas la historia de tu Tío,

10. Aun a gran distancia se veían las luzes de la ciudad.

    ¿Qué corrección debe hacerse en esta oración?

    A. reemplazar Aun por Aún
    B. reemplazar se por sé
    C. reemplazar luzes por luces
    D. reemplazar ciudad por Ciudad

11. Ya sabes qué le regalarás a tu mamá el Día de las Madres?

    ¿Qué corrección debe hacerse en esta oración?

    A. añadir un signo de interrogación al inicio de la oración
    B. reemplazar Día de las Madres por día de las madres
    C. reemplazar qué por que
    D. reemplazar tu por tú

12. Escribe una carta a un amigo para contarle de una fiesta a la que fuiste. Incluye los nombres de las otras personas que asistieron a la fiesta, la fecha y el lugar donde se realizó, y citas y conversaciones que hayas oído en la fiesta o de las que hayas participado. Asegúrate de usar correctamente las mayúsculas y los signos de puntuación, y de no cometer errores de ortografía.

Repaso

Comprueba tu comprensión

En la siguiente tabla, encierra en un círculo las preguntas que hayas respondido de forma incorrecta en el repaso del Capítulo 4 de las páginas 130 y 131. Junto a los números de las preguntas, verás las páginas que puedes repasar para responder las preguntas correctamente. Presta particular atención a las áreas en las que no respondiste correctamente la mitad o más de la mitad de las preguntas.

Repaso del Capítulo 4

Área de destreza	Número de pregunta	Páginas de repaso
Mayúsculas	1, 7, 9, 12	98–107
Puntuación	4, 5, 6, 8, 11, 12	108–117
Ortografía (acentuación, problemas ortográficos frecuentes, palabras compuestas y prefijos)	2, 3, 10, 12	118–129

UNIDAD 2

Escritura

Estructura de la oración

¿Has oído la frase "menos es más"? Suele ser muy cierta cuando hablamos de escritura. Lee las siguientes oraciones:

> A principios de esta semana, hace tres días, salí a dar un largo paseo, de una hora, con mi perro, y para eso me puse mi calzado deportivo.

> A principios de esta semana salí a dar un largo paseo con mi perro.

¿Qué oración es más larga? ¿Cuál es la más fácil de comprender? La segunda oración tiene menos palabras pero es más clara y más efectiva.

En este capítulo aprenderás a escribir oraciones efectivas. También aprenderás a evitar algunos errores comunes que cometen muchos escritores. Esto te permitirá mejorar tus textos y hacerlos más interesantes y disfrutables para los lectores.

Esto es lo que aprenderás en este capítulo:

Lección 5.1: Combinar ideas en una oración

Si deseas que tu texto sea fácil de leer y de comprender, querrás aprender cómo hacer que tus oraciones sean más diversas e interesantes.

Lección 5.2: Escribir oraciones efectivas

En esta lección aprenderás todo lo que necesitas saber acerca de los modificadores, las estructuras paralelas, las secuencias de verbos y las referencias pronominales para evitar errores frecuentes al formar oraciones.

Lección 5.3: Estilo y lenguaje

La diferencia entre un buen texto y uno excelente depende de la selección de palabras que hagas y del modo en que las emplees para expresar lo que quieres decir.

Establecer objetivos

Este capítulo se enfoca en el modo en que puedes darles un estilo personal a
tus textos y reconocer el estilo de otros escritores. Piensa de qué modo tu estilo
de escritura representa lo que eres. Hazte estas preguntas:

¿Por qué es importante escribir oraciones claras y efectivas?

_____

_____

_____

¿Qué podría ocurrir si tu texto no fuera claro?

_____

_____

_____

¿De qué modo querrías mejorar tus textos?

_____

_____

_____

Combinar ideas en una oración

CONCEPTO CLAVE: Puedes lograr que tus textos tengan oraciones de diversas extensiones y de estructura variada combinando oraciones simples.

Escribe la forma correcta de cada modificador que aparece entre paréntesis.

1. La gatita *(blanco)* se subió al sofá.

2. Zach desató *(fácil)* el nudo.

Elige la opción correcta entre paréntesis.

3. El primer ejercicio le resultó *(más sencillo que, sencillísimo)* el segundo.

4. Hernán es *(el más alto, más alto que)* de la clase.

Combinar oraciones

Lee estos dos párrafos. ¿Cuál te parece mejor?

El ejército de Estados Unidos está arrojando tanques al golfo de México. El propósito es que se genere más pesca. Los tanques viejos se limpian. El ejército ya no los quiere. Se eliminan todos los químicos nocivos. Luego, los tanques se llevan en barcos a alta mar. Los tanques son arrojados por la borda. Esa parte del golfo es plana. Hay muy pocos escondites naturales para los peces. Arrojar los tanques allí permite crear espacios artificiales. Los peces pueden esconderse y reproducirse.

El ejército de Estados Unidos está arrojando tanques al golfo de México, de modo que se genere más pesca. Los tanques viejos que el ejército ya no quiere se limpian, y se eliminan todos los químicos nocivos. Luego, los tanques se llevan en barcos a alta mar y son arrojados por la borda. Esa parte del golfo es plana; hay muy pocos escondites naturales para los peces. Arrojar los tanques allí permite crear espacios artificiales donde los peces pueden esconderse y reproducirse.

Ambos párrafos son correctos y brindan la misma información. Pero el primero está formado completamente a partir de oraciones simples y suena entrecortado. En el segundo párrafo las oraciones se han **combinado**, es decir, se han unido, y esto permite que el texto tenga oraciones de diferente extensión y estructura. Las ideas están ligadas más estrechamente, de modo que podemos comprender la relación que se establece entre ellas.

Formar oraciones compuestas

La forma más elemental de las oraciones es la de las **oraciones simples**. Estas oraciones tienen un sujeto y un predicado y expresan una idea completa.

> Yolanda quería una radio para su cumpleaños. Le dieron dos.

Las oraciones simples a menudo se pueden combinar para formar una oración más interesante.

> Yolanda quería una radio para su cumpleaños y le dieron dos.

Esta nueva oración tiene dos sujetos con sus respectivos predicados. Las dos oraciones simples originales están conectadas por una coma y la palabra *y*. El resultado es una **oración compuesta**. Las oraciones compuestas están formadas por dos o más oraciones simples conectadas.

Conjunciones

Las oraciones simples que forman una oración compuesta suelen estar conectadas por una **conjunción**. Las conjunciones unen oraciones y muestran cómo se relacionan las ideas. Cada conjunción muestra un tipo específico de relación entre las ideas.

Uso de algunas conjunciones	
Conjunción	**Uso**
y	añade información
pero, mas, sino	indica diferencias entre ideas
o	indica una opción entre ideas
ni	indica un rechazo de ambas ideas
pues	conecta un efecto con una causa
así que	conecta una causa con su efecto

En las oraciones compuestas, una coma suele **preceder** (es decir, ir antes de) las conjunciones, excepto en el caso de las conjunciones *y*, *o* y *ni* (pero si las proposiciones son muy extensas o hay un claro cambio de idea, sí se usa la coma con estas tres conjunciones). Estos son algunos ejemplos de oraciones compuestas.

> Pamela odiaba pintar, *pero* terminó toda la habitación.

> Los Tucker tenían un largo viaje por delante, *así que* salieron temprano.

> No lo compró, *pues* era muy caro.

Cuando dos oraciones simples se combinan por medio de una conjunción, las oraciones originales no se **alteran**, es decir, no cambian.

Usar correctamente
las comas puede evitar
confusiones y ayudar a
los lectores a comprender
mejor lo que el escritor
intenta expresar.

Has aprendido cómo
se usan las comas y
las conjunciones para
combinar dos oraciones
simples y formar una
oración compuesta más
interesante.

Lee el siguiente texto:

Kim quiere ir a ver una
película. Su amiga Paulina
no quiere ir. Kim adora
las novelas de misterio
y como la película está
basada en una novela
que ella leyó realmente
quiere ir a verla. Paulina
sin embargo prefiere
pasar el día en el parque.
Kim tiene una idea. Se
la cuenta a Paulina.
Se ponen de acuerdo.
Pasarán el día en el
parque. Verán la película
a la noche.

Este texto puede parecer
un poco confuso. Uno de
los motivos es que no
tiene comas donde debería
tenerlas. Otro de los
motivos es que hay varias
oraciones simples una
después de la otra, y esto
puede hacer que la lectura
resulte chocante.

Reescribe el texto en un
cuaderno usando comas.
Combina las oraciones
con comas y conjunciones
para formar oraciones
compuestas. ¿Suena mejor
el texto revisado?

Otras conjunciones

Algunas conjunciones están formadas por dos partes.

no solo...	sino (que) también
o (bien)...	o (bien)
ni...	ni

La segunda parte va antes de las palabras que se conectan.

No solo sale a correr todos los días, **sino que también** toma clases de karate.

Ni María quería ir **ni** Juan la había invitado.

Conectar ideas con punto y coma

Punto y coma y locuciones conjuntivas

Las oraciones simples también pueden conectarse mediante un punto y coma y una locución conjuntiva. Una locución conjuntiva es una frase que funciona como una conjunción. Al igual que sucede con las conjunciones, es importante elegir la locución adecuada para transmitir exactamente lo que quieres expresar.

Locuciones conjuntivas	
Que indican contraste	sin embargo por otro lado no obstante en cambio
Que explican	por ejemplo por otro lado en otras palabras de hecho
Que muestran una consecuencia	en consecuencia por lo tanto por consiguiente

Estas locuciones se usan para conectar oraciones, al igual que las conjunciones. Delante de las locuciones conjuntivas es necesario colocar un punto y coma. También puede ponerse un punto al final de la primera oración y comenzar la segunda oración con la locución; de esta manera seguirá habiendo dos oraciones pero estarán conectadas por un grupo de palabras que indican una relación. En cualquiera de los dos casos (ya sea que el resultado sea una oración larga o dos oraciones más cortas), después de la locución se coloca una coma.

Los precios de los alimentos siguen aumentando; de hecho, nuestra cuenta del mercado es de 10 dólares más que el año pasado.

Noriko tomó clases tenis. En consecuencia, me ganó en todos los partidos.

Punto y coma sin conjunciones

También se pueden conectar dos oraciones simples sin usar una conjunción o una locución conjuntiva. Un punto y coma basta para mostrar que las ideas están conectadas.

A Benito le encanta hacer barbacoa; las costillas son su especialidad.

Al formar oraciones compuestas, un error habitual es olvidarse de **implementar**, es decir, aplicar, uno de los métodos explicados anteriormente.

Incorrecto: Heidi necesitaba zapatos nuevos compró un par en la zapatería.

Esta oración puede corregirse aplicando uno de los métodos que has aprendido para formar oraciones compuestas (conectar ideas con una coma y una conjunción o con un punto y coma y una locución conjuntiva).

Correcto: Heidi necesitaba zapatos nuevos, así que compró un par en la zapatería.

Otro error habitual al formar oraciones compuestas es conectar varias oraciones simples con la repetición de la conjunción *y*.

Incorrecto: Se fue de vacaciones a Nuevo México y visitó las aldeas de los indígenas pueblo y vio globos aerostáticos y subió una montaña en teleférico.

Correcto: Se fue de vacaciones a Nuevo México y visitó las aldeas de los indígenas pueblo; también vio globos aerostáticos y subió una montaña en teleférico.

Un tercer error frecuente al formar oraciones compuestas es separar dos oraciones con una coma en lugar de usar el signo de puntuación correcto (punto, punto y coma, etc.).

Incorrecto: No paro de estornudar, creo que estoy por resfriarme.

Correcto: No paro de estornudar, así que creo que estoy por resfriarme.

Correcto: No paro de estornudar; creo que estoy por resfriarme.

APLICA LA **ESCRITURA**

Instrucciones: Reescribe los siguientes pares de oraciones simples como oraciones compuestas. Para conectar las oraciones, usa una conjunción, una locución conjuntiva o un punto y coma, según se indique entre paréntesis. Agrega los signos de puntuación que sean necesarios.

Ejemplo: A Bill le gustan los deportes. Disfruta especialmente de jugar al fútbol. (y)

A Bill le gustan los deportes y disfruta especialmente de jugar al fútbol.

1. Ann comenzará a trabajar pronto en una nueva compañía. Aún no se lo dijo a su jefe actual. (pero)

   _____

2. No están dando ninguna película interesante en el pueblo. Tengo fe en que estrenarán una gran película. (sin embargo)

   _____

3. Mi casa está muy desordenada. Nunca tengo tiempo de limpiar. (punto y coma)

   _____

4. Las alas del avión estaban cubiertas de hielo. El despegue fue demorado. (en consecuencia)

   _____

En un texto, puedes presentar sucesos en el orden en el que ocurrieron o puedes presentarlos en otro orden. Puedes usar palabras que indican secuencia para ayudar a los lectores a comprender ese orden. Lee este ejemplo.

Prashant se sentó en su escritorio y luego abrió su laptop. Antes de salir hacia su trabajo, se había acordado, por fin, de tomar su teclado adicional. Después de conectarlo a la computadora, sintió que su forma de trabajar sería completamente diferente.

Los sucesos no están presentados en el orden en el que ocurrieron, pero, aun así, el lector puede comprenderlos. Las palabras *antes* y *después* son pistas que le indican al lector cuándo ocurrieron las acciones del resto de la oración.

Lee la siguiente lista de sucesos. En un cuaderno, escribe dos párrafos breves. El primer párrafo debe presentar los sucesos en el orden exacto en el que ocurrieron. El segundo párrafo debe presentar los sucesos en un orden diferente, pero deben incluir palabras que indican secuencia para mostrar al lector cuándo ocurrió cada cosa.

Alice caminó hasta el cine. Compró un boleto. Compró palomitas de maíz. Miró la película y comió palomitas.

Formar oraciones complejas

Las **oraciones complejas** están formadas por dos o más proposiciones. Has aprendido que una proposición es un grupo de palabras con sujeto y predicado. Algunas proposiciones expresan un pensamiento completo, y otras, no. En una oración compleja, solo una de las proposiciones expresa un pensamiento completo y puede funcionar como una oración independiente. Observa las proposiciones de la siguiente oración:

Mientras Rosa cargaba las cosas en el carro, Michael ayudaba a los niños a prepararse.

La primera proposición de esta oración, *Mientras Rosa cargaba las cosas en el carro*, no es un pensamiento completo. Al leerla, quieres saber qué pasaba mientras Rosa cargaba las cosas en el carro. Este tipo de proposiciones se llaman **proposiciones subordinadas**, porque se subordinan a otra proposición, es decir, dependen de ella para formar un pensamiento completo. La segunda proposición, *Michael ayudaba a los niños a prepararse*, es la proposición principal. Las **proposiciones principales** expresan un pensamiento completo y pueden funcionar de manera independiente.

Las oraciones complejas están formadas por una o más proposiciones subordinadas conectadas a una proposición principal.

Las oraciones simples pueden combinarse para formar oraciones complejas. Una de las oraciones simples será la proposición principal. Otra oración simple estará conectada a ella por un pronombre relativo o un tipo de conjunción o de locución que la subordine a la proposición principal.

Dentro de la oración, las proposiciones subordinadas pueden cumplir la función de un adverbio, de un sustantivo o de un adjetivo. Cuando cumplen la función de un sustantivo, se conectan con la oración principal por medio de pronombres relativos o de interrogativos y exclamativos.

No sé *quién va primero*.

Espero *que deje de llover pronto*.

Cuando cumplen la función de un adjetivo, se conectan con la oración principal por medio de un pronombre relativo.

Los animales *que viven en la reserva* están muy bien alimentados.

Cuando cumplen la función de un adverbio, se conectan con la proposición principal por medio de una conjunción o una locución. En la mayoría de los casos pueden aparecer antes o después de la proposición principal. Cuando aparecen antes, es obligatorio el uso de la coma para separar las dos proposiciones.

Aunque estaba cansado, siguió caminando.

Siguió caminando aunque estaba cansado.

Estas son algunas conjunciones y locuciones que conectan proposiciones subordinadas con la proposición principal.

Conjunciones y locuciones	
de tiempo antes (de) que después (de) que hasta (que) una vez que en cuanto apenas mientras cuando	**Antes de que** pudiera sacar mi cámara, el pajarito salió volando. Sylvia lo llamó **apenas** se enteró de la noticia.
de causa porque como ya que	Alicia volvió a casa temprano **porque** se sentía mal. **Como** estoy enfermo, no iré a la escuela.
de condición si a menos que a no ser que	No molestes a esa abeja **a menos que** estés buscando problemas.
de concesión aunque aun cuando a pesar de (que) por más que	**Aunque** Pak Ku estaba cansado, ayudó a preparar la cena. Jennifer fue a la reunión **a pesar de que** no tenía muchas ganas.
de finalidad para (que)	En la carrera, Robert corrió a toda velocidad **para que** nadie llegara a la meta antes que él. Voy a ponerme los anteojos **para** leer mejor.
de lugar donde	Iré **donde** me digan.
de modo como	Mi mamá cocina el pescado **como** te gusta a ti.

Al formar oraciones complejas, la proposición subordinada puede aparecer antes o después de la proposición principal. Cuando aparece antes, es obligatorio el uso de la coma para separar las dos proposiciones. Por ejemplo:

Como Jerry llegó tarde, recibió muchas críticas.

Lee las siguientes oraciones. Vuelve a escribirlas en un cuaderno, añadiendo una coma para separar las proposiciones cuando sea necesario.

Aunque llegó tarde a la función no se perdió de nada.

Sabe todo sobre las ballenas porque le encanta la biología marina.

Si no hace frío irá en bicicleta.

En cuanto Andrés abrió la puerta sus hijas corrieron a abrazarlo.

No lo dirá a menos que lo obliguen.

Al combinar oraciones, asegúrate de elegir el conector adecuado para transmitir tus ideas. Piensa qué conjunción o locución usarías para combinar estas dos proposiciones:

El médico puso una venda _____ la herida no se infectara.

Combinar las proposiciones con *para que* o *antes de que* resulta **lógico**. La idea que se transmite es diferente en cada caso, pero la oración tiene sentido. Intenta con otros conectores, como *una vez que* o *por más que*. La oración no tiene sentido. Asegúrate de que tu oración tenga el sentido que quieres darle cuando uses un conector. Mira este otro ejemplo. Piensa en la relación entre las proposiciones.

Lana fue a la función _____ no le gustaban las películas de terror.

Hay varias conjunciones y locuciones que funcionan en este caso, como *aunque, aun cuando, a pesar de que, por más que*. Todas muestran un contraste entre las dos ideas. Intenta con otras conjunciones de la tabla de la página 141. Verás que muchas de ellas no funcionan en el contexto de esta oración.

APLICA LA **ESCRITURA**

Instrucciones: Completa cada oración compleja. Conecta las proposiciones con la conjunción o locución entre paréntesis que tenga más sentido. Escríbela en la línea.

Ejemplo: ___Como___ el huracán se aproximaba, la gente abandonó la isla. *(Como, A menos que)*

1. _____ pasó el autobús, el semáforo se puso en rojo. *(Después de que, A pesar de que)*

2. Melissa irá al zoológico _____ comience a llover. *(a menos que, porque)*

3. _____ le diga a Santwana que vi una araña, querrá irse. *(En cuanto, Porque)*

4. _____ ese perro ladre todo el tiempo, es un buen compañero. *(Antes de que, Aunque)*

5. El médico dijo que el malestar pasaría _____ hacía reposo. *(si, después de que)*

6. Tengo que terminar este proyecto _____ me den una buena calificación. *(para que, a menos que)*

Repaso de vocabulario

Instrucciones: Empareja cada palabra de la columna 1 con la correspondiente definición de la columna 2.

Columna 1

1. _____ alterar
2. _____ combinar
3. _____ lógico
4. _____ preceder

Columna 2

A. ir antes de otra cosa
B. razonable, sensato
C. cambiar o modificar
D. unir dos cosas

Repaso de destrezas

Instrucciones: Lee cada oración y determina si falta una coma. Si es así, reescribe la oración correctamente.

1. Cuando comenzó a llover se suspendió el partido.

   _____

2. Su jefe le aumentó el sueldo; en consecuencia pudo comenzar a ahorrar algo de dinero.

   _____

3. No me gusta el café pero me encanta tomar té.

   _____

4. Decidió ir al parque pues había dejado de llover.

   _____

5. Puedes comprar una camisa más bonita; por ejemplo esa camisa a rayas.

   _____

6. Alicia no leyó ese libro ni piensa hacerlo.

   _____

Práctica de destrezas

Instrucciones: Elige la mejor respuesta para cada pregunta.

1. Estoy cansado creo que necesito una siesta.

   ¿Cuál es la mejor manera de escribir esta oración? Si la mejor opción es la oración original, elige la opción (A).

   A. Estoy cansado creo que necesito una siesta.
   B. Estoy cansado; creo que necesito una siesta.
   C. Estoy cansado; por ejemplo, creo que necesito una siesta.
   D. Estoy cansado a pesar de que creo que necesito una siesta..

2. Generalmente leo el periódico. Tomo el desayuno.

   ¿Cuál es la forma más efectiva de combinar estas oraciones?

   A. Generalmente leo el periódico mientras tomo el desayuno.
   B. Como generalmente leo el periódico, tomo el desayuno.
   C. Generalmente leo el periódico hasta que tomo el desayuno.
   D. De manera de poder desayunar, generalmente leo el periódico.

3. Michiko compró plantas en buen estado, todas están marchitas ahora.

   ¿Qué corrección hay que hacer en esta oración?
   A. agregar pero después de la coma
   B. agregar por lo tanto después de la coma
   C. agregar o antes de la coma
   D. eliminar la coma

4. Recibirás solo un ejemplar más. Renueva tu suscripción.

   ¿Cuál es la forma más efectiva de combinar estas oraciones?

   A. Como renovaste tu suscripción, recibirás solo un ejemplar más.
   B. Renueva tu suscripción, pero recibirás solo un ejemplar más.
   C. Recibirás solo un ejemplar más porque renovaste tu suscripción.
   D. A menos que renueves tu suscripción, recibirás solo un ejemplar más.

5. Por favor, ¿atenderías el teléfono a pesar de que tomo una ducha?

   ¿Qué corrección hay que hacer en esta oración?
   A. reemplazar a pesar de que por de manera que
   B. reemplazar a pesar de que por mientras
   C. agregar una coma después de teléfono
   D. mover a pesar de que tomo una ducha al principio de la oración

6. No pagará sus cuentas a tiempo o no recibió su sueldo.

   ¿Qué corrección hay que hacer en esta oración?
   A. reemplazar o por mientras
   B. agregar una coma después de a tiempo
   C. reemplazar o por porque
   D. eliminar a tiempo

Práctica de destrezas (continuación)

7. Serena llegó tarde a trabajar <u>sin embargo se quedó</u> después de hora para compensar.

   ¿Cuál es la mejor manera de escribir la parte subrayada de la oración? Si la mejor opción es la oración original, elige la opción (A).

   A. Serena llegó tarde a trabajar sin embargo se quedó

   B. Serena llegó tarde a trabajar, sin embargo se quedó

   C. Serena llegó tarde a trabajar; sin embargo, se quedó

   D. Serena llegó tarde a trabajar sin embargo; se quedó

8. <u>Como perdió el autobús decidió</u> ir caminando.

   ¿Cuál es la mejor manera de escribir la parte subrayada de la oración? Si la mejor opción es la oración original, elige la opción (A).

   A. Como perdió el autobús decidió

   B. Como, perdió el autobús decidió

   C. Como perdió el autobús; decidió

   D. Como perdió el autobús, decidió

9. Ya no nos queda leche. Iré a la tienda a comprar un cartón.

   ¿Cuál es la forma más efectiva de combinar estas oraciones?

   A. Ya no nos queda leche, por lo tanto, iré a la tienda a comprar un cartón.

   B. Aunque ya no nos queda leche, iré a la tienda a comprar un cartón.

   C. Ya no nos queda leche iré a la tienda a comprar un cartón.

   D. Ya no nos queda leche, iré a la tienda a comprar un cartón.

10. Se supone que hoy va a llover. Deberíamos posponer nuestro almuerzo al aire libre.

    ¿Cuál es la forma más efectiva de combinar estas oraciones?

    A. Se supone que hoy va a llover, porque deberíamos posponer nuestro almuerzo al aire libre.

    B. Se supone que hoy va a llover, sin embargo, deberíamos posponer nuestro almuerzo al aire libre.

    C. Se supone que hoy va a llover, deberíamos posponer nuestro almuerzo al aire libre.

    D. Se supone que hoy va a llover; por lo tanto, deberíamos posponer nuestro almuerzo al aire libre.

Práctica de escritura

Instrucciones: Escribe en un cuaderno dos párrafos acerca de un evento que hayas organizado y del que hayas sido anfitrión o acerca de un evento que te gustaría organizar. Incluye detalles relacionados con los pasos que diste para asegurarte de que todo saliera bien. Asegúrate de mostrar claramente en qué orden ocurrieron los sucesos. Incluye al menos una proposición subordinada que indique temporalidad. Incluye varios ejemplos de oraciones compuestas y complejas. Usa correctamente las conjunciones, las locuciones, las comas y los punto y coma.

Escribir oraciones efectivas

Objetivos de la lección

Serás capaz de:

• evitar el uso de modificadores mal ubicados o confusos.

• identificar estructuras paralelas.

• utilizar secuencias de verbos correctas.

• utilizar referencias pronominales claras.

Destrezas

• **Destreza principal:** Evitar el exceso de comas

• **Práctica principal:** Usar lenguaje preciso

Vocabulario

condicional
exceso
preciso
pretender
reconocer

CONCEPTO CLAVE: Para escribir oraciones efectivas, coloca los modificadores cerca de las palabras a las que modifican. Además, usa estructuras de oraciones paralelas, secuencias de verbos correctas y referencias pronominales claras.

Combina las oraciones en cada par para formar una sola oración.

1. Luisa quiere ir de vacaciones. Ella tiene miedo de volar.

2. Fui de compras al supermercado. Luego guardé la comida.

Mover modificadores mal ubicados

Los modificadores, sean palabras, frases o proposiciones, deben estar colocados lo más cerca posible de las palabras que modifican. Cuando esto no ocurre, las ideas pueden resultar un poco confusas. En la siguiente oración, ¿quién usa anteojos?

Martha pudo ver a Robert usando anteojos.

El escritor probablemente quiso decir que Martha, no Robert, estaba usando anteojos. Sin embargo, la oración podría querer decir que era Robert quien usaba anteojos. Este es un ejemplo de un modificador que está mal ubicado. Un modificador **mal ubicado** es una palabra o una frase cuyo significado no es claro porque no está colocado en el lugar correcto.

Para corregir un modificador mal ubicado, mueve el modificador a una posición lo más cerca posible de la palabra que modifica.

Usando anteojos, Martha pudo ver a Robert.

Aquí se presentan algunos ejemplos de cómo mover correctamente modificadores mal ubicados:

Incorrecto: Sameer está hablando acerca de sus vacaciones en el parque.

En este ejemplo, parece que Sameer fue de vacaciones al parque.

Correcto: En el parque, Sameer está hablando acerca de sus vacaciones.

Incorrecto: Cuando Peter encontró a Bill, estaba enfurecido.

En este ejemplo no queda claro quién estaba enfurecido.

Correcto: Peter estaba enfurecido cuando encontró a Bill.

Incorrecto: A Vanessa le encanta leer libros de astronautas en la biblioteca.

En algunas ocasiones es posible que tengas que reorganizar las oraciones un poco para que el significado quede claro.

Correcto: Cuando va a la biblioteca, a Vanessa le encanta leer libros de astronautas.

Las oraciones simples frecuentemente pueden combinarse para formar una oración más interesante, pero asegúrate de que los modificadores estén en el lugar correcto.

Aquí tienes algunos ejemplos de cómo combinar correctamente dos oraciones simples.

Carmen compró leche en la tienda. La leche estaba agria.

Incorrecto: Carmen compró leche en la tienda que estaba agria.

Correcto: En la tienda, Carmen compró leche que estaba agria.

Sharon leyó un cuento sobre una mujer que ganó la lotería. Sharon estaba en el elevador.

Incorrecto: Sharon leyó un cuento sobre una mujer que ganó la lotería en el elevador.

Correcto: En el elevador, Sharon leyó una historia sobre una mujer que ganó la lotería.

Corregir modificadores confusos

Otro error común que cometen los escritores al escribir oraciones es crear modificadores confusos. Un **modificador confuso** es una frase o proposición que no modifica ninguna palabra en la oración. A veces este error es más difícil de identificar que un modificador mal ubicado.

Al entrar en la cueva, los murciélagos volaban en la oscuridad.

¿Quién entró en la cueva? ¿Los murciélagos? Tú probablemente sabes lo que el escritor **pretendía**, es decir, quería decir, pero el mensaje no es tan claro. *Al entrar en la cueva* no modifica ninguna palabra de la oración.

Hay dos formas de corregir un modificador confuso. Una forma es convertir el modificador confuso en una proposición subordinada agregándole un sujeto.

Cuando yo entré en la cueva, los murciélagos volaban en la oscuridad.

Una segunda forma de corregir un modificador confuso es agregar una palabra que la frase pueda modificar. Al reescribir la oración, coloca el modificador lo más cerca posible de la palabra que modifica.

Al entrar en la cueva, escuché que los murciélagos volaban en la oscuridad.

Aquí tienes otro ejemplo:

Incorrecto: Lourdes no quiere a su tía por ser muy envidiosa. (¿*Quién es envidiosa: Lourdes o su tía?*)

Correcto: Como su tía es muy envidiosa, Lourdes no la quiere.

Correcto: Lourdes no quiere a su tía porque Lourdes es muy envidiosa.

APLICA LA ESCRITURA

Instrucciones: Subraya el modificador mal ubicado o confuso en cada oración. Luego reescribe la oración para corregirla.

Ejemplo: El salmón está listo para <u>comer</u>.

<u>**El salmón está listo para que lo comamos.**</u>

1. Antes de nacer, el padre de Luis le compró una medalla.

   _____

   _____

2. Colgada en la pared, Rita miraba esa bella pintura.

   _____

   _____

3. Jim vio a su abuela yendo a la escuela.

   _____

   _____

Estructuras paralelas

Muchas oraciones tienen partes compuestas conectadas por una conjunción, como *y* u *o*. Estas partes pueden incluir verbos, sustantivos, adjetivos y adverbios, así como también otros elementos de la oración. Las partes compuestas por *y* u *o* deberían tener siempre la misma forma.

> Combinar ingredientes, revolver la mezcla y amasar la masa son los pasos necesarios para hacer el pan.

Las palabras *combinar, revolver* y *amasar* tienen la misma forma; son infinitivos. La oración tiene una **estructura paralela**. Usar estructuras paralelas hace que una oración sea más fácil de leer. Ahora, observa la siguiente oración:

> Los objetivos de Naoko son <u>construir</u> un barco, <u>navegar</u> por el mundo y <u>renunciando</u> su trabajo.

Esta oración no tiene una estructura paralela. Las palabras *construir* y *navegar* son verbos en infinitivos, pero *renunciando* no lo es. Además, el orden temporal de la secuencia de los elementos no es correcto. Puedes corregir la oración de la siguiente manera:

> Los objetivos de Naoko son <u>renunciar</u> a su trabajo, <u>construir</u> un barco y <u>navegar</u> por el mundo.

En esta oración, los tres verbos están en infinitivos y están coordinados por la conjunción *y*. Además, la secuencia temporal de las tres acciones es correcta.

Las estructuras no paralelas pueden contener verbos, sustantivos, adjetivos y adverbios.

Incorrecto: Esta mañana he comprado el pasaje de bus, he ido de compras y busqué trabajo.

Correcto: Esta mañana he comprado el pasaje de bus, he ido de compras y he buscado trabajo.

En la oración incorrecta de arriba, *he comprado* y *he ido* están conjugados en pretérito perfecto compuesto. El otro verbo, *busqué*, está conjugado en pretérito perfecto simple. La oración correcta tiene todos los verbos conjugados en el mismo tiempo: pretérito perfecto compuesto.

Incorrecto: En la fiesta, Amalia se dedicó a bailar, reír, a jugar, comer cosas ricas y a cantar.

Correcto: En la fiesta, Amalia se dedicó a bailar, reír, jugar, comer cosas ricas y cantar.

Al usar el verbo *dedicarse* debemos agregar la palabra *a*. Podemos usarla una vez luego de ese verbo o usarla antes de cada infinitivo. En la oración incorrecta se usa antes de algunos verbos, pero no antes de todos. En la oración corregida se usa solo una vez, donde corresponde. También se podría haber formado otra estructura paralela usando *a* antes de cada infinitivo: *En la fiesta, Amalia se dedicó a bailar, a reír, a jugar, a comer cosas ricas y a cantar.*

APLICA LA **ESCRITURA**

Instrucciones: Reescribe las siguientes oraciones para crear estructuras paralelas.

Ejemplo: Carlota me invitó a sentarme, tomar una bebida y me dijo que disfrutara la tarde.

Carlota me invitó a sentarme, tomar una bebida y disfrutar la tarde.

1. El fin de semana trabajé en el jardín, pinté la puerta, podé las plantas, y antes había reparado la casita del perro.

   _____

2. Regina preparará el almuerzo, pondrá la mesa y después va a lavar los platos.

   _____

3. Ese candidato tiene energía, honestidad y es responsable.

   _____

4. Cuando Taro llegó a su casa, encontró barro en la alfombra, rasguños en los muebles y alguien había roto un florero.

   _____

5. El coordinador del taller explicó cómo expresarse claramente, cómo mostrar las habilidades y de qué manera pedir un aumento de sueldo.

   _____

Destreza principal
Evitar el exceso de comas

Las comas se utilizan en la escritura para que el significado del texto sea claro. Las comas indican a los lectores cuándo hacer una pausa y los ayudan a saber qué palabras van juntas, porque separan los diferentes elementos de la oración.

Pero a veces las comas se utilizan en **exceso**, es decir, con demasiada frecuencia. Cuando esto ocurre, el texto puede volverse difícil de entender.

Lee las siguientes oraciones:

   Puse mi ropa, y mis zapatos, en la cama, y empecé a empacar.

   Puse mi ropa y mis zapatos en la cama y empecé a empacar.

En la primera oración hay demasiadas comas, y eso hace que sea chocante a la lectura. La segunda oración no tiene ninguna coma y es clara y fácil de leer.

Cuando unes varios elementos debes usar *y* entre los dos últimos, ya sea que solo haya dos elementos o que haya más de dos. Si hay más de dos, siempre debe haber una coma entre dos elementos cualesquiera que no sean el último y el penúltimo.

En un cuaderno, reescribe las siguientes oraciones sin que haya exceso de comas:

- Él perdió el tren, porque su alarma no sonó, y se quedó dormido.
- Caminamos por la playa, y nos preguntamos si llovería, por la tarde o por la noche.

Corregir una secuencia de verbos

Secuencias de verbos

Los tiempos verbales indican cuándo ocurre una acción. Cuando una oración tiene más de un verbo, esos verbos indican distintas acciones que a veces suceden en momentos diferentes. Esto se denomina **secuencia verbal**. Observa la secuencia verbal en la siguiente oración:

Durante el examen, miré a mi alrededor y me di cuenta de que Ernesto no vino.

Los verbos *miré, me di cuenta* y *vino* están conjugados en pretérito perfecto simple. El pretérito perfecto simple indica acciones completadas en el pasado. La oración dice que el examen comenzó y que Ernesto no vino. Eso no tiene sentido, porque Ernesto tendría que haber venido *antes* de que el examen comenzara. La secuencia es incorrecta. El tiempo verbal que indica que un evento ocurrió *antes* que otro en el pasado es el pretérito pluscuamperfecto. Aquí tienes la secuencia correcta:

Durante el examen, miré a mi alrededor y me di cuenta de que Ernesto no había venido.

Para verificar que la secuencia de verbos sea correcta, primero determina si la acción de cada verbo ocurrió en el pasado, el presente o el futuro. Si hay dos o más acciones que ocurrieron en el pasado, debes determinar si ocurrieron al mismo tiempo o si ocurrieron una primero y otra después. Aquí hay algunos ejemplos de secuencias correctas:

Cuando estoy nervioso, como mucho.
Las dos acciones ocurren al mismo tiempo en presente.

Cuando era niña, todos los viernes jugaba al fútbol.
Las dos acciones ocurren al mismo tiempo en el pasado.

Cuando me golpeé la cabeza, me dolió.
Una acción ocurre primero en el pasado, me golpeé y la otra inmediatamente después, me dolió.

Cuando llegué a mi casa, mi padre ya se había ido.
Una acción ocurre antes que la otra en el pasado, *mi padre se había ido.*

Condicionales

Un **condicional** (una frase que indica requisitos que deben cumplirse) es una proposición que comienza con *si.*

Si Marie Valdez gana las elecciones, los impuestos aumentarán.

Las oraciones con proposiciones condicionales tienen dos partes. Para que la secuencia sea correcta, los tiempos verbales de las dos partes deben relacionarse de una manera determinada. En el ejemplo anterior, la proposición condicional con *si* contiene un verbo en presente. La proposición principal contiene un verbo en futuro simple, *aumentarán.*

Aquí tienes algunos ejemplos de proposiciones condicionales con verbos en imperfecto de subjuntivo y en pluscuamperfecto de subjuntivo. En este caso, la primera oración expresa una condición poco probable. La segunda oración expresa una condición imposible o irreal, pues ya se sabe que no ocurrió.

Si tuvieras un millón de dólares, podrías comprar cualquier auto.

Si Minh hubiera tenido más cuidado, este accidente no habría ocurrido.

El siguiente cuadro resume las secuencias correctas que se usan en las oraciones con proposiciones condicionales.

Tiempos verbales en las oraciones condicionales	
Forma del verbo en la proposición con _si_	**Forma del verbo en la proposición principal**
presente (Si gana el premio)	futuro (será muy feliz)
imperfecto de subjuntivo (Si tuvieras miedo)	condicional simple (no avanzarías)
pluscuamperfecto de subjuntivo (Si hubiera tenido cuidado)	condicional compuesto (habría logrado mis objetivos)

Destrezas del siglo XXI
Aprendizaje colaborativo

Trabaja con un compañero. En un cuaderno, escribe varias proposiciones condicionales. Tu compañero escribirá varias proposiciones principales. Luego, intercambien sus cuadernos. Agrega tus proposiciones condicionales a las proposiciones principales de tu compañero. Tu compañero también añadirá sus proposiciones principales a tus proposiciones condicionales. Lean las frases que resultan del intercambio y coméntenlas.

Luego, escribe varias proposiciones principales. Tu compañero escribirá proposiciones condicionales. Intercambien sus cuadernos y cada uno debe completar las oraciones del compañero. Comenten juntos los resultados.

Secuencia de tiempos en las frases verbales

Recuerda que las **frases verbales** son verbos compuestos por dos o más elementos. Las frases verbales también deben conjugarse correctamente para formar una secuencia de tiempo con los otros verbos de la oración. ¿Cómo se puede transformar esta oración al pasado?

Veo que Sara corre.

Incorrecto: Vi que Sara corre.

Correcto: Vi que Sara corría.

En el ejemplo, _vi_ está conjugado en pretérito perfecto simple, así que la frase verbal _corre_ debe conjugarse en pasado. Como _corre_ es una acción que no está terminada, el tiempo correcto es _corría_. El verbo _corría_ está conjugado en pretérito imperfecto.

En este cuadro hay otras frases verbales que pueden usarse en oraciones que refieren al pasado. Aplica estas frases verbales a la oración modelo anterior.

Secuencia de tiempos en las frases verbales	
Frases verbales en presente	**Frases verbales en pasado**
puedo mejorar	podía mejorar
tengo que mejorar	tenía que mejorar
debo mejorar	debía mejorar
hay que mejorar	había que mejorar
voy a mejorar	iba a mejorar

Destrezas del siglo XXI
Pensamiento crítico

Busca en internet un blog informativo que sea confiable. A medida que lees el blog, evalúa la efectividad de las oraciones. En un cuaderno, crea una tabla de tres columnas. En la primera columna, haz una lista de las destrezas que has aprendido en este capítulo acerca de escribir oraciones efectivas. En la segunda columna, escribe un ejemplo del blog en el cual esa destreza esté usada efectivamente. En la tercera columna, escribe un ejemplo de un uso no efectivo o incorrecto de esas destrezas. Luego, muestra cómo corregirías tú esa oración.

APLICA LA ESCRITURA

Instrucciones: Si el verbo subrayado muestra una secuencia de verbos correcta, escribe C. Si los verbos muestran una secuencia incorrecta, escribe la forma correcta del verbo.

Ejemplo: Yo estoy completamente segura de que <u>sería</u> una mejor jugadora de fútbol si voy al campamento de entrenamiento. __seré__

1. Toni insistía en que <u>puede correr</u> 10 kilómetros sin cansarse. _____
2. A la tarde teníamos tanto hambre que comimos la comida que <u>habíamos preparado</u> para la cena. _____
3. Finalmente, Leroy se dio cuenta de que <u>dejó</u> la llave de su casa adentro de la casa. _____
4. La vecina de María quería saber si María le <u>va a prestar</u> el martillo. _____
5. Mi padre no encontraba sus herramientas; mi madre dijo que <u>deben estar</u> en el sótano. _____

Referencias pronominales

Los **pronombres** son palabras que reemplazan o hacen referencia a los sustantivos. Los sustantivos se denominan antecedentes, porque generalmente se localizan antes del pronombre. Los errores al usar pronombres ocurren cuando no está claro cuál es el sustantivo al cual hace referencia el pronombre. Esto ocurre en dos situaciones: cuando más de un sustantivo antecede al pronombre y cuando no hay ningún sustantivo que anteceda al pronombre.

Pronombres con más de un antecedente

Lee el siguiente ejemplo de una referencia poco clara.

Amy miró atentamente a Sara. Ella estaba de buen humor.

¿A qué sustantivo refiere el pronombre *ella*? No se puede saber si es *Amy* o *Sara*.

Hay diferentes maneras de corregir oraciones con una referencia poco clara. Aquí hay dos opciones para corregir el ejemplo:

Cuando Amy miró atentamente a Sara, Amy estaba de buen humor.

Amy estaba de buen humor cuando miró atentamente a Sara.

Aquí tienes otro ejemplo de una oración con una referencia pronominal poco clara.

Confuso: Estoy leyendo un cuento en este libro que es muy bueno.

Claro: Estoy leyendo un cuento muy bueno en este libro.

Pronombres sin antecedente

A veces los pronombres que aparecen en la oración no tienen ningún sustantivo que los anteceda.

> Daniel fue a ver un juego de fútbol pero le pareció que a ellos les faltaba entrenamiento.

Probablemente *ellos* refiera a los jugadores. Sin embargo, es mejor ser específico.

> Daniel fue a ver un juego de fútbol pero le pareció que a los jugadores les faltaba entrenamiento.

Pronombres que refieren a una idea

Los pronombres no solo pueden hacer referencia a un sustantivo; también pueden referir a una idea más completa. Observa estos ejemplos:

> Los Changs donaron gran cantidad de dinero para caridad, <u>lo cual</u> me parece admirable.

> Los Changs donaron gran cantidad de dinero para caridad, <u>lo que</u> me parece admirable.

Para referir a ideas completas se puede usar el pronombre *que* o *cual* precedido del artículo *lo*.

Es un error usar otro artículo, como *el* o *la*, para referirse a ideas completas.

Incorrecto: Los niños dijeron la verdad en todo momento, <u>la cual</u> me parece admirable.

Correcto: Los niños dijeron la verdad en todo momento, <u>lo cual</u> me parece admirable.

En esta oración, no es admirable *la verdad* sino *el hecho de que los niños hayan dicho la verdad*. Siempre que utilices el pronombre *cual*, presta atención al elemento al que refiere para verificar si reemplaza a un sustantivo o a una idea general.

APLICA LA **ESCRITURA**

Instrucciones: Decide si cada una de las siguientes oraciones tiene una referencia pronominal clara. Si la referencia es clara, escribe una C en la línea. Si la referencia no es clara, reescribe la oración correctamente.

Ejemplo: Mr. Berg y su hijo David llevaron su auto al mecánico.

Mr. Berg y su hijo David llevaron el auto de David al mecánico.

1. Georgie estaba aburrido, así que Dany le dio su libro.

   _____

2. Los niños trabajan los fines de semana para recaudar dinero para la iglesia, la cual es muy solidaria.

   _____

3. Los padres esperaban a sus hijos en la puerta de la escuela porque los maestros les habían dicho que la hora de salida era las 12.

   _____

4. Los abuelos se sentaron en sillones cómodos y miraron a sus nietos jugar; ellos no tenían apuro.

   _____

Repaso de vocabulario

Instrucciones: Completa cada oración con una palabra de vocabulario. Luego completa el crucigrama.

condicional   exceso   pretendía   preciso   reconocer

Horizontal

2. Yo _____ levantarme temprano, pero me quedé dormida.

4. Nos dejaron ingresar al club pero debíamos cumplir ciertos requisitos. Nuestra presencia allí era _____.

5. Es importante ser _____ al dar instrucciones.

Vertical

1. Un testigo debía _____ al presunto criminal.

3. Nam compró comida en _____ Desafortunadamente, no tenemos espacio para almacenarla.

Repaso de destrezas

Instrucciones: Lee cada oración. Si está escrita correctamente, escribe una C. Si hay exceso de comas, reescríbela correctamente.

1. Acacia siempre soñó, con montar a caballo, y atravesar una gran pradera.

_____

2. Vanesa, que ama cocinar, regresó de la tienda con vegetales y fruta frescos.

_____

3. Las noticias de ayer, nos sorprendieron, y nos entristecieron.

_____

Práctica de destrezas

Instrucciones: Elige la mejor respuesta para cada pregunta.

1. Durante la noche había nevado, pero el sol había salido a las 7.00 a.m. Juan miró afuera y le dijo a su hijo que será fantástico ir a esquiar.

   ¿Qué hay que corregir en estas oraciones?

   A. reemplazar había nevado por nevó
   B. reemplazar será por sería
   C. reemplazar miró por miraría
   D. reemplazar había salido por salió

2. Si Marsha hubiera ido al cine, ella invitaría a su hermanita a ir con ella.

   ¿Qué hay que corregir en esta oración?

   A. reemplazar hubiera ido por habría ido
   B. reemplazar ella por Marsha
   C. reemplazar invitaría por habría invitado
   D. reemplazar con ella por con Marsha

3. Isabel le dijo a su hermana que iría de vacaciones después de todo, la cual fue la razón de la pelea entre las hermanas.

   ¿Qué hay que corregir en esta oración?

   A. reemplazar dijo por dirá
   B. reemplazar la cual por la que
   C. reemplazar la cual por lo cual
   D. reemplazar la cual por las cuales

4. Mr. Ho va al trabajo en tren porque eso le da tiempo para leer. Leyó un cuento acerca de una casa embrujada en el tren.

   ¿Cómo debería comenzar la segunda oración si realizamos un movimiento de palabras adecuado?

   A. Una casa embrujada,
   B. Un cuento,
   C. Mr Ho
   D. En el tren,

5. Si vas a la tienda, por favor trae leche y también alquila una película; yo te esperaré con la cena preparada.

   ¿Cuál es la mejor manera de escribir la parte subrayada de la oración? Si la mejor opción es la original, elige la opción (A).

   A. Si vas a la tienda
   B. Si vayas a la tienda
   C. Si irás a la tienda
   D. Si fuiste a la tienda

6. Barry le dijo a Boris que él es mejor atleta porque corre más rápido.

   ¿Cuál es la mejor manera de escribir la parte subrayada de la oración? Si la mejor opción es la original, elige la opción (A).

   A. él es mejor atleta
   B. él sea mejor atleta
   C. él, Boris, es mejor atleta
   D. él fuera mejor atleta

Práctica de escritura

Instrucciones: En un cuaderno, escribe una historia acerca de una experiencia que hayas tenido. Cuando escribas, asegúrate de que tus ideas estén claramente expresadas para evitar confusiones o ambigüedad.

Estilo y lenguaje

CONCEPTO CLAVE: Elegir y usar las palabras minuciosamente para hacer que el significado de la redacción sea claro.

Reescribe cada oración para que sea más clara y correcta.

1. Dejé varios mensajes, pero nunca llamó.

2. Si tuviera más tiempo, voy a aprender otro idioma.

3. Mañana lavaré la ropa, preparé un pastel y lavé el carro.

Español formal e informal

Existen dos tipos de español estándar: el formal y el informal. El español formal se usa para redacciones formales, como documentos oficiales o discursos, libros, comunicación empresarial y solicitudes de empleo. El español formal también se usa en textos académicos, entre los que se encuentran los libros de texto y las presentaciones en clase. En estos casos se usan oraciones más largas y elaboradas, sin jerga ni expresiones populares.

El español informal se usa en el discurso cotidiano. También se usa para escribir cartas a los amigos, blogs o entradas de diarios. A veces el maestro puede permitir el uso de español informal para narrar un cuento. Las oraciones en español informal son más cortas y sencillas y pueden contener jerga o expresiones populares.

Lee los siguientes ejemplos:

Español formal:	El inquilino estaba asombrado por el elevado incremento del valor de la renta.
Español informal:	El inquilino se quedó mudo cuando le contaron el loquísimo salto que dio la renta.
Español formal:	Nos complacería contar con su presencia en la boda de la Srta. Amy Pérez y el Sr. Matthew Ling.
Español formal:	¡Hay fiesta! ¿Quieres venir?

Estilo y lenguaje

A veces el hecho de que un texto sea poco claro no se debe a errores en la gramática o en las estructuras de las oraciones. De hecho, un texto puede estar correctamente redactado desde el punto de vista gramatical y aun así su significado puede ser poco claro. Esta falta de claridad puede ser consecuencia de problemas de estilo o errores de lenguaje.

El **estilo** es la manera en que se usan las palabras y las oraciones para expresar un significado.

El **lenguaje** es la selección y el uso de las palabras.

Economía y precisión en la redacción

Al redactar un texto, la meta más importante debe ser transmitir un significado claro. Para escribir con claridad, no se debe confundir al lector agregando más palabras de las necesarias. La selección de las palabras debe ser lo más exacta posible. Aquí hay un ejemplo de oración en la que el exceso de palabras hace que el significado sea poco claro.

> En un artículo de un libro que Sue estaba leyendo se explica que aquella caminata en la que la persona se mueve a un paso enérgico constituye un tipo de ejercicio que es excelente.

Gramaticalmente, la oración de arriba no tiene nada de malo. Sin embargo, para entender lo que quiere decir, hay que leerla con detenimiento. El problema es el exceso de palabras. Para hacer que una redacción de este tipo sea más fácil de comprender, hay que simplificarla.

> Un artículo de un libro que estaba leyendo Sue explica que la caminata enérgica es un excelente ejercicio.

Una mayor simplificación hace que el significado sea aun más claro.

> Un artículo explica que la caminata es un excelente ejercicio.

Al hacer que la oración se vuelva tan **concisa**, es decir, breve, algunas ideas se perdieron. Sin embargo, esa información podría no ser importante para el lector. El mensaje de la versión final es lo que el escritor realmente quiere que los lectores entiendan.

ESCRIBIR PARA APRENDER

El español formal se usa en libros de texto, documentos oficiales, comunicación empresarial, artículos periodísticos, discursos y otros contextos formales. El español informal se usa en conversaciones cotidianas y redacciones personales, como cartas a amigos y blogs.

Aquí hay dos maneras de expresar la misma idea.

Español formal: Estoy muy interesado en aprender más sobre ese tema.

Español informal: ¡Me encantó ese tema! ¡Quiero más!

Español formal: Los inquilinos se preocuparon cuando notaron el considerable aumento del valor de la renta.

Español informal: Los inquilinos dieron un salto de la silla cuando se enteraron del estirón que pegó la renta.

Al redactar un texto, se debe usar el estilo correcto que se adecúe a la audiencia y al propósito.

En un cuaderno, escribe el texto de un correo electrónico a un amigo para contarle una buena noticia. Luego, reescribe el mensaje en un correo electrónico formal o un comunicado para tu jefe. Redacta algunas oraciones para describir la diferencia entre lo que escribiste en cada mensaje.

Al redactar un texto, las palabras que se eligen pueden hacer una gran diferencia en la manera en que responde el lector.

Lee las siguientes oraciones:

Cuando la niña sonrió, pude ver un espacio entre sus dientes.

Cuando la niña sonrió, pude ver un gran hueco en el lugar donde solía estar su diente incisivo.

Ambas oraciones dicen lo mismo, pero es más fácil formarse una imagen mental del aspecto de la niña después de leer la segunda oración.

Lee las siguientes oraciones. Luego, reescríbelas en un cuaderno usando palabras precisas que ayuden a los lectores a visualizar lo que están leyendo.

- Salía mucho humo de las ventanas del edificio.
- Vicki preparó el almuerzo.
- El perro hizo un ruido para que lo dejaran salir.

Aquí hay algunas sugerencias para hacer que la redacción sea más **económica**, es decir, que transmita el significado más claro posible usando la menor cantidad de palabras, y más precisa, es decir, que cada palabra enuncie exactamente lo que se quiera decir.

Evitar repetir ideas

A menudo los escritores repiten ideas innecesariamente. Por ejemplo:

La limonada es igual de refrescante como el jugo de naranja.

Igual de refrescante y *refrescante como* significan lo mismo.

Una opción mejor:

La limonada es igual de refrescante que el jugo de naranja.

o

La limonada es refrescante como el jugo de naranja.

Un ejemplo común de repetición ocurre cuando los escritores quieren evitar sonar demasiado seguros de sí mismos. Así, aparecen en la redacción frases como *creo que*.

En mi opinión, creo que se debería usar un martillo.

En mi opinión y *creo* repiten la misma idea. A veces expresar eso es importante. A menudo, no lo es, dado que se sobreentiende que el escritor está expresando una opinión personal.

Una opción mejor:	Creo que se debería usar un martillo.
La mejor opción:	Se debería usar un martillo.
Opción repetitiva:	En mi opinión, me parece que hoy en día hay mucha violencia en la televisión.
Una opción mejor:	En mi opinión, hoy en día hay mucha violencia en la televisión.
La mejor opción:	Hay mucha violencia en la televisión.

Usar la voz activa

La mayoría de los verbos tiene una forma activa y una forma pasiva. Recuerda que el sujeto de un **verbo en voz activa** es quien realiza la acción. El sujeto de un **verbo en voz pasiva** es quien recibe la acción. Las oraciones que usan formas pasivas suelen necesitar más palabras para decir lo mismo. Para identificar un verbo en voz pasiva, busca una frase que comience con *por*. Esa frase dice quién realiza la acción.

Voz pasiva:	El pan fue amasado por María.
Voz activa:	María amasó el pan.

Además de necesitar menos palabras, los verbos en voz activa hacen que las oraciones sean más directas.

Voz pasiva: El jarrón fue roto por mí.

Voz activa: Yo rompí el jarrón.

Voz pasiva: La película fue disfrutada por toda la audiencia.

Voz activa: Toda la audiencia disfrutó la película.

Voz pasiva: La columna de Carrie es leída por muchas personas cada día.

Voz activa: Muchas personas leen la columna de Carrie cada día.

APLICA LA ESCRITURA

Instrucciones: Reescribe cada oración para expresar la misma idea de manera más económica y más precisa.

Ejemplo: Mi vecindario tiene muchos edificios nuevos que se construyeron recientemente cerca de mi casa el año pasado.

En mi vecindario, muchos edificios se construyeron el año pasado.

1. En lo que se refiere al calor, la temperatura debería alcanzar los ochenta grados.

   _____

   _____

2. Los nombres de las personas se me suelen olvidar todo el tiempo.

   _____

   _____

3. El primer paso es preparar de inmediato una lista detallada de cada uno de los ingredientes necesarios.

   _____

   _____

4. El motivo por el cual no escribo cartas es porque nunca tengo el tiempo suficiente como para escribirlas.

   _____

   _____

ESCRIBIR PARA APRENDER

El uso de la voz activa puede hacer que la redacción sea más interesante de leer.

Las siguientes oraciones están en voz pasiva. Reescríbelas usando verbos en voz activa.

- La alarma fue configurada por Rosa.
- El transporte público es utilizado por personas de todo el mundo.
- El perro fue bañado y peinado por el veterinario.

En esta página aprendiste
sobre los modismos. El
pasaje de ejemplo te
mostró cómo los detalles
del texto a menudo
pueden ayudar a los
lectores a comprender
el significado de un
modismo.

El siguiente pasaje incluye
un modismo. Lee el pasaje
y busca detalles que
te ayuden a deducir el
significado del modismo
subrayado. Luego, escribe
el significado en tu
cuaderno.

Cuando Sara empieza a
hablar sobre un tema,
siempre se va por las
ramas. Sus amigos ya
saben que siempre se
desvía del tema de
conversación.

Errores comunes de lenguaje

Modismos

Los **modismos** son grupos de palabras que han desarrollado un significado especial. La frase *romper el hielo* es un ejemplo de modismo. Significa "ayudar a que otras personas se sientan relajadas y más cómodas en una reunión social". Observar el significado de cada palabra que compone un modismo no te ayuda a deducir su significado..

Aquí hay algunos modismos y sus significados:

Modismo: llover a cántaros

Significado: llover muy fuerte

Modismo: quedarse en blanco

Significado: no poder recordar algo

Modismo: levantarse con el pie izquierdo

Significado: estar de mal humor

Cuando hallas un modismo desconocido en lo que estás leyendo, busca en el texto que lo rodea pistas que te ayuden a deducir su significado. A veces el autor incluye detalles que ayudan a los lectores a comprender el significado del modismo.

Lee el siguiente pasaje. **Examina**, es decir, observa atentamente, el modismo subrayado. ¿Qué crees que significa? Usa los detalles del texto para apoyar tu comprensión.

Todos en la clase parecían estar muy interesados en el nuevo experimento de ciencias que la maestra les había propuesto hacer. Por fin podrían aplicar lo que habían aprendido. Todos escuchaban atentamente las instrucciones del maestro para hacer el experimento. Todos salvo Adela. Adela tenía la mirada perdida en la ventana. Miraba las flores del jardín mientras suspiraba. Adela estaba en la luna.

Si determinaste que *en la luna* significa "distraída", acertaste. Hay detalles del párrafo, como *Todos salvo; la mirada perdida; miraba las flores...mientras suspiraba* apoyan tu conclusión.

Antes de usar modismos en tu redacción, asegúrate de comprender su significado. De lo contrario, tu redacción no será clara y hasta podría ser incorrecta.

Preposiciones

Las preposiciones indican cómo se relacionan las cosas. En el español hablado e informal, las personas suelen usar las preposiciones de manera incorrecta. Cuando escribas, asegúrate de usar la preposición correcta en tus oraciones.

1. Usa *cerca de* y no *cerca a*.

   Incorrecto: Mi casa está cerca a la estación.

   Correcto: Mi casa está cerca de la estación.

2. Usa la preposición *de* después del verbo *acordarse*.

   Incorrecto: Me acuerdo que ese grupo tocaba canciones muy bonitas.

   Correcto: Me acuerdo de que ese grupo tocaba canciones muy bonitas.

3. Cuando se menciona un lugar de destino, generalmente se usa *hacia*, no *hasta*.

   Incorrecto: Me dirijo hasta Perú.

   Correcto: Me dirijo hacia Perú.

4. A diferencia de lo que ocurre en la frase *detrás de*, si se usa la preposición *tras* no se usa la preposición *de*.

   Incorrecto: Mi gato está tras de la puerta.

   Correcto: Mi gato está tras la puerta.

5. Si usas una proposición después de *según*, usa *si* y no *que*.

   Incorrecto: Te darán una buena o mala nota según que hagas un buen trabajo o no.

   Correcto: Te darán una buena o mala nota según si haces un buen trabajo o no.

6. Para expresar finalidad, usa *para* y no *por*.

   Incorrecto: Me apuré por llegar a tiempo.

   Correcto: Me apuré para llegar a tiempo.

7. Con la palabra *diferente*, usa la *preposición* de, no *a*.

   Incorrecto: Ella es diferente a mí.

   Correcto: Ella es diferente de mí.

Conocimientos de medios

Ya leíste sobre el uso correcto del estilo y el lenguaje en tu idioma. Ten en cuenta las siguientes sugerencias cuando te comuniques por medio de un audio o de un video.

- Un mensaje de voz para tu banco o para el propietario del apartamento en el que vives

Usa un español formal, un lenguaje claro y la voz activa. Haz que tus oraciones sean claras y concretas. Evita el uso de jerga o de la voz pasiva.

- Un video chat con un amigo

Este es el momento de ser más flexible y usar un español informal. Puedes usar jerga siempre que sea del modo correcto.

En un cuaderno, escribe algunas oraciones de un diálogo que podrías usar en cada situación. Encierra en un círculo las palabras que sean específicas de una conversación formal. Subraya las palabras que sean específicas de una comunicación informal.

Verbos

No uses verbos incorrectos. Aquí se muestran algunos errores comunes.

1. En su uso impersonal, el verbo *haber* no debe conjugarse en tercera persona del plural.

   Incorrecto: Hubieron muchas personas en la fiesta.

   Correcto: Hubo muchas personas en la fiesta.

2. No se debe agregar una *s* al final de la segunda persona del singular.

   Incorrecto: ¿Vistes la nueva película de acción que se estrenó?

   Correcto: ¿Viste la nueva película de acción que se estrenó?

Comparaciones

Comparar es contar en qué se parecen y en qué se diferencias dos o más cosas. Al comparar dos cosas se usan palabras como *más, menos* y *como*. Hay muchos errores que los escritores pueden cometer al hacer comparaciones.

1. Asegúrate de comparar cosas similares.

   El puntaje del juego de bolos de Jonah fue mejor que su compañero.

En esta oración se está comparando un *puntaje de bolos* con un *compañero*. Esto es lo que quiso decir el autor:

   El puntaje del juego de bolos de Jonah fue mejor que el [puntaje] de su compañero.

2. No se debe confundir *cualquier* con *cualquier otro*.

   Katie es mejor nadadora que cualquier niña de su clase.

Katie es una niña, con lo cual no puede ser mejor nadadora que cualquier niña. Lo que el autor quiso decir es que es mejor que cualquier *otra* niña.

   Katie es mejor nadadora que cualquier otra niña de su clase.

APLICA LA **ESCRITURA**

Instrucciones: Lee las oraciones y busca el uso incorrecto del lenguaje. Reescríbelas correctamente.

Ejemplo: El perro de Julia es muy diferente que mi perro.

El perro de Julia es muy diferente de mi perro.

1. Mi hermanito tenía miedo, así que se escondió tras de mi mamá.

   _____

2. La jauría ladraban sin cesar.

   _____

3. Sarah dijo que hubieron muchos reglaos en la fiesta de Paty.

   _____

4. Phan seguramente fue al partido del sábado que viene a ver a su hermano.

   _____

5. En mi opinión, yo creo que deberíamos ir al cine.

   _____

6. Teresa tiene la más memoria que cualquier persona que conozco.

   _____

7. Los actores de esa película eran peores que la película que vi la semana pasada.

   _____

8. Debes practicar lo que aprendistes en clase.

   _____

Repaso de vocabulario

Instrucciones: Completa las oraciones de abajo con una de las siguientes palabras:

conciso   **jerga**   **un estilo**   **un lenguaje**

1. Silvio siempre está apurado, así que aprendí a ser _____ cuando hablo con él.

2. Ese autor tiene _____ de redacción que me gusta mucho.

3. Evito usar _____ porque el significado de las palabras se puede malinterpretar.

4. El autor del artículo usó _____ perfecto. Logró que los lectores lo entendieran perfectamente.

Repaso de destrezas

Instrucciones: Lee las oraciones de abajo y evalúa la selección de palabras. Luego, corrige la oración para hacer que sea más clara.

1. Ir al cine es igual de entretenido como ver televisión.

   _____

2. Juana se mojó la ropa cuando salió afuera sin paraguas.

   _____

3. Esa manzana se ve hambrienta.

   _____

4. El actor temía olvidar sus líneas y parecer olvidadiza.

   _____

5. Los fuertes vientos atropellaron el árbol.

   _____

6. Cuando dejé caer la vajilla, se desintegró.

   _____

Práctica de destrezas

Instrucciones: Elige la mejor respuesta para correcta a cada pregunta.

1. En mi opinión, yo creo que la cantidad de carros que hay en el tráfico de esta ciudad ha aumentado rápidamente en los últimos diez años.

   ¿Cuál es la manera más eficaz de reescribir esta oración?

   A. La cantidad de tráfico de esta ciudad ha aumentado rápidamente en los últimos diez años.

   B. En mi opinión, yo creo que la cantidad de tráfico de esta ciudad hubiera aumentado rápidamente en los últimos diez años.

   C. Yo creo que, en mi opinión, la cantidad de tráfico de esta ciudad ha aumentado rápidamente en los últimos diez años.

   D. En los últimos diez años, me parece que la cantidad de tráfico de esta ciudad ha aumentado rápidamente en mi opinión.

2. El bebé recién nacido fue traído a casa desde el hospital por sus padres.

   ¿Cuál es la manera más eficaz de reescribir esta oración?

   A. Fue traído a casa desde el hospital por sus padres el bebé recién nacido.

   B. Los padres trajeron al bebé recién nacido a casa desde el hospital.

   C. Por los padres, el bebé recién nacido fue traído a casa desde el hospital.

   D. Desde el hospital, el bebé recién nacido lo trajeron a casa por sus padres.

3. El discurso del primer candidato fue mucho mejor que el segundo.

   ¿Qué corrección se le debería hacer a esta oración?

   A. reemplazar mucho mejor por mucho más bueno

   B. mover mucho mejor al comienzo de la oración

   C. agregar del antes de segundo

   D. reemplazar mucho mejor por más mejor

4. Decidí tomar prestado el carro desde mi mejor amigo.

   ¿Cuál es la mejor manera de escribir la parte subrayada de la oración? Si la mejor manera es la original, elige la opción (A).

   A. desde mi mejor amigo.

   B. de mi mejor amigo.

   C. hacia mi mejor amigo.

   D. hasta mi mejor amigo.

5. Con respecto a los verbos en infinitivo, la maestra decidió enseñarlos desde una manera diferente.

   ¿Qué corrección se le debería hacer a esta oración?

   A. reemplazar decidió por hubo decidido

   B. reemplazar desde por hacia

   C. reemplazar enseñarlos por enseñarla

   D. reemplazar desde por de

Práctica de escritura

Instrucciones: Piensa en dos lugares diferentes en los que hayas vivido o donde te gustaría vivir. ¿En qué se diferencian? ¿En qué se parecen? En una hoja aparte, escribe un ensayo en el que compares los dos lugares. Asegúrate de usar un estilo formal y de evitar errores comunes del lenguaje.

Instrucciones: Elige la mejor respuesta para cada pregunta.

1. Taro es diferente de Tamara porque si él habla enfrente de una gran audiencia, se pondría muy nervioso.

   ¿Cuál es la mejor forma de escribir la parte subrayada de la oración? Si la versión original es la mejor, elige la opción (A).

   A. porque si él habla enfrente de una gran audiencia, se pondría muy nervioso.
   B. porque si él habla enfrente de una gran audiencia, se pone muy nervioso.
   C. aunque si él habla enfrente de una gran audiencia, se pondría muy nervioso.
   D. porque si él hablaba enfrente de una gran audiencia, se pondría muy nervioso.

2. Si pagas esa multa, perderás tu licencia de conducir.

   ¿Qué hay que corregir en esta oración?

   A. reemplazar Si pagas por A menos que pagues
   B. eliminar la coma después de multa
   C. reemplazar perderás por perderías
   D. reemplazar si por sin embargo

3. Cheryl preparó el desayuno, tomará té con leche y lavó la taza.

   ¿Qué hay que corregir en esta oración?

   A. reemplazar tomará por toma
   B. reemplazar tomará por tomaba
   C. reemplazar tomará por tomó
   D. reemplazar tomará por tomaría

4. Rhode Island no solo es el estado más pequeño, pero también el más cercano al océano.

   ¿Cuál es la mejor forma de escribir la parte subrayada de la oración? Si la versión original es la mejor, elige la opción (A).

   A. no solo es el estado más pequeño, pero también el más cercano al océano.
   B. no es el estado más pequeño, aunque también el más cercano al océano.
   C. no solo es el estado más pequeño si bien también el más cercano al océano.
   D. no solo es el estado más pequeño, sino también el más cercano al océano.

5. Las opiniones del señor Murray con respecto al cambio climático escandalizaron a los ecologistas, así como tampoco a sus propios seguidores.

   ¿Qué hay que corregir en esta oración?

   A. reemplazar la coma por punto y coma
   B. eliminar la coma después de ecologistas
   C. reemplazar tampoco por también
   D. reemplazar con respecto al por con respecto del

6. El clima en el Caribe es considerado tropical, aunque tiene mucho sol y lluvia.

   ¿Qué hay que corregir en esta oración?

   A. eliminar la coma después de tropical
   B. agregar un punto y coma después de tropical
   C. reemplazar aunque por sin embargo
   D. reemplazar aunque por porque

Repaso

CAPÍTULO
5

7. John y su madre llevaron su perro herido al veterinario.

¿Qué hay que corregir en esta oración?

A. reemplazar su madre por la madre de John
B. agregar una coma luego de madre
C. reemplazar su perro herido por el perro herido de John
D. reemplazar su perro herido por sus perro herido

8. A pesar de que el líder de la banda está engripado el trío tocará esta noche.

¿Qué hay que corregir en esta oración?

A. agregar una coma luego de engripado
B. agregar una coma luego de trío
C. reemplazar a pesar de que por porque
D. reemplazar a pesar de que por antes de que

9. Algunas personas no comen productos de origen animal, y en consecuencia, desde su punto de vista, los animales tienen los mismos derechos que las personas.

¿Qué hay que corregir en esta oración?

A. eliminar desde su punto de vista porque es un modismo
B. reemplazar y en consecuencia por porque
C. reemplazar los animales por ellas
D. reemplazar y en consecuencia por que

10. Si Marie Rosello sería alcalde, esta ciudad no estaría en deuda.

¿Qué hay que corregir en esta oración?

A. reemplazar estaría por estará
B. reemplazar si por a menos que
C. reemplazar sería por es
D. reemplazar sería por fuera

11. Después de meses de trabajar en ese proyecto de construcción, al final finalmente Jim pudo completarlo.

¿Qué hay que corregir en esta oración?

A. Es necesario especificar la cantidad de meses que duró el proyecto.
B. Hay que agregar un verbo principal.
C. La oración debería estar en voz pasiva.
D. *Al final* y *finalmente* expresan la misma idea; una de las dos expresiones debe ser eliminada

12. Murray Mugford compró un auto usado en un concesionario de autos que estaba a oferta por $2,000.

¿Cuál es la mejor forma de escribir la parte subrayada de la oración? Si la versión original es la mejor, elige la opción (A).

A. un auto usado en un concesionario de autos que estaba a oferta por $2,000.
B. un auto usado en un concesionario de autos por $2,000.
C. un auto usado que encontró en un concesionario de autos por $2,000.
D. un auto usado que estaba a oferta por $2,000 en un concesionario de autos.

Capítulo 5 Estructura de las oraciones 167

13. María llegó al bar, se sentó y le pidió al mozo una limonada, <u>a la cual respondió el mozo diciendo que no había limones en ese momento.</u>

¿Cuál es la mejor manera de escribir la parte subrayada de la oración? Si la mejor opción es la original, elige la opción (A).

A. a la cual respondió el mozo diciendo que no había limones en ese momento.

B. a lo cual respondió el mozo diciendo que no había limones en ese momento.

C. al que respondió el mozo diciendo que no había limones en ese momento.

D. a la cual respondió el mozo diciendo que no habían limones en ese momento.

14. A causa de sus dos fuertes personalidades, <u>el profundo desacuerdo entre el Dr. Freud y el Dr. Jung se desarrollaron gradualmente</u> a lo largo de muchos años.

¿Cuál es la mejor manera de escribir la parte subrayada de la oración? Si la mejor opción es la original, elige la opción (A).

A. el desacuerdo entre el Dr Freud y el Dr. Jung se desarrollaron

B. el desacuerdo entre el Dr Freud y el Dr. Jung se habían desarrollado

C. el desacuerdo entre el Dr Freud y el Dr. Jung se desarrolló

D. el desacuerdo entre el Dr Freud y el Dr. Jung se desarrollará

15. <u>Aliviado por los consejos del doctor y aliviado por su medicación,</u> finalmente Manuel pudo dormir.

¿Cuál es la mejor manera de escribir la parte subrayada de la oración? Si la mejor opción es la original, elige la opción (A).

A. Aliviado por los consejos del doctor y aliviado porque ya tenía su medicación

B. Aliviado por los consejos del doctor y aliviado a causa de su medicación

C. Aliviado por lo que le dijo el doctor y aliviado por su medicación

D. Aliviado por los consejos del doctor y por su medicación,

16. Imagina que trabajas para una compañía que fabrica computadoras. En una hoja de papel aparte, escribe una nota para tu jefe. Explica un problema que ves en tu trabajo y plantea una propuesta para resolverlo. Asegúrate de usar la puntuación y la ortografía correctas y de usar las mayúsculas apropiadamente.

Repaso

Comprueba tu comprensión

En la siguiente tabla, encierra en un círculo las preguntas que hayas respondido de forma incorrecta en el repaso del Capítulo 5, en las páginas 166–168. Junto a los números de las preguntas, verás las páginas que puedes repasar para responder las preguntas correctamente. Presta particular atención a las áreas en las que no respondiste correctamente la mitad o más de la mitad de las preguntas.

Repaso del Capítulo 5

Área de destreza	Número de pregunta	Páginas de repaso
Combinar ideas en una oración	2, 4, 16	136–145
Escribir oraciones efectivas	3, 7, 10, 12, 13, 15, 16	146–155
Estilo y lenguaje	1, 5, 6, 8, 9, 11, 14, 16	156–165

Estructura del texto

Cuando hablas con un amigo, ¿piensas en una idea, la desarrollas por completo y luego pasas a la siguiente? Por lo general, no es así. En las conversaciones, la mayoría de las personas pasan rápidamente de una idea a otra. Sin embargo, esto no suele ocurrir en la escritura.

Lee este párrafo. ¿Tiene una única idea principal? ¿La desarrolla por completo?

La semana pasada perdí mi teléfono celular, pero lo recuperé. Una vez perdí mi collar favorito y nunca lo encontré. Busqué en todos los rincones de mi casa e incluso llamé a algunos amigos. Tuve más suerte con mi teléfono celular. Una mujer lo encontró y usó mi libreta de direcciones para llamar a mi casa.

El párrafo parecer tratar sobre un teléfono celular perdido, pero también habla sobre un collar perdido. No nos enteramos del lugar donde fue encontrado el teléfono ni de qué sucedió cuando la mujer llamó.

Un párrafo más completo habría tenido un comienzo y un final más claros. Se habría centrado únicamente en el teléfono celular. También habría dado más detalles sobre lo que ocurrió.

En este capítulo, aprenderás sobre las diferentes partes de un párrafo y la manera en que estas funcionan en conjunto para transmitir una única idea principal.

Lección 6.1: Estructura de los párrafos y oraciones del tema
Cualquier cosa que construyes tiene una estructura. Aprende cuáles son las partes, o la estructura, de un párrafo bien construido. También aprende sobre la manera en que las oraciones del tema hacen que aquello sobre lo que trata un texto resulte claro.

Lección 6.2: Tono y dicción
¿Qué tono de voz usas para indicar que estás molesto? Aprende de qué manera la elección de las palabras también ayuda a transmitir un tono determinado al momento de escribir.

Lección 6.3: Orden de importancia y orden cronológico
Dos de las maneras de organizar las ideas de un párrafo son el orden de importancia y el orden cronológico. Aprende a elegir y usar la organización adecuada para conectar tus ideas de manera eficaz.

Lección 6.4: Orden de causa y efecto y orden de comparación y contraste
Puedes organizar tus ideas en un párrafo para contar las causas, o las razones, por las que ocurrió un hecho y los efectos, o los resultados, del mismo. También puedes organizar el texto para mostrar las similitudes y las diferencias existentes entre los temas, los acontecimientos o las ideas.

Establecer objetivos

Piensa de qué manera ser organizado te ayuda en tu vida cotidiana. Cuando eres organizado, sabes dónde encontrar rápidamente las cosas que necesitas y llegas a tiempo a los lugares donde debes ir. Escribir oraciones y párrafos bien organizados ofrece los mismos beneficios. Cuando tu escritura es organizada, las ideas más importantes son fáciles de encontrar y el lector puede seguir fácilmente tu razonamiento sin perderse. ¡Usa la lista de comprobación de abajo para organizar tu aprendizaje! Pon una marca junto a cada elemento o tema una vez que lo hayas aprendido.

Estructura de los párrafos y oraciones del tema

_____ idea principal

_____ oración del tema

_____ oraciones de apoyo

_____ oración concluyente

Tono y dicción

_____ tono

_____ lenguaje informal

_____ lenguaje formal

Orden de importancia y orden cronológico

_____ organizar ideas en orden de importancia

_____ organizar detalles en orden cronológico

_____ usar transiciones

Orden de causa y efecto, y orden de comparación y contraste

_____ organizar según un efecto con varias causas

_____ organizar según una causa con varios efectos

_____ patrón global

_____ patrón puntual

¿Qué es lo que ya sabes sobre la organización de párrafos?

_____

_____

_____

¿Sobre cuál de los temas de arriba quisieras aprender más?

_____

_____

_____

Estructura de los párrafos y oraciones del tema

CONCEPTO CLAVE: Un párrafo suele incluir una oración del tema y otras oraciones que brindan más información.

Identifica la oración completa. Luego, agrega el punto final y la coma.

A. Cientos de investigadores en la conferencia popular

B. Al final de la temporada el equipo ganador

C. Leer sus revistas favoritas en la playa

D. Cuando Amber salió de su casa su perro corrió tras ella

Estructura de los párrafos

Un **párrafo** es un grupo de oraciones que funcionan en conjunto para **transmitir**, es decir, comunicar, una única idea principal. Un párrafo puede ser independiente o bien formar parte de una composición más larga.

Para escribir un párrafo, necesitas una oración del tema que exprese claramente la idea principal. También necesitas oraciones adicionales que contengan detalles suficientes como para apoyar la idea principal. La oración subrayada del siguiente párrafo es la oración del tema que expresa la idea principal. Las otras oraciones brindan más detalles sobre la idea principal.

> <u>Comprar un carro usado puede ser una buena inversión si tomas determinadas precauciones.</u> Primero, averigua si el carro alguna vez estuvo involucrado en un accidente. Luego, pide ver todos los registros de mantenimiento. También debes observar los neumáticos y examinar la carrocería en busca de óxido. Y, lo que es más importante, asegúrate de realizar una prueba de manejo.

Cada párrafo debe tener una audiencia, es decir, un potencial lector, y un propósito. El párrafo que acabas de leer fue escrito para alguien que esté interesado en comprar un carro. El propósito fue compartir información.

Estos son los propósitos básicos para escribir un párrafo:

• Compartir hechos u otro tipo de información para informar o explicar algo

• Explicar una idea, una creencia o un punto de vista

• Convencer a alguien de adoptar una postura o de hacer algo

• Entretener, a menudo mediante la narración de un acontecimiento

Observa el siguiente párrafo tomado de un informe. ¿Quién es la audiencia?

> Es fundamental para la supervivencia de nuestra tienda de videos que registremos adecuadamente los DVD que se devuelven. Por ejemplo, si un DVD no se registra, nuestro inventario no será exacto. Si un cliente llama preguntando por una película, quizá le digamos que no la tenemos. Y, lo que es aún más grave, se puede llegar a acusar injustamente a los clientes de no devolver un disco y cobrarles por eso. Como resultado, nuestra reputación se vería afectada y los clientes dejarían de usar nuestra tienda.

Audiencia: Empleados

Propósito: Persuadir a los empleados de que sigan un procedimiento importante

Idea principal: Es importante registrar los DVD que se devuelven de manera adecuada.

COMPRENDER LA IDEA PRINCIPAL

El tema es el argumento de un pasaje, mientras que la **idea principal** es el punto más importante. La oración que expresa la idea principal se llama **oración del tema,** y suele ser la primera oración de un pasaje. El resto del pasaje a menudo apoya, es decir, brinda más información, sobre la idea principal. Identificar la oración del tema y encontrar la idea principal te ayudará a comprender mejor el texto.

Para encontrar la idea principal, pregúntate: *¿Cuál es el tema? ¿Cuál es el punto principal que el autor quiere transmitir sobre el tema?*

Lee el siguiente párrafo e identifica la idea principal.

> (1) El alpinismo te puede brindar una nueva perspectiva de ti mismo y del mundo. (2) A medida que escalas, tu atención se aleja de las preocupaciones cotidianas y se centra en los desafíos del trayecto. (3) Al ir más allá de tus límites habituales, descubres el poder de la determinación y del pensamiento positivo. (4) Mientras te aferras a los árboles y a las rocas para mantener el equilibrio, puedes ver de cerca pequeños insectos y plantas. (5) Luego, cuando alcanzas la cima, ves montañas y valles, es decir, el mundo más grande al que perteneces.

La oración 1 hace una afirmación general sobre el efecto positivo que tiene el alpinismo sobre tu perspectiva. Las oraciones 2 a 5 proporcionan ejemplos de las maneras en que cambia tu perspectiva. Solo la oración 1 es lo suficientemente general como para incluir las ideas de las demás oraciones. La oración 1 es la oración del tema que expresa la idea principal.

La estructura de un párrafo puede variar en función de tu propósito de escritura. Cuando escribes un párrafo informativo o explicativo, debes establecer claramente la idea principal en la primera oración. El resto de las oraciones deben contener hechos que se complementan entre sí para apoyar la idea principal.

Cuando escribes un párrafo persuasivo, debes establecer claramente tu postura en la primera oración. Las demás oraciones incluirán una combinación de hechos y opiniones que apoyarán la idea principal.

El lugar donde coloques la idea principal de un párrafo narrativo puede variar. Debes asegurarte de incluirla, pero puedes comenzar con algunos detalles interesantes y establecer la idea principal más adelante en el párrafo.

En un cuaderno, escribe una oración del tema para un párrafo informativo y una oración del tema para un párrafo persuasivo. ¿En qué se diferencian?

Un párrafo **eficaz**, es decir, bien estructurado, tiene una oración del tema con una idea principal clara y oraciones adicionales que contienen detalles de apoyo. Cuando escribes un párrafo, debes permanecer concentrado en la idea principal. ¿Cuál es la idea principal del párrafo de abajo? ¿Cuál es la oración del tema?

> Puedes seguir algunos simples pasos a la hora de preparar tu carro para las condiciones invernales adversas. Primero, cambia el anticongelante para evitar que el agua que enfría el motor se congele. Luego, revisa la calefacción, el desempañador y las bandas de rodadura de los neumáticos. Por último, asegúrate de tener suficiente líquido limpiaparabrisas para mantener limpio el parabrisas, y verifícalo con frecuencia. En invierno, la nieve sucia que empieza a derretirse termina en el parabrisas cada vez que pasa un camión. También te salpica la ropa cuando caminas. Tal vez me mude a Florida para evitar todos estos inconvenientes.

La idea principal es que con algunos simples pasos puedes preparar tu carro para el crudo invierno. La primera oración es la oración del tema. Las últimas tres oraciones no apoyan la idea principal, por lo que no deberían incluirse.

APLICA LA ESCRITURA

Instrucciones: Lee los siguientes párrafos. Si todas las oraciones apoyan la idea principal, escribe *eficaz*. Si no es así, indica qué oraciones no apoyan la idea principal.

1. (1) A partir del próximo lunes, habrá un nuevo procedimiento de registro para el personal del restaurante. (2) Tanto para el turno del almuerzo como para el de la cena, todos los camareros deberán registrarse al menos treinta minutos antes de abrir. (3) Al momento de registrarse, ya deben tener puesto su uniforme. (4) En cuanto a los uniformes, ¿podrían los camareros por favor asegurarse de que sus uniformes estén limpios al comienzo de su turno? (5) Es por eso que proporcionamos ropa que se puede lavar en lavarropas. (6) Hoy en día, las telas son fáciles de cuidar.

2. (1) Liang compró una contestadora automática para su teléfono y no tuvo problemas para instalarla. (2) Enchufó el transformador en un tomacorriente de la pared. (3) Luego, insertó la pequeña clavija en la ranura de la base de la máquina. (4) También conectó el teléfono a la máquina contestadora y la máquina contestadora al adaptador de la pared. (5) Por último, configuró la fecha y la hora.

3. (1) Marta no esperaba que a su cachorro le fuera mal en la escuela de obediencia. (2) El instructor comenzó por enseñarles a los perros la orden de "quieto". (3) La mayoría de los perros respondieron adecuadamente, pero Pompas era un dulce labrador que quería jugar, no quedarse quieto. (4) Marta les regaló el cachorro a sus hijos. (5) Pompas había sido abandonado. (6) Marta estaba feliz por poder darle a Pompas un bonito hogar, pero a su marido le gustaban más los gatos que los perros.

Oraciones del tema

La mayoría de los párrafos están formados por una **oración del tema** y por **oraciones de apoyo**. La oración del tema expresa la idea principal, mientras que las oraciones de apoyo explican, demuestran o amplían la idea principal. Algunos párrafos también terminan con una **oración concluyente**, que vuelve a mencionar el punto principal, se relaciona con el párrafo siguiente o bien termina el párrafo de manera animada.

La ventaja de usar una oración del tema es que puede dar dirección a tu escritura y te puede ayudar a mantenerte enfocado en el tema. Si bien la oración del tema suele aparecer al principio, se puede ubicar en cualquier lugar del párrafo. Cuando aparece al principio, le anticipa al lector lo que vendrá. ¿Qué tipo de información esperarías encontrar después de leer la oración del tema de abajo?

> Tomás tiene una receta fantástica para preparar una tarta de frutas.

Estás en lo cierto si pensaste que el resto del párrafo dará la receta para preparar una tarta de frutas.

> La deliciosa tarta de frutas de Tomás es sorprendentemente fácil de preparar. Comienza con una capa de masa de hojaldre. Luego, unta yogur con sabor a frutas sobre la masa. Corta rodajas de kiwis, melón, manzanas y plátanos. Remoja las rodajas de manzanas y plátanos en jugo de naranja durante algunos minutos para evitar que se vuelvan marrones. Luego, coloca todas las rodajas de fruta en fila sobre la masa. ¡Y este delicioso postre ya está listo para comer!

La oración del tema de un párrafo debe llamar la atención del lector. Puede ser una afirmación o una pregunta. Una pregunta al principio hace que el lector quiera saber más. Aquí hay otra manera de comenzar el párrafo sobre la tarta de frutas de Tomás.

> ¿Alguna vez has visto a Tomás preparar su elegante tarta de frutas?

Cuando la oración del tema aparece al final del párrafo, a menudo resume o hace hincapié en lo que se dijo antes. Observa cómo la última oración de este informe a un gerente hace referencia a los puntos que se trataron más arriba en el párrafo.

> Imagine que uno de sus mejores empleados no está trabajando bien. En lugar de criticarlo apresuradamente, considere la posibilidad de que él o ella tengan algún problema ajeno al trabajo, un familiar enfermo o alguna otra dificultad personal. Organice una reunión en la que le pueda expresar su preocupación y escuche el punto de vista de su empleado. Es muy probable que puedan resolver el problema juntos. Y, como mínimo, ambos sentirán que han sido escuchados. Si trata a un empleado que muestra un bajo rendimiento con compasión, honestidad y respeto, usted tiene grandes probabilidades de lograr que la situación mejore.

Destreza de lectura
Comprender la idea principal

Recuerda que la idea principal es el punto más importante que un escritor está tratando de establecer. Todas las oraciones del párrafo apoyan esta idea. La idea principal de un párrafo puede expresarse de manera explícita o implícita.

Lee el ejemplo sobre Tomás en esta página. ¿Cuál es la idea más importante del párrafo? ¿Esa idea se expresa de manera explícita? ¿Está apoyada por las oraciones del párrafo?

ESCRIBIR PARA APRENDER

Escribe un párrafo sobre alguna actividad. Elige la actividad y menciona tanto el propósito como la audiencia. Luego, escribe una oración del tema. Por ejemplo:

Tema (actividad): fútbol

Propósito: Explicar la emoción del juego

Audiencia: Alguien que no juega ni mira partidos de fútbol

Oraciones del tema: Un partido de fútbol es algo más que correr rápido y patear bien la pelota.

Una buena oración del tema no debe ser ni muy general ni muy específica. Compara las oraciones del tema que aparecen debajo de este párrafo descriptivo.

> Los cruceros y una actualmente modesta flota pesquera hacen de la bahía de Gloucester un lugar animado y pintoresco. Puedes deambular por las diferentes galerías de arte que se alinean en sus calles y comprar arte o simplemente mirar. Si tienes hambre, encontrarás toda clase de restaurantes. Si el día está agradable, te puedes sentar en uno de los bancos del parque y observar el agua. También puedes tomar sol y nadar en una de sus playas.

Demasiado general: Gloucester es una bonita ciudad de Massachusetts.

Demasiado específica: Gloucester tiene muchos artistas.

Adecuada: Gloucester, que alguna vez fue el centro de la industria pesquera de Massachusetts, es ahora un fantástico destino para un día de verano.

La primera oración es demasiado general porque no explica nada sobre por qué la ciudad es bonita ni el propósito del autor (persuadir a alguien de que visite la ciudad). La segunda oración es demasiado específica porque hace referencia a solo uno de los detalles de apoyo del párrafo. La última oración abarca la idea principal, indica el propósito y hace que el lector quiera descubrir por qué Gloucester es un fantástico destino.

Imagina que debes agregar una oración del tema al siguiente párrafo que contiene detalles de apoyo. ¿Podrías elegir la oración del tema más eficaz para agregar al párrafo?

> Puedes regalarles los libros a los hijos de tus amigos. Puedes donarlos a una biblioteca. Puedes llevarlos a la unidad pediátrica del hospital local y leérselos en voz alta a los pequeños pacientes. Pero hagas lo que hagas, no tires tus libros viejos.

¿Cuál de las siguientes oraciones sería más eficaz al comienzo del párrafo?

A. Es momento de limpiar la casa.

B. Leer es una de las destrezas más importantes que puede aprender un niño.

C. Hay muchas cosas que puedes hacer con los libros cuando tus hijos ya son demasiado grandes para leerlos.

D. Los libros infantiles se vuelven más caros cada año.

Para responder esta pregunta, debes leer el párrafo y comprender cuál es la idea principal. Cada una de las primeras tres oraciones del párrafo explica un uso que se les puede dar a los libros infantiles viejos, mientras que la última oración dice qué no se debe hacer con esos libros. La oración que mejor describe la idea principal es la opción (C).

Recuerda que una oración no se convierte necesariamente en una oración del tema efectiva por estar relacionada con las demás oraciones. Por ejemplo, la opción (D) se relaciona con los libros infantiles, al igual que el resto del párrafo. Sin embargo, el concepto de los libros infantiles es demasiado general como para convertirse en la idea principal del resto de las oraciones. En cambio, qué hacer con los libros infantiles viejos es la idea principal.

¿Qué oración del tema podrías agregar a este párrafo sobre el primer día del escritor como camarero? Observa los detalles para descubrir la idea principal.

El restaurante estaba lleno de clientes. Aún no conocía el menú y menos aún conocía el tiempo que se tardaba en servir los platos. Tenía miedo de que se me cayeran las cosas, de olvidar las órdenes y de que todos se enojaran conmigo. Quería huir, pero decidí que les haría saber a los clientes que ese era mi primer día. Para mi alivio, fueron muy pacientes conmigo. Los demás camareros también me brindaron su apoyo. Me avisaban cuando los platos estaban listos para servirse o cuando algún cliente necesitaba agua.

El escritor comienza describiendo el desafío y termina diciendo que todo salió bien. Esta es una posible oración del tema:

En mi primer día como camarero tuve miedo, pero todo salió bien.

APLICA LA ESCRITURA

Instrucciones: Con las siguientes oraciones de apoyo, crea un párrafo completo agregándole una oración del tema. Asegúrate de que tu oración del tema exprese la idea principal del párrafo y sea una oración completa.

1. _____

Primero, recomendamos realizar una encuesta entre los clientes actuales. Deben descubrir qué les gusta y qué no de los productos de la empresa. Luego, la gerencia deberá decidir cuáles de los reclamos de los clientes se pueden abordar en términos de rentabilidad. Los estudios muestran que el 20 por ciento de sus clientes compra el 80 por ciento de sus productos. Nuestra meta es identificar a ese 20 por ciento y brindar un servicio de excelencia a esos clientes. El resultado final será un aumento de las ventas y, como consecuencia, un aumento de las ganancias.

2. _____

Andrea consiguió varias mesas y sillas de distintos tamaños por pocos dólares en un mercado de pulgas. Compró sábanas por mucho menos de lo que hubiera costado el material en una tienda de telas. Usó una de las sábanas, que tenía un estampado en verde y azul, como funda para cubrir el desvencijado sofá de su sala. Usó otra para colocar sobre una mesa de café y aprovechó los retazos para hacer almohadas.

3. _____

Puedes acomodar los libros en los estantes o ayudar a organizar las revistas. También puedes ayudar al personal de la mesa de información cuando se forman largas líneas de personas. Programa una franja horaria regular o llama cada vez que tengas tiempo para trabajar como voluntaria. Porque hoy en día, con todos los recortes presupuestarios que hubo, hay mucho menos personal. Los bibliotecarios estarán muy agradecidos de cualquier ayuda que les puedas brindar.

Repaso de vocabulario

Instrucciones: Completa cada oración con uno de los siguientes términos:

eficaz　　　**la idea principal**　　　**un párrafo**　　　**una oración concluyente**

una oración de apoyo　　　**una oración del tema**

1. La escritura es _____ cuando el texto es claro y fácil de seguir.

2. _____ expresa la idea principal de un párrafo.

3. _____ da detalles sobre la idea principal.

4. _____ es el punto más importante de un pasaje.

5. Un grupo de oraciones que trabajan en conjunto forman _____.

6. _____ vuelve a mencionar los puntos principales de un párrafo.

Repaso de destrezas

Instrucciones: Encuentra y subraya la idea principal en cada uno de los siguientes pasajes.

1. (1) Puedes crear un hermoso *collage* aun si no sabes dibujar bien. (2) Comienza con algunas fotos pequeñas o imágenes de revistas. (3) Coloca las imágenes en una hoja de papel grande y acomódalas de diferentes maneras. (4) Cuando estés satisfecho, pega las imágenes al papel. (5) Luego, usa acuarelas para conectar las imágenes o para crear un fondo colorido. (6) También puedes agregar cintas, plumas y otros objetos.

2. (1) Un cenzonte vivía en un gran árbol junto a la habitación de mi hermano. (2) De la mañana a la noche, el pájaro imitaba el canto de otros pájaros. (3) A mi hermano le resultaba imposible estudiar o siquiera pensar. (4) Finalmente, decidió colocar un grabador junto a la ventana para grabar al cenzonte. (5) Cuando reproducía la grabación, el pájaro confundido comenzaba a imitarse a sí mismo. (6) En poco tiempo, el pájaro confundido se fue de allí y nunca más se lo oyó. (7) ¡Mi hermano encontró la solución al problema del pájaro chillón!

Instrucciones: Lee el siguiente pasaje. Luego, escribe un resumen del mismo.

> Los animales salvajes están llegando a áreas urbanas. En algunas ciudades, todas las semanas se pueden observar numerosos ciervos y coyotes. Hace poco, dos ciervos terminaron de alguna manera en un terreno baldío de la ciudad. Estaban pastando alegremente cuando alguien notó su presencia. Los oficiales de control animal llegaron y usaron dardos especiales para adormecer a los animales. Luego, usaron una camioneta para llevar a los ciervos hacia las afueras de la ciudad. Los oficiales dicen que los animales se encuentran muy bien en su nueva área.

_____

_____

Práctica de destrezas

Instrucciones: Elige la <u>mejor respuesta</u> para cada pregunta.

1. Algunas personas usan un manual para aprender sobre un nuevo *software*. El manual les permite absorber información a su propio ritmo. A otras personas les gusta escuchar las explicaciones. Y otras prefieren aprender directamente usando el nuevo *software*. Quizá lean las instrucciones, pero aprenden principalmente a través de la experiencia.

   ¿Cuál sería la oración más eficaz si se colocase al comienzo del párrafo?

   A. Las personas a menudo necesitan aprender cosas nuevas.

   B. Las personas tienen diferentes maneras de aprender.

   C. Algunas personas aprenden visualmente.

   D. La experiencia es un buen maestro.

2. Fue escrito por Jonathan Swift hace aproximadamente 300 años. Gulliver naufraga varias veces y llega a lugares desconocidos. Se encuentra en un lugar llamado Liliput, donde las personas son tan pequeñas que caben en la mano de Gulliver. Luego, desembarca en un país llamado Brobdingnag, donde las personas son tan altas como las torres de una iglesia. Por último, navega hacia una tierra donde los caballos son los amos y los humanos son esclavos.

   ¿Cuál sería la oración más eficaz si se colocase al comienzo del párrafo?

   A. *Los viajes de Gulliver* fue uno de los libros más vendidos de su época.

   B. *Los viajes de Gulliver* es largo.

   C. *Los viajes de Gulliver* fue una de las primeras novelas de ciencia ficción.

   D. *Los viajes de Gulliver* presenta una amplia variedad de personajes.

3. A través de la tecnología CGI se crean personajes y lugares de aspecto realista pero que no son en absoluto reales. Los artistas usan un programa de computación para "pintarlos" en la película. Los personajes parecen interactuar con los actores reales. Los dinosaurios de las películas de *Jurassic Park* fueron creados con la tecnología CGI. Lo mismo sucede con los monstruos de la película *La momia* y con elementos de cientos de otras películas. Gracias al uso generalizado de la tecnología CGI, los espectadores hoy en día pueden experimentar cómo se siente estar en medio de un terreno completamente extraterrestre.

   ¿Cuál sería la oración más eficaz si se colocase al comienzo del párrafo?

   A. Cada vez más películas usan los gráficos generados por computadora, es decir, la tecnología CGI.

   B. Los velociraptores son lo mejor de *Jurassic Park*.

   C. CGI quiere decir "gráficos generados por computadora".

   D. Con la tecnología CGI, pronto las películas ya no necesitarán actores.

Instrucciones

Instrucciones: Piensa en un lugar en el que hayas pasado mucho tiempo. Escribe dos párrafos sobre ese lugar. En el primer párrafo, haz que la primera oración sea la oración del tema. En el segundo párrafo, coloca la oración del tema en la mitad o al final del párrafo.

Tono y dicción

CONCEPTO CLAVE: El tono y la dicción deben ser apropiados para el propósito del autor y la audiencia.

Reescribe correctamente cada oración.

1. Debí de saber su número de teléfono.

2. Por favor intenta y está aquí al mediodía.

3. Así sabes, Wei nunca llega tarde a una reunión.

Tono y dicción

El tono de voz de una persona puede ser amable u hostil, serio o gracioso, irritado o relajado. El tono de voz demuestra la actitud, o la opinión, del interlocutor hacia el tema y la audiencia. De la misma manera, una narración tiene un **tono**, es decir, una actitud, carácter o modo general de expresarse.

Los escritores transmiten el tono a través de la **dicción**, es decir, la elección de palabras. Una nota para un amigo puede tener un tono gracioso e incluir un **lenguaje informal**, es decir, cotidiano. Una carta pidiendo trabajo a un posible empleador tendrá un tono serio y usará **lenguaje formal**, es decir, profesional.

Al escribir un párrafo o una composición, debes usar un tono y una dicción que sean **apropiados**, es decir, que se adecúen a tu propósito y a tu audiencia. Puedes usar jerga (lenguaje familiar) en un correo electrónico que envíes a un amigo. Sin embargo, la jerga no sería apropiada en una carta comercial o en un ensayo formal.

Jerga:	Postularme para ese fantástico trabajo estaría súper.
Formal:	Estoy sumamente interesado en postularme para el trabajo.

COMPRENDER EL PROPÓSITO DEL AUTOR

Todo lo que lees fue escrito por alguna razón. Esta razón se llama **propósito del autor**. Las razones básicas para escribir son informar, entretener o persuadir. Identificar el propósito del autor te ayudará a comprender mejor el significado del pasaje.

Cuando el propósito es informar, el autor brinda información o enseña sobre algo. Si el propósito principal es entretener, el autor puede recurrir al humor para presentar ideas o contar una historia divertida o terrorífica. Por último, si el propósito es persuadir, es posible que el autor presente solo un lado de un argumento para convencerte de que concuerdes con su opinión o de que hagas algo.

Para identificar el propósito del autor, debes preguntarte: *¿Sobre qué tema está escribiendo el autor? ¿Está brindando información? ¿Está escribiendo para entretener? ¿Está tratando de persuadirme para que piense de determinada manera o para que haga algo?*

Lee el siguiente párrafo e identifica el propósito del autor.

> Tus responsabilidades diarias como nuestra recepcionista son bastante claras. Primero, cuando llegas, revisa tu correo de voz para ver si hay algún mensaje. Si algún miembro del personal llamó para avisar que no vendrá a trabajar porque está enfermo, debes hacérselo saber de inmediato al gerente de la oficina. Tu segunda prioridad es revisar los correos electrónicos y derivar cualquier pregunta que haya. Durante el día, recibirás llamadas telefónicas y correos electrónicos. En medio de tus tareas, tal vez tengas que lidiar con pequeñas emergencias. Por ejemplo, si una máquina se rompe, deberás llamar a alguien que la repare. Al final de cada día, revisa los suministros y haz una lista de lo que se necesita en una hoja de pedidos. Si algún miembro del personal necesita algo importante, envía de inmediato por fax la hoja de pedidos a la tienda de artículos de oficina. De lo contrario, aguarda hasta el viernes.

Este pasaje intenta informar a una nueva recepcionista sobre sus responsabilidades.

Destreza principal
Parafrasear

Al leer, resulta de utilidad detenerse periódicamente para comprobar la comprensión. Una manera de hacer esto es resumir. Otra manera es parafrasear. Al **parafrasear** una oración o un párrafo, vuelves a expresar lo mismo pero con tus propias palabras. Mientras que el resumen suele ser más corto que el texto original, el parafraseo suele ser más largo. El parafraseo debe tener el mismo tono y la misma dicción que el texto original. Lee el primer párrafo de la sección Tono y dicción y vuelve a expresarlo con tus propias palabras. Asegúrate de usar el mismo tono y de seguir el mismo estilo de dicción que el texto original.

Destreza de lectura
Comprender el
propósito del autor

Todo texto se escribe
con un propósito. Los
propósitos básicos son
informar, persuadir y
entretener.

Lee el primer párrafo de
ejemplo de esta página.
Corresponde a una carta
a un periódico local. ¿Cuál
es el propósito del autor?

Observa este párrafo que pertenece a una carta que fue enviada a un periódico.
¿Qué oración debería eliminarse?

> (1) Creo que el proyecto de la turbina eólica sería beneficioso para
> nuestra área. (2) Nuestras necesidades energéticas han crecido, y las
> turbinas eólicas son una excelente manera de producir energía. (3) El
> viento es puro, gratis y renovable. (4) Asimismo, a diferencia de la
> energía solar, el viento está disponible tanto de día como de noche. (5) Si
> bien los vientos leves generarán algo de electricidad, los vientos más
> fuertes podrán originar mucha más. (6) Por lo tanto, los fuertes vientos
> que soplan desde las cadenas montañosas de esta área son especialmente
> adecuados para las turbinas eólicas. (7) Sería horrible que este proyecto
> quedara en la nada.

La oración 7 no se corresponde con el resto del párrafo en términos de tono
y dicción. El tono de la oración 7 es mucho más informal y emotivo que el del
resto de las oraciones del párrafo. También contiene jerga y lenguaje informal.
Esta oración debería ser eliminada.

Ahora observa el siguiente correo electrónico de una adolescente a sus amigos.
¿Qué oración no pertenece al correo electrónico?

> (1) Ey, ¿qué van a hacer el viernes por la noche? (2) ¿Quieren ir a ver
> la nueva película de Will Smith? (3) Me dijeron que está muy buena. (4)
> Luego, podríamos ir a pasar el rato a la cafetería. (5) Voy a usar un suéter
> morado bien chévere que me acabo de comprar. (6) Ya quisiera que lo
> vieran. (7) Quedo a la espera de una pronta respuesta a mi sugerencia.

La oración 7 no concuerda con el párrafo. La oración 7 tiene un tono formal y
una dicción profesional, mientras que el resto del párrafo tiene un tono
relajado y un lenguaje informal. Si la autora quisiera incluir la idea de que
espera una respuesta, debería revisar la redacción para que se adecúe a su
audiencia, que vendrían a ser sus amigos que leerán el correo electrónico.

APLICA LA ESCRITURA

Instrucciones: Encuentra y subraya la oración de cada párrafo que no concuerde con el resto del párrafo en términos de tono y dicción.

1. **(1)** Me dirijo a Uds. en relación con mi declaración de impuestos sobre la renta del año **2012**. **(2)** Recibí una carta de su oficina de IRS argumentando que no declaré correctamente mis impuestos el año pasado. **(3)** Cuando presenté mi declaración de impuestos envié mis formularios W2, pero les adjunto a la presente copias de esos formularios para su comodidad. **(4)** ¿Será posible que no puedan hacer algo bien? **(5)** Tal como lo demuestra la información que les adjunto, las cifras que declaré eran las correctas. **(6)** Les agradecería mucho que verificaran nuevamente sus registros.

2. **(1)** Ey, ¿viste el partido de béisbol anoche? **(2)** Todos en nuestra familia fuimos a verlo. **(3)** Creo que, si uno lo analiza, el béisbol es un deporte que refleja los grandes valores estadounidenses de trabajo en equipo y espíritu deportivo. **(4)** Era la inauguración de la temporada, así que los niños estaban todos emocionados. **(5)** Fue el primer partido que Sarah vio en vivo. **(6)** El partido estuvo muy parejo, pero los Piratas finalmente derrotaron a los Gigantes por una carrera. **(7)** El nuevo lanzador tiene un gran brazo.

3. **(1)** Durante mucho tiempo, la mayoría de las personas creían que las enfermedades eran causadas por espíritus malignos. **(2)** Luego, hace aproximadamente 400 años, un conserje neerlandés llamado Antony van Leeuwenhoek comenzó a experimentar con lentes como un pasatiempo. **(3)** En ese proceso, inventó el microscopio. **(4)** Fue la primera persona en observar las diminutas bacterias y los virus que causan las enfermedades. **(5)** Creía que era muy genial ver cómo en una gota de agua podían vivir un montón de animalitos.

4. **(1)** En **1630**, una condesa española llamada Ana de Osorio y su esposo se mudaron a Perú. **(2)** Después de estar solo un par de meses allí, ambos se enfermaron de malaria. **(3)** Se sentían tan enfermos que tenían ganas de gritar. **(4)** Ninguno de los remedios caseros de Ana surtían efecto, pero escuchó que los lugareños usaban la corteza de un árbol como medicina. **(5)** Ese árbol contenía quinina, que servía para combatir esa enfermedad. **(6)** En 1638, los Osorio regresaron a España. **(7)** Ana guardó un poco de corteza con quinina en su equipaje. **(8)** Cuando llegaron a España, el país estaba atravesando una epidemia de malaria y no existía ninguna cura conocida. **(9)** La medicina de Ana acabó con la epidemia.

Repaso de vocabulario

Instrucciones: Completa cada oración con uno de los siguientes términos.

apropiada   **el propósito del autor**   **el tono**   **formal**   **informal**

1. Me relajé cuando escuché _____ amistoso de su voz.

2. En una conversación informal, la jerga podría ser _____

3. *Ey* es una manera _____ de atraer la atención del oyente.

4. _____ en este artículo era explicar las causas del problema.

5. Debes seguir las reglas del inglés estándar cuando escribes un ensayo _____.

Repaso de destrezas

Instrucciones: Identifica el propósito del autor en cada uno de los siguientes párrafos.

1. Conocer su producto es importante para las ventas, pero también debe comprender a las personas. En mi primera experiencia como vendedor en una tienda de ropa para niños, tuve la suerte de tener a una gran supervisora. Me enseñó a examinar la ropa para detectar qué tan livianas, abrigadas y fuertes eran las telas. También me ayudó a comprender que, cuando buscan un abrigo para comprar, los padres generalmente buscan que sea abrigado, mientras que las personas que lo compran para hacer un regalo se preocupan más porque se vea bonito. Gracias a su capacitación, pude ser de gran ayuda para los clientes y, desde luego, tener éxito en las ventas.

_____

2. Extender el carril para bicicletas representaría un gran beneficio para el entorno, las personas de la comunidad y nuestra economía local. En primer lugar, un carril con jardines alrededor mejoraría la calidad del aire, dado que las plantas eliminan el dióxido de carbono de la atmósfera. En segundo lugar, un carril les permitiría a los niños y a los adultos hacer ejercicio con mayor facilidad. También podrían montar en bicicleta con mayor seguridad. Por último, se podrían abrir nuevas tiendas junto al carril para proporcionar alimentos y bebidas frías. Por favor, ayúdenos a recaudar fondos para este importante proyecto.

_____

3. "Este camino es muy sencillo", seguía diciéndole a mi compañera de caminata para tranquilizarla. ¡Qué equivocado estaba! El camino se ponía cada vez más pantanoso. Sin embargo, un poco más adelante, pude ver algunos troncos bordeando el camino. Como siempre, yo encabezaba la fila a medida que caminábamos. "Ten cuidado donde pisas", le grité a mi compañera con mi típico exceso de confianza. Luego, cuando me di vuelta para asegurarme de que me había escuchado, me resbalé sobre uno de los troncos y caí en lo que para mí se sintió como cámara lenta. Ahora, cada vez que pienso que tengo todas las respuestas, me gusta recordar la sonrisa irónica de mi compañera y mi día en el lodo.

_____

Práctica de destrezas

Instrucciones: Elige la <u>mejor respuesta</u> para cada pregunta.

Hacer una presentación

(A)

(1) Gran parte del impacto de una presentación se basa en el estilo con el que se hace, es decir, lo que la audiencia ve y escucha. (2) Solo una pequeña parte del impacto se basa en el contenido del discurso. (3) Por lo tanto, aun si tienes un excelente mensaje, debes perfeccionar el estilo con el que lo vas a transmitir. (4) De lo contrario, entorpecerá tu comunicación. (5) No querrás quedar como un tonto delante de todos. (6) Entonces, ¿qué puedes hacer para mejorar tu presentación?

(B)

(7) Primero, debes establecer una conexión personal con tu audiencia. (8) Como primer punto, intenta mantener el contacto visual con una persona. (9) Luego, pasa a otra persona para obtener un nuevo punto. (10) Cuando mires a una persona, gira todo el cuerpo, no solo la cabeza. (11) De esa manera, la persona se sentirá reconocida. (12) Usar un tono coloquial también es importante. (13) La intención es que las personas sientan que estás teniendo un diálogo con ellas y no un monólogo.

(C)

(14) También debes considerar tu voz como un instrumento. (15) Si hablas en voz baja y pausada, quizá termines por adormecer a tu audiencia. (16) Y eso no estaría bueno para nada. (17) Para mantener la atención de tu audiencia, varía el volumen pero no susurres ni grites. (18) También varía los tonos graves y agudos de tu voz. (19) Mantén la fluidez de tus oraciones, pero haz una pausa antes de cada punto importante. (20) Eso permitirá a la audiencia prepararse para lo que sigue. (21) Luego, haz otra pausa después del punto importante para que la audiencia pueda absorber el significado.

---

1. ¿Qué corrección mejoraría la eficacia del párrafo A?

   A. eliminar la oración **3**
   B. mover la oración **5** detrás de la **6**
   C. eliminar la oración **5**
   D. mover la oración **6** al comienzo del párrafo

2. ¿Qué corrección mejoraría la eficacia del artículo?

   A. mover la oración **13** al comienzo del párrafo C
   B. eliminar la oración **16**
   C. eliminar la oración **20**
   D. eliminar la oración **13**

Práctica de escritura

Instrucciones: Parafrasea el siguiente párrafo. Usa un diccionario para buscar las palabras que no conozcas.

Con tan solo unos pequeños ajustes en tu vida cotidiana, puedes reducir tu cuenta de agua y ayudar a conservar este importante recurso. Recuerda cerrar el grifo cada vez que te laves los dientes, afeites o laves los platos. Incorpora el lavabo o el fregadero como parte de estas actividades. Haz correr el agua solo para el último paso. Además, compra una ducha por la que salga una cantidad limitada de agua.

Orden de importancia y orden cronológico

CONCEPTO CLAVE: Existen dos maneras de organizar las ideas de un párrafo: según el orden de importancia y según el orden cronológico.

Reescribe correctamente cada oración usando la forma correcta del verbo subrayado.

1. Perdí el autobús a pesar de que corro detrás de él.

2. Cuando comiste fruta, debes lavarla primero.

Orden de importancia

Cada párrafo debe tener un propósito y una audiencia. Puedes escribir un párrafo para contarle a tu mejor amigo algo gracioso que te ha ocurrido o tal vez para persuadir a tu empleador de que te asigne algún proyecto en particular.

Cada párrafo que escribas también debe tener uniformidad y coherencia. En un párrafo unificado, todas las oraciones se relacionan con la idea principal. En un párrafo coherente, todas las oraciones fluyen de manera lógica entre sí. La mejor manera de crear un párrafo coherente es usar un patrón de organización, como el orden de importancia, para hacer que el orden sea más claro.

Cuando **organizas** [ordenas] ideas según el **orden de importancia**, acomodas las ideas de la más importante a la menos importante o viceversa. Si quieres llamar inmediatamente la atención de tu lector, podrías presentar primero tu punto más importante. Otra manera sería construir el punto más importante para presentarlo al final.

Cuándo usar el orden de importancia

Puedes usar el orden de importancia para transmitir información o persuadir a alguien para que coincida con tu opinión.

Propósito	Ejemplo de tema
Para transmitir información	Actividades que se llevan a cabo en el centro comunitario
Para persuadir	Por qué necesitamos un centro comunitario

Organizar ideas según el orden de importancia

Puedes usar un **mapa** (o red) **conceptual** para organizar ideas según el orden de importancia. Piensa en un tema para desarrollar en un párrafo. En un papel, dibuja un mapa como el de abajo. Escribe el tema en el centro. Luego, escribe tres o más detalles sobre el tema en los recuadros que lo rodean. A continuación, elige el detalle más importante y escribe *1* junto al mismo. Ordena y numera el resto de las ideas según su importancia.

Lee el párrafo creado a partir de las ideas del mapa conceptual. Observa que el escritor agrega detalles para **elaborar**, es decir, explicar por completo, las ideas. Piensa si el escritor ordena las ideas de la más importante a la menos importante o de la menos importante a la más importante.

Quiero presentarles mi línea de cosméticos Glam, y me gustaría que probaran algunos de los productos. Primero, como mis amigas, pueden ayudarme a pagar todas mis cuentas y permanecer sin deudas. Segundo, los productos son realmente muy buenos y harán que sea vean más jóvenes. Y, aún más importante, sé cuánto les preocupan los derechos de los animales, así que pueden quedarse tranquilas ya que estos cosméticos no fueron probados en animales. Lo más importante es que los productos ofrecen una alta calidad a bajos precios. Los productos están elaborados con los mejores ingredientes a pesar de no ser costosos. Las personas que sufren alergias los pueden usar sin ningún problema. Sé que les gustarán estos cosméticos, así que espero que compren algunos.

El párrafo está organizado de la idea menos importante a la más importante.

Uso de conectores

Los buenos escritores usan conectores en párrafos y ensayos para hacer que el patrón de organización sea claro. Aquí hay algunos conectores que resultan útiles para establecer un patrón de orden de importancia.

Conectores para orden de importancia				
primero	segundo	principalmente	más importante	lo más importante

Ahora observa el párrafo que acabas de leer en la página 187. ¿Qué conectores incluyó el escritor para aclarar la organización? Los conectores *primero, segundo, aún más importante* y *lo más importante* ayudan a que la organización sea clara.

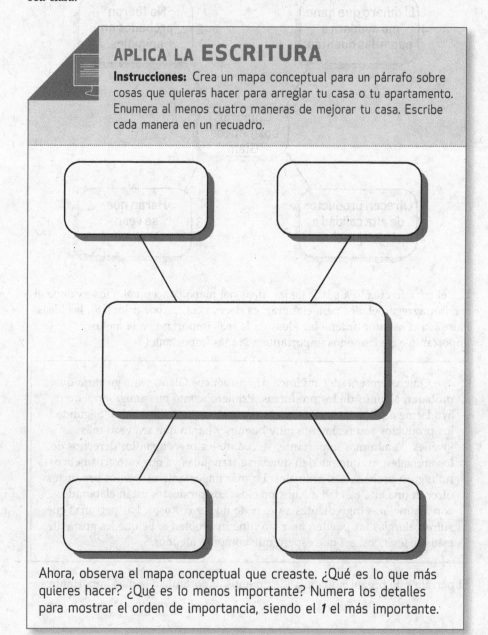

APLICA LA ESCRITURA

Instrucciones: Crea un mapa conceptual para un párrafo sobre cosas que quieras hacer para arreglar tu casa o tu apartamento. Enumera al menos cuatro maneras de mejorar tu casa. Escribe cada manera en un recuadro.

Ahora, observa el mapa conceptual que creaste. ¿Qué es lo que más quieres hacer? ¿Qué es lo menos importante? Numera los detalles para mostrar el orden de importancia, siendo el *1* el más importante.

USAR TÉCNICAS NARRATIVAS

Los escritores usan técnicas narrativas para contar una historia. Este tipo de redacción debe tener un argumento claro, narrado de una manera bien organizada. Un escritor eficiente usa palabras que guían al lector a través de toda la secuencia de sucesos de la historia.

Cuando leas, busca conectores y palabras específicas que te ayuden a identificar la secuencia de sucesos.

Lee el siguiente párrafo. Identifica las técnicas narrativas que expresan secuencia.

> Pronto Patty recibiría su evaluación anual y consideraba que merecía un aumento. El día antes de la evaluación, Patty preparó su caso. Primero, creó una hoja de cálculo con la descripción de sus proyectos. Segundo, registró el tiempo que pasó en cada proyecto. A continuación, agregó las felicitaciones que había recibido por su trabajo. Luego, anotó el estado actual de cada proyecto. Esa tarde, después del trabajo, practicó su pedido de aumento con un amigo. Por último, enfrentó su evaluación con confianza.

La palabra *pronto* le indica al lector que el suceso principal está por ocurrir. Luego, el escritor usa las palabras específicas *el día antes* para indicar el orden cronológico. La palabra *primero* anuncia al lector el inicio de una secuencia de sucesos. Las palabras *segundo, a continuación, luego* y *después* ayudan al lector a seguir la secuencia. La palabra *por último* señala el final de la secuencia.

Destreza principal
Comprender las relaciones entre las ideas

Un patrón de organización es una manera de unir las ideas de manera tal que exista una transición, es decir, una conexión, entre ellas. Puedes organizar las ideas de un párrafo o una composición de muchas maneras. Una opción es ubicarlas en orden de importancia, ya sea de la más importante a la menos importante o de la menos importante a la más importante. Otra opción es usar el orden cronológico, es decir, contar qué sucedió primero, a continuación y por último. Usar un patrón de organización claro ayudará a tu lector a comprender las relaciones entre las ideas.

Elige un libro o una película que te haya gustado mucho y enumera los motivos por los que te gustó. Luego, ordena los motivos del menos importante al más importante.

Recuerda que el uso de conectores ayuda al lector a comprender cuándo ocurren los sucesos.

Las tablas de esta página dan ejemplos de cuándo los escritores usan el orden cronológico y qué conectores usan.

Lee el siguiente ejemplo:

Jacobo fue al parque. Puso en una canasta las cosas para hacer un picnic. Llamó a Lin. Comieron cerca del roble.

El párrafo de arriba es confuso. El lector no sabe en qué orden ocurrieron los sucesos, y los sucesos no tienen sentido en el orden en que están presentados.

En un cuaderno, reescribe el párrafo. Agrega conectores de orden cronológico para que el orden de los sucesos sea claro para los lectores.

Piensa en algo que sepas hacer. Crea una lista de pasos. Luego, escribe un párrafo en el que le indiques a tu lector cómo hacerlo. Incluye conectores y frases para que el orden quede claro para el lector.

Orden cronológico

Cuando organizas ideas en **orden cronológico**, las relatas en el orden en que ocurrieron.

Cuándo usar el orden cronológico

El orden cronológico es uno de los patrones de organización más sencillos. Simplemente narra los sucesos en el orden en que ocurrieron. El orden cronológico resulta muy útil al momento de contar una historia o explicarle a alguien cómo hacer algo, como por ejemplo, cómo preparar una pizza.

CUÁNDO USAR EL ORDEN CRONOLÓGICO

Propósito	Ejemplo de tema
Explicar los pasos de un proceso	Cómo preparar una pizza
Explicar cómo funciona algo	Cómo funciona un interruptor eléctrico
Describir una rutina	Cómo prepararse para salir en la mañana
Relatar un suceso o una experiencia	Algo gracioso que te ocurrió el primer día de trabajo

Uso de conectores

Los conectores pueden ayudar a los lectores a seguir la secuencia de pasos y el orden de los sucesos. Los conectores, como *primero* y *a continuación,* suelen aparecer al comienzo de una oración y seguidos de una coma. Palabras como *cuando* y *durante* comienzan una frase o proposición.

Conectores para el orden cronológico				
primero	segundo	a continuación	luego	por último
antes	después	durante	mientras	al mismo tiempo
pronto	más tarde	cuando	hasta	posteriormente

Organizar detalles en orden cronológico

Para organizar detalles en orden cronológico, sigue estos pasos. Primero, haz una lista de todos los detalles que debas incluir. Luego, vuelve atrás y numera los detalles en el orden en que deben ocurrir. Aquí hay un ejemplo de una lista de pasos que han sido numerados para mostrar el orden correcto.

Cómo preparar una pizza

2. **Estira la masa de pizza sobre la bandeja para horno.**
1. **Engrasa la bandeja para horno.**
7. **Hornea la pizza a 350 °F durante aproximadamente 12–15 minutos.**
5. **Agrega queso.**
3. **Coloca salsa de tomate.**
4. **Unta la salsa de tomate por toda la masa.**
6. **Agrega tus ingredientes favoritos.**

Usando como guía la lista ordenada, el párrafo podría escribirse así.

Puedes comprar buenas pizzas, pero las que preparas en tu casa pueden ser aún mejores. Simplemente sigue estos pasos y disfruta del proceso. Primero, engrasa una bandeja para horno y estira la masa de pizza sobre ella. La masa debe medir aproximadamente $\frac{1}{2}$ pulgada de alto. Luego, coloca la salsa de tomate y usa un cuchillo para untarla por toda la masa. A continuación, agrega queso rallado o en rebanadas. Ahora, puedes agregar todos los ingredientes que te gusten. Por último, hornea la pizza a 350 °F durante aproximadamente 12–15 minutos. Cuando el queso esté dorado, sabrás que la pizza está lista. Te sorprenderá lo bien que sabe.

Observa que el escritor agregó los conectores *primero, a continuación, luego, ahora, por último* y *cuando*. Estas palabras ofrecen claves al lector acerca del orden de los sucesos y hacen que la redacción sea aún más clara.

Investígalo
Usar el orden cronológico

Usa sitios de Internet confiables para buscar alguna historia que haya sido noticia durante mucho tiempo. Luego, escribe un resumen de la historia. Narra los sucesos en el orden cronológico correcto. Usa conectores para ayudar a los lectores a seguir la secuencia de sucesos de la historia.

APLICA LA ESCRITURA

Instrucciones: Numera los elementos de cada lista en orden cronológico.

1. Cómo prepararse para ir a trabajar

   _____ Tomo una ducha rápida.

   _____ Desayuno.

   _____ Me visto.

   _____ Salgo de casa.

   _____ Suena la alarma.

2. Cómo preparar panqueques

   _____ Doy vuelta los panqueques.

   _____ Agrego $\frac{1}{3}$ de taza de leche.

   _____ Mido la mezcla y la vuelco en un tazón.

   _____ Vuelco la mezcla en la sartén.

   _____ Mezclo bien.

3. Cómo plantar un árbol

   _____ Coloco el árbol en el hoyo.

   _____ Riego el árbol recién plantado con mucha agua.

   _____ Relleno el hoyo con tierra mientras sostengo el árbol para que quede derecho.

   _____ Cavo un hoyo en el suelo.

   _____ Separo las raíces en el hoyo.

4. Guerras de la historia estadounidense

   _____ Primera Guerra Mundial

   _____ Guerra de Vietnam

   _____ Guerra de Independencia

   _____ Guerra Civil

   _____ Segunda Guerra Mundial

5. Cómo dar un discurso

   _____ Edito el discurso.

   _____ Respondo las preguntas de la audiencia.

   _____ Presento el discurso.

   _____ Ensayo el discurso.

   _____ Escribo el discurso.

Repaso de vocabulario

Instrucciones: Completa cada oración con uno de los siguientes términos.

el orden de importancia   **elaborar**   **orden cronológico**   **un mapa conceptual**

1. Cuando escribes un párrafo en el que se presentan puntos principales, puedes presentar tus ideas según

   _____.

2. Cuando escribes una historia, generalmente narras los sucesos en _____.

3. _____ significa "describir o explicar por completo".

4. _____ es un tipo de organizador gráfico.

Repaso de destrezas

Instrucciones: Identifica los conectores en el siguiente párrafo.

1. Nos complace anunciarles a ustedes, nuestros mejores vendedores, el lanzamiento de nuestro nuevo gel de afeitar junto con su próxima campaña publicitaria. Primero, aparecerán dinámicos anuncios simultáneamente en televisión, radio e Internet. Los anuncios televisivos y radiales aparecerán durante el horario central. Los anuncios en internet también serán altamente visibles. Segundo, el envase es llamativo y audaz. Y, lo más importante, es que cambiamos la fórmula. El nuevo gel tiene una fragancia más fresca. También permite una afeitada más al ras y cómoda. Con todas estas fascinantes innovaciones y planes de promoción, ¡el trabajo que les queda por hacer debería ser sencillo!

   _____

   _____

Instrucciones: Identifica el patrón de organización que se usa en cada párrafo. Escribe el tipo de patrón debajo del párrafo.

2. Les estamos pidiendo a todos que usen archivos de computadora para llevar los registros y que dejen de imprimir copias en papel. El principal motivo es que todos en la empresa pueden tener acceso a los archivos electrónicos. Igual de importante es el hecho de que el costo del papel ha aumentado y debemos recortar gastos. Por último, nos preocupa el medio ambiente. Creemos que reducir el uso de papel es una manera de ayudar a cuidar nuestro planeta. Cambiar las rutinas es difícil, pero sabemos que podemos contar con su cooperación.

   _____

3. El picnic de la empresa se llevó a cabo el domingo pasado, y todos parecieron disfrutar del día. Por la mañana, los empleados y sus familias se reunieron en el estacionamiento y esperaron el autobús. Durante el viaje en autobús, los niños y los adultos cantaron canciones. Cuando llegamos a la playa, abrimos nuestras mantas y tomamos sol por un rato. Luego, la mayoría de las personas se metieron en el agua para refrescarse. Al mediodía, todos nos juntamos para almorzar. Después, los niños jugaron al voleibol mientras los adultos conversaban. Al final del día, todos estábamos cansados pero contentos.

   _____

4. Para ausentarte del trabajo, debes enviar un pedido por escrito al departamento de recursos humanos. No hay ningún formulario que puedas usar, pero debes seguir estos pasos. Primero, escribe tu nombre en la parte superior. A continuación, escribe la fecha o las fechas que necesitarás ausentarte de la oficina. Luego, explica si es por motivo de vacaciones o personal. Puedes tomarte un día por motivos personales si debes ir al médico, si hay algún feriado religioso u otras cuestiones personales. Por último, lleva tu pedido a la oficina de recursos humanos. En la mayoría de los casos, autorizarán tu pedido al final del día.

_____

5. Reordena las oraciones de este párrafo de manera que todos los pasos queden en el orden correcto. Agrega algunos conectores para que el orden sea más claro.

> (1) Si no tienes mucho tiempo para preparar una cena para ti solo, cocina unos huevos revueltos. (2) Agrega a los huevos una cucharada de leche y revuelve un poco más. (3) Rompe dos huevos y mézclalos en un tazón con sal y pimienta. (4) Calienta una pequeña cantidad de manteca o aceite en una sartén y agrega los huevos. (5) Cuando los huevos dejen de estar líquidos pero sin dejar de estar húmedos, entonces ya están listos para comer. (6) Usa una espátula para revolver de vez en cuando la mezcla de huevos para que se cocinen de manera pareja.

_____

_____

_____

_____

_____

6. Escribe tu propio párrafo persuasivo basado en el mapa conceptual sobre las mejoras hogareñas que hiciste en la sección Aplica la escritura de la página **188**. Escríbele a un amigo con el fin de persuadirlo para que te ayude con tus reformas, o bien puedes escribirles a los miembros de la administración del edificio para convencerlos de que paguen por las mejoras que debes hacer. Incluye conectores que muestren el orden de importancia.

_____

_____

_____

7. Escribe un párrafo usando una de las listas de la sección Aplica la escritura de la página **192**. Incluye conectores que muestren las relaciones de orden cronológico entre los elementos de la lista.

_____

_____

_____

Práctica de destrezas

Instrucciones: Elige la <u>mejor respuesta</u> para cada pregunta.

Cómo aumentar el equipo de ventas

(A)

(1) Dado que nuestra empresa está creciendo, necesitaremos cubrir nuevos puestos. (2) El éxito dependerá de nuestra capacidad para analizar currículums, hacer buenas preguntas en las entrevistas y evaluar las destrezas de los postulantes. (3) Aquí hay algunas pautas útiles.

(B)

(4) Primero, examinen todos los currículums para hallar posibles candidatos. (5) Consideren solo a aquellos postulantes que tengan experiencia básica en ventas. (6) Si un currículum está lleno de errores, no deben considerar a ese candidato para el puesto. (7) La persona que contraten también debe ser capaz de enviar a los clientes correos electrónicos bien escritos.

(C)

(9) Muchas de las preguntas que hagan surgirán a partir de una necesidad de aclarar algo del currículum. (10) Por ejemplo, quizá quieran averiguar más sobre el software que solía vender uno de los candidatos. (11) Hagan una lista con todas las preguntas que quieran hacer y llévenlas a las entrevistas. (12) Por último, entrevisten a los mejores candidatos y háganles las preguntas que anotaron.

(D)

(13) Asegúrense de escuchar atentamente las respuestas y de tomar notas. (14) Y, lo que es igualmente importante, observen cómo se comporta el candidato durante la entrevista. (15) ¿Parece accesible y seguro? (12) Estas son algunas de las cualidades que buscamos en un vendedor.

---

1. ¿Cuál de las siguientes oraciones sería la más eficaz si se colocara al comienzo del párrafo C?

   A. En segundo lugar, entrevisten a los candidatos que sean de su agrado.
   B. En segundo lugar, eliminen a los candidatos que no sean de su agrado.
   C. En segundo lugar, elijan candidatos posibles para el puesto.
   D. En segundo lugar, preparen preguntas para hacer a los potenciales candidatos en la entrevista.

2. ¿Qué corrección mejoraría la eficacia del artículo?

   A. comenzar un nuevo párrafo con la oración 11
   B. comenzar un nuevo párrafo con la oración 12
   C. comenzar un nuevo párrafo con la oración 14
   D. comenzar un nuevo párrafo con la oración 15

Práctica de escritura

Instrucciones: ¿Hay algo que siempre hayas querido hacer pero que nunca hayas hecho? Elige una actividad y escribe sobre ella. Decide si escribirás una secuencia o según el orden de importancia. Asegúrate de usar conectores para ayudar al lector.

Orden de causa y efecto y orden de comparación y contraste

Objetivos de la lección

Serás capaz de:

- usar el orden de causa y efecto.
- usar el orden de comparación y contraste.

Destrezas

- **Destreza principal:** Resolver problemas
- **Destreza principal:** Usar un organizador gráfico

Vocabulario

causa
comparar
contrastar
diagrama de Venn
efecto
múltiples

CONCEPTO CLAVE: Puedes organizar las ideas de un párrafo siguiendo un orden de causa y efecto o de comparación y contraste.

Combina las dos oraciones. Usa la conjunción entre paréntesis y coloca una coma o un punto y coma.

1. Carlos vendió más carros que cualquier otro empleado. Será premiado en la reunión del mes que viene. (por lo tanto,)

2. Lisa vive en Utah. Su hermana vive en Florida. (pero)

Orden de causa y efecto

Cuando organizas un párrafo siguiendo un orden de **causa y efecto**, indicas la **causa** de un suceso, es decir, el motivo por el cual ocurre. Asimismo, indicas el **efecto** de un suceso, es decir, lo que ocurre como resultado de ese suceso.

Cuándo usar el orden de causa y efecto

Puedes usar el orden de causa y efecto cuando quieras explicar algo que ocurrió. Por ejemplo, quizá elijas el orden de causa y efecto para explicar qué te ocurrió un día en el que cayeron 12 pulgadas de nieve en dos horas. ¿Dónde estabas en ese momento? ¿Qué te ocurrió como resultado de toda esa nieve? También puedes usar el orden de causa y efecto para **predecir**, es decir, anunciar de antemano, qué podría ocurrir. Por ejemplo, ¿qué ocurrirá como resultado de una lesión sufrida por la estrella de tu equipo favorito? ¿Cuál será el efecto de la lesión en el jugador y en el equipo?

Propósito	Ejemplos de temas
Para explicar la causa	Por qué tuvo que cerrar una tienda local
Para explicar el efecto	Qué ocurrió cuando el río desbordó
Para predecir el efecto	Qué podría ocurrir como resultado de una nueva industria en la ciudad

Organizar ideas según un efecto con múltiples causas

Hay dos maneras de organizar ideas siguiendo un orden de causa y efecto. La primera manera consiste en comenzar por el efecto y luego explicar qué fue lo que lo causó. Imagina que esta mañana llegaste tarde al trabajo y quieres escribir un correo electrónico a tu jefe para explicarle por qué llegaste tarde. Comienzas por el efecto: llegaste tarde al trabajo. Luego, explicas una causa: el tren se rompió y quedaste varado en el tren roto. Un efecto puede tener **múltiples**, es decir, muchas, causas. Si llegaste tarde debido a más de un suceso, debes incluir todas las causas en tu correo electrónico.

El siguiente párrafo es un ejemplo de un correo electrónico que podrías enviar a tu jefe. Las ideas están organizadas siguiendo un orden de causa y efecto. Observa el párrafo y piensa en el efecto (llegar tarde al trabajo) y sus dos causas (quedar varado en un tren roto y tener que juntar mis papeles).

> Esta mañana llegué tarde al trabajo. Esto se debió a que hubo un desperfecto mecánico en el tren y este se detuvo. Como resultado, quedé varado en el tren durante casi una hora. Finalmente, el tren volvió a arrancar y pude bajarme en mi estación. Como iba tan apurado, me tropecé en la acera. Entonces todos mis papeles salieron volando y tuve que correr tras ellos para juntarlos. Por estos motivos, llegué una hora tarde al trabajo.

El orden de causa y efecto suele seguir un orden cronológico. Es decir, relatas los sucesos en el orden en que ocurrieron. Narrar el momento en que ocurrieron los sucesos a menudo resulta útil para explicar cómo un evento provocó otro. Piensa en lo primero que ocurrió en el párrafo. Luego, piensa en lo que eso provocó que ocurriera luego.

A veces se produce una cadena de sucesos de causa y efecto. Una causa tiene un efecto. Por ejemplo, en el párrafo en el que mencionas que llegaste tarde al trabajo, el desperfecto mecánico (causa) hizo que el tren se rompiera (efecto). Ese efecto se transforma en una causa y provoca que algo más ocurra. El tren se rompió (causa) y eso hizo que quedaras varado en el tren (efecto).

causa (desperfecto mecánico) ⟶	efecto (el tren se detiene)
causa (el tren se detiene) ⟶	efecto (quedas varado)
causa (tropiezas) ⟶	efecto (los papeles salen volando)
causa (los papeles salen volando) ⟶	efecto (los recoges)

Organizar ideas según una causa con múltiples efectos

Otra manera de organizar ideas siguiendo un orden de causa y efecto consiste en comenzar por la causa y luego explicar sus efectos. De la misma manera que un efecto puede tener múltiples causas, una causa puede tener múltiples efectos. Mientras lees el párrafo, piensa en la causa y los efectos.

> En el hospital se construyó una nueva ala. Como resultado, se crearon nuevos puestos de trabajo. Primero, el hospital contrató una empresa constructora para diseñar y construir el ala. Como consecuencia, trabajadores desempleados consiguieron trabajo. Además, el hospital contrató más personal. Se contrataron más médicos, enfermeras y otros empleados porque el hospital se había agrandado. Dado que ahora era más grande y contaba con más personal, el hospital podría recibir a más pacientes. De esta manera, la nueva ala creó nuevos puestos de trabajo y permitió que más pacientes pudieran recibir tratamiento.

Uso de conectores

Como sabes, los buenos escritores usan conectores para hacer que el patrón de organización sea claro. Aquí hay algunos conectores que puedes usar al organizar ideas siguiendo un orden de causa y efecto.

Conectores para causa y efecto			
como resultado	porque	como consecuencia	debido a
por este motivo	dado que	por lo tanto	de esta manera

Ahora, observa el párrafo sobre el hospital. ¿Qué conectores incluyó el autor para hacer que la organización sea clara? Los conectores *como resultado, porque, dado que* y *de esta manera* son pistas de que se siguió un orden de causa y efecto. ¿Qué te ayudan a comprender los conectores *primero* y *además*?

Reconocer relaciones de causa y efecto

No todos los sucesos son una causa o un efecto. El hecho de ocurrir primero no convierte a un suceso en la causa del suceso siguiente. Solo usa conectores de causa y efecto para vincular sucesos que tengan una relación de causa y efecto. Lee el siguiente pasaje:

> El equipo de hockey ganó el partido, y el jugador estrella anotó siete goles. Por este motivo, el jugador se rompió la pierna durante la práctica. Como resultado, se perderá el resto de la temporada.

Este pasaje contiene una relación de causa y efecto: el jugador se rompió la pierna y, como resultado, se perderá el resto de la temporada. El jugador estrella no se rompió la pierna porque anotó siete goles. El conector *Por este motivo* no debe usarse ya que no hay una relación de causa y efecto. En su lugar, debería usarse un conector que muestre un orden cronológico, como por ejemplo, *Al día siguiente*.

Ahora, observa esta lista que muestra algunos de los efectos de subir los precios de los carros nuevos. ¿Cuál de las siguientes opciones no representa un efecto del costo elevado de los carros nuevos?

---

1. **Las personas se quedan con sus carros viejos y acumulan más millaje.**

2. **Los carros nuevos tienen un mayor ahorro de combustible.**

3. **Los mecánicos tienen más trabajo arreglando los carros viejos de las personas.**

4. **Los clientes quieren ahorrar dinero, así que prefieren comprar carros usados antes que nuevos.**

El punto 2 no es un efecto. Quizá sea verdad que los carros nuevos tienen un mayor ahorro de combustible, pero ese no es un efecto del aumento de precio de los carros nuevos.

APLICA LA ESCRITURA

Instrucciones: Piensa en un párrafo que puedas escribir sobre los efectos de la contaminación ambiental de una ciudad. ¿Cuál de estas causas incluirías en el párrafo?

1. _____ **A.** Hay gases de escape provenientes de carros y camiones.

   _____ **B.** Los carros eléctricos no son prácticos.

   _____ **C.** Las fábricas liberan humo nocivo a través de sus chimeneas.

   _____ **D.** Las personas queman muchas hojas y basura.

Instrucciones: Enumera dos posibles causas y dos posibles efectos de este suceso: un ascenso en el trabajo.

2. **Efectos**   **Causas**

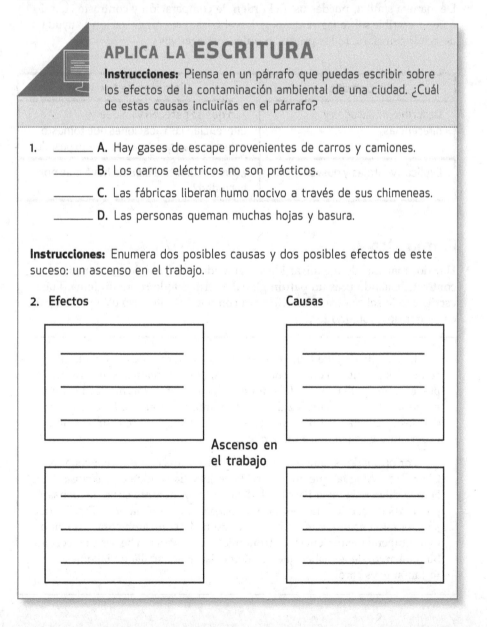

Ascenso en el trabajo

Orden de comparación y contraste

Cuando usas el **orden de comparación y contraste**, muestras en qué se parecen **(comparar)** y en qué se diferencian **(contrastar)** determinados temas, sucesos o elementos.

Cuándo usar el orden de comparación y contraste

Comparas y contrastas cuando quieres contar en qué se parecen y en qué se diferencian dos cosas. Por ejemplo, si tuvieras que elegir entre dos empleos diferentes, podrías compararlos y contrastarlos para poder decidirte. Pensarías en los distintos aspectos de los empleos. ¿La ubicación de los empleos es diferente? ¿Qué ubicación te conviene más? ¿Quieres trabajar cerca de casa? ¿Puedes viajar?

También podrías comparar y contrastar la experiencia requerida o el salario y los beneficios. ¿En cuál de los empleos se ofrece mejor salario? ¿Qué beneficios satisfacen mejor tus necesidades? Luego, tomarás una decisión en función de tu comparación.

De manera similar, puedes usar el orden de comparación y contraste cuando quieras escribir sobre las ventajas y desventajas. Esta organización te ayuda a describir con claridad los puntos positivos y negativos.

Propósito	Ejemplos de tema
Describir similitudes y diferencias	¿En qué se parecen y en qué se diferencian las vacaciones que tomaste este año y las que tomaste el año pasado?
Explicar ventajas y desventajas	¿Qué candidato a alcalde hará más por la ciudad?

Patrón global

Hay dos maneras de organizar ideas siguiendo un orden de comparación y contraste. Cuando usas un **patrón global**, escribes todo sobre un tema. Luego, escribes todo sobre otro tema. Observa cómo un escritor usó este patrón para comparar dos restaurantes.

La Parrilla de Jake tiene la barbacoa más sabrosa de la ciudad. La comida es picante y con muchas especias, ¡y las porciones son gigantes! A pesar de que la Parrilla de Jake no tiene la ambientación más acogedora, no permitas que la sencillez del salón te impida cenar allí. La comida es deliciosa y barata, y el restaurante es limpio. Cenar allí te resultará una experiencia gastronómica maravillosa.

Por otro lado, si quieres una ambientación más lujosa, ve a cenar a Chez Paris. Al igual que en la Parrilla de Jake, la comida es deliciosa. Pero, a diferencia de la Parrilla de Jake, este restaurante sirve pequeñas porciones de comida francesa, no barbacoa. A diferencia de la Parrilla de Jake, el salón es elegante. Si buscas tanto una buena ambientación como una estupenda experiencia gastronómica, Chez Paris debe ser tu elección. Sin embargo, debes saber que, a diferencia de la Parrilla de Jake, ¡este restaurante es caro!

Patrón puntual

Cuando usas un **patrón puntual**, cuentas algo sobre un tema y luego comparas el mismo punto con otro tema. Luego, pasas al próximo punto y así sucesivamente. Aquí se muestra cómo el escritor usó este patrón para comparar los restaurantes.

> Tanto la Parilla de Jake como Chez Paris tienen platos deliciosos, pero cada restaurante sirve un tipo de comida diferente. La Parrilla de Jake tiene la mejor barbacoa de la ciudad. Por otro lado, Chez Paris sirve la mejor comida francesa. En la Parrilla de Jake, la comida es picante y tiene muchas especias, y las porciones son enormes. Por el contrario, Chez Paris no sirve comida picante y especiada, y las porciones son pequeñas. Asimismo, la ambientación de ambos restaurantes es diferente. En la Parrilla de Jake es sencilla, mientras que en Chez Paris es elegante. Los precios de los platos también son distintos. Cenar en la Parrilla de Jake es barato, ¡mientras que la cena en Chez Paris es cara! Ambos restaurantes ofrecen una maravillosa experiencia gastronómica.

Uso de conectores

Puedes usar conectores para que la organización de comparación y contraste de tu narración sea clara. Busca algunos de estos conectores en los párrafos sobre la Parrilla de Jake y Chez Paris.

Conectores para comparación y contraste				
también	además	asimismo	al igual que	de manera similar
a pesar de	pero	por el contrario	por otro lado	a diferencia de

Planificar un párrafo de comparación y contraste

Un organizador gráfico te puede ayudar a organizar las ideas antes de escribir siguiendo un orden de comparación y contraste. Tanto un diagrama de Venn como una tabla son organizadores gráficos de utilidad para establecer un orden de comparación y contraste. Si usas una tabla, distribuye la información en columnas, como las de la tabla de abajo.

Puntos para debatir	Parrilla de Jake	Chez Paris
Tipo de comida	barbacoa	francesa
Calidad de la comida	picante y especiada, porciones grandes	no picante ni especiada, porciones pequeñas
Ambientación	sencilla	elegante
Precio	barato	caro

Destreza principal
Usar un organizador gráfico

Puedes usar un organizador gráfico como ayuda para organizar las ideas antes de escribir. Un mapa conceptual muestra una idea principal y detalles. Ya usaste un mapa conceptual para organizar ideas siguiendo un orden de importancia. Los diagramas y las tablas son organizadores gráficos. Puedes usar un diagrama de causa y efecto para mostrar un efecto con muchas causas o una causa con muchos efectos.

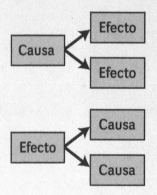

Usa un **diagrama de Venn** para mostrar en qué se parecen y en qué se diferencian dos cosas. Las similitudes van en el espacio donde se superponen los dos círculos.

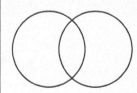

Observa el párrafo sobre los dos restaurantes. Ahora, haz un diagrama de Venn para comparar los dos restaurantes.

ESCRIBIR PARA APRENDER

Piensa en dos lugares diferentes donde hayas vivido o te gustaría vivir. ¿Cómo los compararías y los contrastarías? Primero, haz un diagrama de Venn para organizar tus ideas. Luego, usa el patrón global o el patrón puntual para escribir un párrafo sobre los dos lugares.

APLICA LA ESCRITURA

Instrucciones: Completa las tablas de comparación y contraste de abajo.

1.

Temas para debatir	Perros	Gatos
Cuidado	_____	_____
	_____	_____
	_____	_____
Comportamiento	_____	_____
	_____	_____
	_____	_____
	_____	_____
	_____	_____

2.

Temas para debatir	Océano	Laguna
Características	_____	_____
	_____	_____
	_____	_____
Aspecto	_____	_____
	_____	_____
	_____	_____
	_____	_____

202   Escritura

Instrucciones: Compara y contrasta dos opciones de posibles carreras. Indica en qué se parecen y en qué se diferencian. Luego, en un cuaderno, escribe un resumen usando uno de los patrones de comparación y contraste.

Elección de carrera 1: _____ **Elección de carrera 2:** _____

¿En qué se parecen?

_____

_____

_____

_____

_____

_____

_____

_____

¿En qué se diferencian?

_____	**Destrezas necesarias**	_____
_____		_____
_____	**Formación académica necesaria**	_____
_____		_____
_____	**Salida laboral**	_____
_____		_____
_____	**Posible salario**	_____
_____		_____
_____	**Potencial de ascenso**	_____
_____		_____

Repaso de vocabulario

Instrucciones: Une cada elemento de la primera columna con un elemento de la segunda columna para completar cada oración.

1. Una **causa**

2. Cuando **comparas**

3. Un **diagrama de Venn**

4. **Múltiples** causas

5. Un **efecto**

6. Cuando **contrastas**

A. es un tipo de organizador gráfico.

B. indicas en qué se diferencian determinadas cosas.

C. indica por qué ocurrió algo.

D. es lo que ocurre como resultado de otra cosa.

E. indicas en qué se parecen determinadas cosas.

F. significa que un suceso tiene más de una causa.

Repaso de destrezas

Instrucciones: Imagina que vas a escribir sobre las situaciones que se describen a continuación. Completa cada organizador gráfico como ayuda para organizar tus ideas.

1. De qué manera estar en un embotellamiento afecta tu día

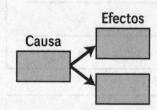

2. Similitudes y diferencias entre dos actividades que disfrutas hacer

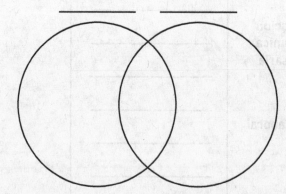

Práctica de destrezas

Instrucciones: Elige la <u>mejor respuesta</u> para cada pregunta.

A: Todos los empleados
Fecha: 16 de marzo
Asunto: Cambios en la semana laboral

(A)

(1) Nuestra empresa necesita reducir los costos energéticos. (2) De la misma manera, la administración ha decidido realizar cambios en la semana laboral. (3) Creemos que los cambios de horarios beneficiarán tanto a la empresa como a los empleados. (4) En esta circular se explican en detalle todos estos cambios.

(B)

(5) En este momento, todos los empleados trabajan cuarenta horas, cinco días a la semana. (6) En un período de dos semanas, trabajan 80 horas. (7) Dado que los empleados trabajan de 8:30 a 5:00 y tienen media hora para almorzar, se les paga por un día de trabajo de ocho horas. (8) Como las oficinas están abiertas cinco días a la semana, debemos encender la calefacción del edificio durante cinco días. (9) Y eso aumenta nuestros gastos energéticos. (10) Además, nuestros empleados deben viajar cinco días a la semana para venir a trabajar. (11) Y eso aumenta los gastos de transporte.

(C)

(12) Al igual que en el esquema de horario original, los empleados trabajarán 80 horas en un período de dos semanas. (13) A diferencia del esquema de horario original, los empleados solo trabajarán nueve días en ese período de dos semanas. (14) La empresa cerrará sus oficinas viernes por medio. (15) Con el nuevo esquema de horarios, los empleados trabajarán de 8:30 a 6:00 de lunes a jueves y de 8:30 a 5:00 viernes por medio.

(D)

(16) Esto reducirá los costos energéticos de la empresa. (12) Asimismo, reducirá los costos de transporte de los empleados, pero no sus salarios.

---

1. ¿Cuál de las siguientes oraciones sería la más eficaz si se colocara al comienzo del párrafo C?

    A. La nueva semana laboral es igual a la semana laboral original.
    B. Si bien se basa en el plan original, la nueva semana laboral presenta cambios significativos.
    C. La mayoría de los días, los empleados trabajarán de **8:30** a **6:00**.
    D. Hay muchas maneras de organizar las semanas laborales.

2. Oración **2**: <u>De la misma manera,</u> la administración ha decidido realizar cambios en la semana laboral.

    ¿Cuál es la mejor manera de escribir la parte subrayada de la oración **2**? Si la mejor opción es la original, elige la opción (A).

    A. De la misma manera,
    B. Como resultado,
    C. De manera similar,
    D. Por otro lado,

Práctica de escritura

Instrucciones: Escribe uno o dos párrafos para comparar y contrastar dos personajes de alguna película que hayas visto. Usa un patrón global o un patrón puntual. Incluye conectores para hacer que el orden de comparación y contraste sea más claro.

Repaso

Instrucciones: Elige la mejor respuesta para cada pregunta. Las preguntas **1** a **6** se refieren al siguiente artículo.

Las cinco funciones de la gerencia

(A)

(1) Las cinco funciones básicas de la gerencia son: planificación, organización, manejo de personal, dirección y control. (2) Los gerentes de todas las empresas tienen estas funciones, pero el alcance de cada función y el tiempo que requiere pueden variar. (3) Por ejemplo, todos los gerentes deben planificar, pero los gerentes de mayor jerarquía pasan más tiempo planificando. (4) Esto puede resultar difícil de creer si consideras los planes absurdos que suelen idear. (5) Por lo general, los supervisores de menor jerarquía pasan la mayoría del tiempo dirigiendo y controlando.

(B)

(6) Planificar significa determinar qué se debe hacer en el futuro. (7) Implica establecer metas, objetivos y procedimientos. (8) También incluye reunir y ordenar información de diversas fuentes.

(C)

(9) Incluso cuando hay crisis diarias, los gerentes deben tener la precaución de reservar algo de tiempo para la planificación.

(D)

(10) La función organizativa responde la pregunta "¿Cómo se dividirá el trabajo?". (11) Parte del trabajo de un supervisor consiste en agrupar actividades y tareas en secciones o equipos. (12) Organizar implica asignar estas actividades y tareas. (13) El manejo de personal incluye la selección y capacitación de los empleados. (14) El gerente debe evaluar el rendimiento de los empleados y tomar decisiones con respecto a los ascensos. (15) También debe decidir cuánto dinero se les debe pagar a los empleados.

(E)

(16) Independientemente del nombre que se le dé, la dirección es importante para la satisfacción, productividad y comunicación laboral. (17) En la función directiva, el supervisor trata de mantener contentos a los empleados y al mismo tiempo alcanzar las metas del departamento. (18) Dirigir es un proceso diario que implica orientar, entrenar y supervisar a los empleados. (19) Es la tarea en la que más tiempo invierten los supervisores. (20) Entrenar el equipo deportivo de tu hijo puede ser muy gratificante.

(F)

(21) Controlar significa decidir si la planificación se está cumpliendo y si se están logrando avances. (22) También implica solucionar cualquier tipo de problemas que surjan en el camino. (23) Sin la planificación, no se podrían llevar a cabo ninguna de las otras cuatro funciones de la gerencia. (24) Los supervisores no podrían llevar un control si no hubiese una planificación que seguir.

1. ¿Qué corrección mejoraría la eficacia del párrafo A?

    A. mover la oración 2 después de la oración 3.
    B. mover la oración 4 después de la oración 5.
    C. mover la oración 5 al comienzo del párrafo B.
    D. eliminar la oración 4.

2. Oración 9: Incluso cuando hay crisis diarias, los gerentes deben tener la precaución de reservar algo de tiempo para la planificación.

    ¿Qué corrección hay que hacer con respecto a la oración 9?

    A. mover la oración 9 después de la oración 7.
    B. mover la oración 9 después de la oración 10.
    C. mover la oración 9 al final del párrafo B.
    D. eliminar la oración 9.

3. ¿Qué corrección mejoraría la eficacia de este artículo?

    A. comenzar un nuevo párrafo con la oración 11.
    B. comenzar un nuevo párrafo con la oración 12.
    C. comenzar un nuevo párrafo con la oración 13.
    D. comenzar un nuevo párrafo con la oración 14.

4. ¿Cuál de las oraciones de abajo sería la más eficaz si se insertara al comienzo del párrafo E?

    A. Dirigir también se conoce como liderar o motivar.
    B. Un empleado satisfecho es un empleado productivo.
    C. Los supervisores deben saber cómo dirigir.
    D. La comunicación es muy importante en el mundo de los negocios.

5. ¿Qué corrección mejoraría la eficacia del párrafo E?

    A. mover la oración 17 después de la oración 19.
    B. mover la oración 19 después de la oración 20.
    C. mover la oración 20 al comienzo del párrafo F.
    D. eliminar la oración 20.

6. Oración 23: Sin la planificación, no se podrían llevar a cabo ninguna de las otras cuatro funciones de la gerencia.

    ¿Qué corrección hay que hacer con respecto a la oración 23?

    A. mover la oración 23 al final del párrafo E.
    B. mover la oración 23 al principio del párrafo F.
    C. mover la oración 23 después de la oración 21.
    D. mover la oración 23 después de la oración 24.

Instrucciones: Elige la mejor respuesta para cada pregunta. Las preguntas 7 a 12 se refieren al siguiente artículo.

Una maestra de inglés en la corte de Siam

(A)

(1) Anna Crawford nació en Gales, Gran Bretaña, en 1845. (2) Fue a la escuela en Gales mientras su madre y su padrastro vivían en India. (3) En cuanto Anna se graduó, viajó a India para reunirse con ellos. (4) Fue un viaje en barco largo y difícil. (5) Hoy en día, puedes recorrer esa misma distancia en avión en cuestión de horas.

(B)

(6) Antes de cumplir 20 años, Anna ya había viajado a diversos lugares y había aprendido muchos idiomas orientales. (7) También se había casado con un comandante británico llamado Thomas Leonowens. (8) Su primer hijo murió y Anna enfermó. (9) Los médicos le indicaron un cambio de clima, un consejo muy común en una época donde el conocimiento médico era limitado. (10) Anna y Thomas se mudaron a Australia. (11) Lamentablemente, el barco en el que viajaban naufragó en camino. (12) Estaban tan abrumados por su mala suerte que buscaron otro lugar para vivir. (13) A continuación, se mudaron a Londres, Inglaterra. (14) Luego, se fueron a Singapur, en el Lejano Oriente.

(C)

(15) Después de dos años en Singapur, el esposo de Anna murió. (16) Para entonces, ella tenía 28 años y dos hijos. (17) Abrió una escuela para mantenerse a sí misma y a sus hijos. (18) El rey de Siam (país que en la actualidad se llama Tailandia) escuchó hablar sobre su trabajo y la convocó. (19) Eso podría sonar sencillo, pero el rey tenía 67 hijos. (20) Quería darles a todos una educación europea.

(D)

(21) Quería que Anna les enseñara conocimientos occidentales a las madres de los niños también.

(E)

(22) Anna permaneció en Siam por 6 años. (23) Enseñó a sus alumnos inglés, matemáticas y ciencias. (24) Anna también intentó enseñarles que la esclavitud, que en esa época era parte de la vida de Siam, estaba mal. (25) En 1867, Anna enfermó nuevamente y se fue a vivir a Estados Unidos. (26) Se escribió cartas con sus estudiantes siameses por el resto de su vida. (27) Cuando uno de ellos se transformó en rey después de la muerte de su padre, Anna observó con orgullo cómo abolió la esclavitud. (28) Setenta y cinco años después, en 1945, la publicación de *Anna y el rey de Siam* hizo que Anna se volviera famosa. (29) El libro estaba basado en las memorias de Anna, que se llamaron *La institutriz inglesa en la corte siamesa*. (30) A eso le siguió una exitosa obra musical, y luego se filmó la película *El rey y yo*.

Repaso

7. ¿Qué corrección mejoraría la eficacia del párrafo A?

   A. mover la oración 4 después de la oración 5.
   B. mover la oración 3 después de la oración 4.
   C. mover la oración 5 al comienzo del párrafo B.
   D. eliminar la oración 5.

8. Oración 12: Estaban tan abrumados por su mala suerte que buscaron otro lugar para vivir.

   ¿Qué corrección hay que hacer con respecto a la oración 12?

   A. mover la oración 12 después de la oración 7.
   B. mover la oración 12 después de la oración 13.
   C. mover la oración 12 al comienzo del párrafo C.
   D. eliminar la oración 12.

9. ¿Qué corrección mejoraría la eficacia del párrafo C?

   A. mover la oración 15 al final del párrafo B.
   B. mover la oración 17 después de la oración 18.
   C. mover la oración 19 después de la oración 20.
   D. mover la oración 20 al comienzo del párrafo D.

10. Oración 21: Quería que Anna les enseñara conocimientos occidentales a las madres de los niños también.

    ¿Qué corrección hay que hacer con respecto a la oración 21?

    A. mover la oración 21 al final del párrafo C.
    B. mover la oración 21 al comienzo del párrafo E.
    C. mover la oración 21 después de la oración 17.
    D. eliminar la oración 21.

11. ¿Qué oración sería la más eficaz si se colocara al comienzo del párrafo E?

    A. Anna seguía enferma.
    B. Anna escribió muchas cartas toda su vida.
    C. El tiempo que Anna pasó en la corte fue muy productivo.
    D. Anna creía que los niños debían aprender sobre la importancia de la justicia.

12. ¿Qué corrección mejoraría la eficacia del párrafo E?

    A. comenzar un nuevo párrafo con la oración 26.
    B. comenzar un nuevo párrafo con la oración 27.
    C. comenzar un nuevo párrafo con la oración 28.
    D. comenzar un nuevo párrafo con la oración 29.

Instrucciones: Elige la mejor respuesta para cada pregunta.

13. (1) Hay muchos motivos para participar en actividades comunitarias. (2) Es una buena manera de conocer a los vecinos. (3) Y, lo que es más importante, uno se siente bien al colaborar. (4) Los estudios indican que las buenas obras ayudan a las personas a vivir más. (5) Asimismo, te puedes enterar de las últimas novedades del vecindario.

¿Qué corrección mejoraría la organización del párrafo?

A. mover la oración 4 después de la oración 2.
B. mover la oración 3 después de la oración 1.
C. mover la oración 5 al comienzo del párrafo.
D. eliminar la oración 1.

14. Las auroras iluminan el cielo nocturno con impactantes colores. Se forman (_____) el Sol envía enormes cantidades de partículas al espacio.

¿Qué palabra completa mejor la oración para indicar un orden de causa y efecto?

A. porque
B. antes
C. por lo tanto
D. por último

15. Algunas de las partículas son atraídas por el campo magnético terrestre; una vez allí, interactúan y chocan con moléculas de aire, lo cual (_____) su brillo.

¿Qué palabra completa mejor la oración para indicar un orden de causa y efecto?

A. se debe a
B. es resultado de
C. causa
D. es consecuencia de

16. (_____) el Sol está particularmente activo o los vientos solares son especialmente fuertes, la aurora boreal puede llegar a apreciarse en el sur.

¿Qué palabra completa mejor la oración para indicar un orden de causa y efecto?

A. Antes
B. Porque
C. Después de que
D. Cuando

17. (1) Chris y Gary compitieron en la competencia culinaria de chili con carne del vecindario. (2) Chris preparó su chili con carne y dos tipos de frijoles. (3) _____, Gary preparó una versión con frijoles, verduras y tofu.

¿Qué palabra o frase debería agregarse al comienzo de la oración 3?

A. Por otro lado
B. De manera similar
C. Como resultado
D. Dado que

18. Tanto Janet como Pria escriben un blog, (_____) el blog de Janet tiene más seguidores.

¿Qué palabra o frase debería agregarse a la oración?

A. como consecuencia
B. de manera similar
C. además
D. pero

Repaso

19. (1) Hola, ¿podemos encontrarnos para almorzar hoy?

(2) Seguro. ¿A qué hora y dónde?

(3) ¿Qué te parece en Pizza Vinny a las **12:30**?

(4) Por supuesto, ese restaurante y esa hora son bastante aceptables.

(5) ¡Genial! Nos vemos pronto.

¿El tono de qué oración debería ser revisado?

A. Oración 2

B. Oración 3

C. Oración 4

D. Oración 5

20. (1) Una semana de campamento fue algo bueno para mi familia. (2) Hicimos caminatas e identificamos plantas autóctonas. (3) Otra cosa buena que hicimos fue cocinar todo en una fogata. (4) Nuestro estado físico mejoró con todo lo que anduvimos en kayak y todo lo que nadamos.

¿Qué oración debería agregarse después de la oración 1?

A. La mejor parte fue depender mutuamente uno de otro para obtener compañía y entretenimiento.

B. También tuvimos que conversar entre nosotros dado que no llevamos ningún dispositivo electrónico.

C. Por este motivo, quiero ir de nuevo el año que viene.

D. La mayoría de las veces, vamos a parques de diversiones.

21. (1) Tener un plan te transforma en un comprador eficiente. (2) En casa, haz una lista de lo que necesitas y reúne todos los cupones que vayas a usar. (3) No olvides buscar las ofertas especiales de la tienda. (4) Comienza en uno de los lados de la tienda y recórrela pasillo por pasillo. (5) Lleva contigo bolsas de tela para colaborar con el medio ambiente. (6) Ten listo tu método de pago cuando llegues al sector de cajas.

¿Qué corrección hay que hacer en este párrafo?

A. mover la oración 3 al comienzo del párrafo.

B. mover la oración 4 al final del párrafo.

C. mover la oración 5 después de la oración 2.

D. eliminar la oración 6.

22. ¿Qué oración debería incluirse en una evaluación de trabajo formal?

A. El trabajo perezoso de Ted pronto lo dejará en la calle.

B. Ted es un buen chico, pero su velocidad no es de lo mejor.

C. No me romperé el brazo dándole a Ted una palmada en la espalda por ese tipo de trabajo.

D. Ted podría mejorar su rendimiento si se apegara al cronograma del departamento.

23. Comienza por escribir tu rutina cotidiana actual. Luego, identifica los períodos de tiempo libre. Asimismo, determina si hay actividades que se puedan mover o eliminar. Después de eso, decide cuál es el mejor momento para hacer ejercicio. Anótalo en tu calendario para asegurarte de recordarlo.

¿Qué oración del tema se debería agregar al párrafo?

A. Tener un calendario para planificar actividades es fundamental.

B. El ejercicio mejorará tu vida.

C. Todos deberían anotarse en un gimnasio.

D. Incluir una actividad física en tu rutina diaria es posible.

24. Estoy fascinado con el asombroso rendimiento de combustible que tiene mi nuevo cuatro ruedas.

¿Cuál es la mejor manera de revisar la oración de arriba para darle un tono formal?

A. Me complace el hecho de que el rendimiento de combustible de mi nuevo carro pueda describirse como económico.

B. ¡Asombroso! Paso muchísimo menos tiempo junto al surtidor de combustible con este amigo de cuatro ruedas.

C. Mi billetera ha aumentado de peso gracias a este tanque de combustible.

D. Estoy asombrado por lo bien que se porta este nuevo vehículo en el surtidor de combustible.

25. (1) Revisa tu agenda y anota la reunión. (2) Habrá muchos temas que tratar. (3) El histórico edificio Myers necesita restauración. (4) Debemos organizar un equipo para trabajar en la escuela secundaria el día después de la fiesta de promoción. (5) Necesitamos voluntarios para trabajar en la feria anual de reparación de bicicletas. (6) La próxima reunión de la Asociación comunitaria se llevará a cabo el 24 de abril.

¿Qué corrección hay que hacer en este párrafo?

A. mover la oración 6 al comienzo del párrafo.
B. mover la oración 3 después de la oración 5.
C. mover la oración 1 después de la oración 2.
D. eliminar la oración 4.

26. Al limpiar una pecera, lo primero que debes hacer es colocar los peces en otra pecera o en otro recipiente con parte del agua que había en la pecera original. Luego, quita el resto del agua y cualquier decoración plástica que haya. Después de eso, limpia las paredes internas con un paño limpio y humedecido. Vuelve a llenar de agua la pecera.

¿Qué oración debería agregarse al final del párrafo?

A. Vuelve a colocar los peces en la pecera una vez que el agua llegue a los **75** grados aproximadamente.
B. Limpia el fondo de la pecera con otro paño.
C. A tus peces les agradará nadar en su recién aseado hábitat.
D. Trabaja con rapidez ya que a algunos peces no les gusta estar afuera de su pecera original.

27. Todos deberían visitar al menos uno de nuestros parques nacionales. Estos parques nos enseñan sobre nuestra herencia cultural. Las hermosas vistas y los asombrosos paisajes que ofrecen nos ayudan a apreciar la naturaleza. Además, visitar un parque nacional es una manera económica de vacacionar.

¿Cuál es el propósito del autor al escribir este párrafo?

A. informar
B. persuadir
C. explicar
D. entretener

28. (1) La Tienda de Richard cerrará sus puertas a comienzos del próximo mes. (2) Las ventas han ido disminuyendo de manera constante desde que en la ciudad se inauguró el centro comercial el año pasado. (3) Muchos de los adultos que conocían a Richard se fueron de la ciudad, mientras que los más jóvenes compran en las nuevas tiendas. (4) Por lo tanto, Richard no tuvo otra opción más que cerrar su tienda. (5) La liquidación por cierre de los productos de la tienda comenzará el 15 de este mes.

¿Qué oración se debería agregar entre las oraciones 3 y 4?

A. Siempre me gustaron sus tarjetas de felicitación.
B. Como resultado, sus ganancias han disminuido, mientras que sus gastos han permanecido altos.
C. Lamentablemente, los jóvenes no reconocen el valor que tiene una tienda local.
D. Es una lástima, ya que Richard conocía a todos esos jóvenes.

29. (1) Hay dos tipos principales de árboles: perennes y caducifolios. (2) Las coníferas son árboles de hoja perenne; sus hojas tienen forma de aguja y no se caen. (3) Estos árboles tienen el mismo aspecto durante todo el año. (4) (_____), los árboles caducifolios tienen hojas anchas que se caen en otoño y vuelven a crecer en primavera. (5) Los árboles caducifolios van cambiando de aspecto a lo largo del año.

¿Qué frase se podría agregar al comienzo de la oración **4**?

A. De manera similar
B. En cambio
C. Por lo tanto
D. De manera interesante

30. Elige un problema que haya surgido en tu comunidad y en el que estés muy interesado. Escribe un ensayo sobre ese problema. Incluye las causas y los posibles efectos si no se resolviera el problema. Asegúrate de usar conectores para ayudar a tu lector a comprender la relación entre las ideas.

Comprueba tu comprensión

En la siguiente tabla, encierra en un círculo las preguntas que hayas respondido de forma incorrecta. Junto a los números de las preguntas, verás las páginas que puedes repasar para responder las preguntas correctamente. Presta particular atención a las áreas en las que no respondiste correctamente la mitad o más de la mitad de las preguntas.

Repaso del Capítulo 6

Área de destreza	Número de ejercicio	Páginas de repaso
Estructura de los párrafos y oraciones del tema	2, 3, 4, 5, 7, 10, 11, 25, 27	172–179
Tono y dicción	1, 8, 19, 22, 24	180–185
Orden de importancia y orden cronológico	9, 12, 13, 20, 21, 23	186–195
Orden de causa y efecto y orden de comparación y contraste	6, 14, 15, 16, 17, 18, 26, 28, 29, 30	196–205

Repaso

PRÁCTICA PARA ESCRIBIR ENSAYOS

Estructura del texto

Instrucciones: Escribe un ensayo en el que uses una de las estructuras de texto que se describen abajo. Usa una de las sugerencias o algún tema que se te ocurra. Asegúrate de usar la estructura de párrafos correcta. Establece una idea principal clara e incluye una cantidad de detalles suficiente para apoyarla. Presenta la idea principal en una oración del tema. Usa el tono y la dicción apropiados para tu audiencia.

Si es necesario, repasa la Lección **6.1**, **6.2**, **6.3** o **6.4** para obtener ayuda sobre la estructura de los párrafos, el tono y la dicción, el orden de importancia, el orden cronológico, el orden de causa y efecto, y el orden de comparación y contraste.

ORDEN DE IMPORTANCIA Y ORDEN CRONOLÓGICO

- Explica cómo hacer algo, como por ejemplo, hacer una manta, crear un álbum de recortes, construir un comedero para aves o preparar una receta favorita.

- Explica cómo funciona algo, como por ejemplo, una computadora, un teléfono celular, un aparato eléctrico o un automóvil.

- Describe una rutina, como por ejemplo, cómo estudias para un examen, cómo te preparas para una gran reunión familiar o cómo pagas tus cuentas.

- Relata un suceso o una experiencia, como por ejemplo, tus vacaciones familiares favoritas, tus vacaciones con amigos, una salida deportiva o el primer día de un nuevo trabajo.

CAUSA Y EFECTO

Usa el orden de causa y efecto para narrar sobre:

- cómo hacer que el uso de correas para las mascotas sea obligatorio en tu vecindario.

- la destrucción de humedales locales u otra área natural para construir condominios.

- cómo bajar la edad mínima para conducir que establece tu estado.

- cómo organizar una feria local de productores en tu vecindario.

COMPARACIÓN Y CONTRASTE

Compara y contrasta las características y ventajas de dos:

- automóviles

- planificadores financieros

- consultorios médicos

- bancos

- marcas de zapatos

- aeropuertos

Repaso

PRÁCTICA PARA ESCRIBIR ENSAYOS

_____

_____

_____

_____

_____

_____

_____

_____

_____

_____

_____

_____

_____

_____

_____

_____

_____

_____

_____

_____

_____

_____

_____

_____

_____

_____

_____

_____

_____

_____

_____

_____

El proceso de escritura

Si pudieras escribir sobre cualquier tema, ¿cuál elegirías? Parece una pregunta sencilla, pero los escritores generalmente coinciden en que lo más difícil del proceso de escritura es la etapa de preparación. Antes de comenzar a escribir, se deben considerar varios factores:

- ¿Quién es mi público?

- ¿Cuál es mi propósito?

- ¿Por dónde debo comenzar?

En este capítulo aprenderás cuáles son los pasos del proceso de escritura. Al separar el proceso en etapas, la tarea de escribir se vuelve más fácil.

Lección 7.1: Preparación para la escritura
Aprender cuáles son los tres pasos de la preparación para la escritura y el modo en que te ayudarán a comenzar a escribir.

Lección 7.2: Escritura
Aprender a escribir un borrador con una introducción, un cuerpo y una conclusión.

Lección 7.3: Revisión y edición
Es hora de darle los toques finales a tu texto. Esta lección te servirá de guía para mejorar tu texto.

Establecer objetivos

Todos los días se te presentan nuevas oportunidades para escribir. Puede tratarse de un informe para tu jefe o de una nota sencilla dirigida a la maestra de tu hijo. Todos tenemos motivos para querer convertirnos en buenos escritores. Piensa en tus motivos y responde la lista de comprobación de abajo.

Quiero aprender más acerca del proceso de escritura para

_____ escribir informes claros en mi trabajo.

_____ comunicarme con mis colegas por correo electrónico de manera eficaz.

_____ ser más creativo en las actividades de escritura.

_____ enviar postales que describan cómo fueron mis vacaciones.

_____ enviar notas de agradecimiento en las que pueda expresar claramente mis sentimientos.

_____ enviar editoriales bien escritos a mi periódico local.

¿Qué otros motivos tienes para querer aprender acerca del proceso de escritura?

_____

_____

_____

_____

_____

Preparación para la escritura

CONCEPTO CLAVE: El proceso de preparación para la escritura te ayuda a desarrollar y organizar ideas y a prepararte para escribir.

Reescribe las siguientes oraciones en el orden cronológico correcto.

Finalmente, salí a dar una vuelta en mi reluciente carro. Una vez que la cera se secó, lustré el carro hasta sacarle brillo al capó. A continuación, lavé el carro con agua y jabón. Después de secar el agua, llegó el momento de aplicar la cera. Primero, reuní todo lo necesario: esponjas, trapos, una cubeta con agua, jabón y cera. Decidí limpiar mi carro.

El proceso de preparación para la escritura

A menudo, la parte más difícil de escribir es comenzar a hacerlo. Tal vez sepas cuál es el tema sobre el que vas a escribir. Es posible que incluso sepas cuál es la información que vas a incluir. Sin embargo, escribir las primeras puede parecer imposible. ¿Qué vas a decir primero? ¿Qué es lo más importante? ¿Cómo puedes atrapar a tu lector? ¿Cómo puedes hacer que tu lector entienda?

Afortunadamente existe una manera de superar estas dificultades al escribir. Se trata del proceso de **preparación para la escritura**. Este proceso consiste en una serie de pasos que te ayudarán a desarrollar y organizar las ideas y a prepararte para escribir.

Pasos del proceso de preparación para la escritura
1. Pensar en aquello sobre lo que vas a escribir
2. Lluvia de ideas (hacer una lista de ideas)
3. Organizar ideas

Pensar en el tema

Responde las siguientes preguntas sobre el tema acerca del cual piensas escribir. Tus respuestas te ayudarán a ver más claramente lo que quieres hacer y cómo llevarlo a cabo.

- *¿Sobre qué voy a escribir?*
- *¿Quién va a leer lo que escriba?*
- *¿Cuál es mi objetivo para escribir esto?*

Por ejemplo, imagina que un escritor quiere escribir acerca de cómo se construyó un parque de juegos en un terreno desocupado de su vecindario. El terreno estaba descuidado y cubierto de maleza. Había basura, vidrios rotos y un carro abandonado. Los niños del vecindario jugaban en ese terreno porque no había un parque en la zona. Los habitantes del vecindario trabajaron en equipo para convertir el terreno en un parque de juegos. Abajo puedes ver cómo puede responder una escritora las preguntas sobre su tema.

- *¿Sobre qué voy a escribir?*

  un proyecto del vecindario para convertir un terreno desocupado en un parque de juegos

- *¿Quién va a leer lo que escriba?*

  el editor de nuestro periódico local y sus lectores

- *¿Cuál es mi objetivo para escribir esto?*

  contar cómo los habitantes de mi vecindario convirtieron un terreno en mal estado en un lugar donde los niños pueden jugar

La escritora no hizo ningún tipo de investigación para responder estas preguntas. Lo que hizo fue sencillamente pensar en el motivo por el que estaba escribiendo. Tener las respuestas a esas preguntas hizo que el proceso de escritura se volviera más concreto para ella. Después de este paso, ella supo lo que tenía que hacer.

Lluvia de ideas

La **lluvia de ideas** es una manera de reunir ideas sobre las que vas a escribir. Cuando haces una lluvia de ideas, anotas cualquier idea que te venga a la mente sobre el tema. No es necesario que te preocupes por la ortografía ni que escribas oraciones completas. Tampoco pienses si la idea es buena o es mala. Todo lo que debes hacer es **generar**, es decir, crear ideas.

Destreza de lectura
Comprender el tema

El primer paso del proceso de preparación para la escritura es preguntarte acerca de qué vas a escribir. Al elegir un tema, ten cuidado de no querer abarcar demasiada información. Cuando esto ocurre, el resultado puede ser que se pierda de vista el tema sobre el que querías escribir.

Después de hacer una lluvia de ideas sobre tu tema, vuelve atrás y revísala. Elimina las ideas que sean demasiado generales. Otra manera de evitar alejarse del tema es elegir una de las ideas de tu lista y hacer una nueva lluvia de ideas.

Lee el siguiente tema y la lista de ideas:

Hacer películas

- ensayo
- películas de suspenso
- dramas
- elegir actores
- comedias
- papeles del productor y del director
- filmar

¿Cuáles de estas ideas son demasiado generales y deben eliminarse de la lista?

Si escribes acerca de un tema que es muy familiar para ti, podrás generar muchas ideas para tu lista de lluvia de ideas. Pero si el tema que elegiste te resulta menos familiar, entonces hacer un poco de investigación te dará el impulso que necesitas.

Tu biblioteca local tiene libros, revistas, periódicos y videos. Los bibliotecarios están para ayudarte, así que puedes hablar con ellos.

La biblioteca de una universidad suele tener más libros académicos que una biblioteca pública. Generalmente se pueden pedir prestados libros de universidades por medio de la biblioteca local.

Internet puede ser un recurso valioso. Sin embargo, como hay tanta información disponible y parte de esa información no es confiable, debes tener cuidado. Usa páginas web que terminen en .edu, .gov o .org.

Una entrevista personal puede proveer información que no podrías obtener de otra manera. Si llevas a cabo entrevistas personales, asegúrate de tomar notas y sacar fotos. Si es posible, graba las entrevistas en audio o en video.

Haz una lista de lugares y personas que te ayude en tu investigación.

A continuación puedes ver una lista que incluye las ideas que se le ocurrieron a la escritora que hizo la lluvia de ideas sobre el terreno desocupado.

El terreno desocupado

la ciudad donó el terreno
los niños jugaban en el terreno
mi sobrino sugirió el parque
los niños necesitaban el parque de juegos
los vecinos se ofrecieron como voluntarios para hacer la limpieza
el terreno se veía en muy mal estado: maleza, vidrios rotos y latas
reunieron dinero para comprar equipo

APLICA LA **ESCRITURA**

Instrucciones: En un cuaderno, haz una lluvia de ideas acerca de cada uno de los siguientes temas. Dedica unos minutos a cada uno. Usarás una de estas listas más tarde para algo que vas a escribir, así que guarda tu trabajo.

1. Mis mejores vacaciones
2. El amigo que tengo desde hace más tiempo
3. Lo que estaré haciendo dentro de cinco años
4. Un encuentro deportivo emocionante
5. Alguien a quien admiro
6. Mi restaurante favorito
7. Un sueño hecho realidad

Organizar ideas

El tercer paso de la preparación para la escritura es **organizar** la información. Cuando organices, mira la lista de tu lluvia de ideas y decide cuáles quieres incluir. Luego, agrega cualquier otra idea que se te haya ocurrido.

A continuación, decide un patrón de organización. Puedes elegir ordenar la información siguiendo diferentes patrones: el orden de importancia, el orden cronológico, el orden de causa y efecto o el orden de comparación y contraste. Si necesitas un repaso de patrones de organización, ve al Capítulo 6. Cuando hayas elegido un patrón, numera tus ideas en el orden en el que escribirás sobre ellas.

Observa el modo en que la escritora organizó su lista.

El terreno desocupado

4. la ciudad donó el terreno

2. los niños jugaban en el terreno lleno de vidrios y basura

~~mi sobrino sugirió el parque~~

3. los niños necesitaban el parque de juegos

5. los vecinos se ofrecieron como voluntarios para hacer la limpieza; la ciudad aportó un camión de basura

1. el terreno se veía en muy mal estado: maleza, vidrios rotos y latas

6. reunieron dinero de las tiendas locales para comprar equipamiento

7. instalaron una cancha de básquetbol y juegos para el parque

Observa los cambios que aplicó la escritora. Tachó una de las ideas y agregó ideas nuevas. Luego las numeró según el orden cronológico. Quiso hablar sobre el parque en el orden en el que ocurrieron los sucesos.

APLICA LA ESCRITURA

Instrucciones: Elige una de las listas que hiciste en el ejercicio de Aplica la escritura en la página 220. Haz todos los cambios que quieras a la lista. Puedes agregar nuevas ideas o tachar las que no quieras usar. Luego, numera las ideas en el orden en el que quieres escribir sobre ellas. Usarás este trabajo más adelante, así que asegúrate de guardarlo.

ESCRIBIR PARA

APRENDER

Has aprendido acerca de la importancia de organizar tus ideas durante el proceso de preparación para la escritura.

Para practicar la organización de ideas, numera los elementos de la lista de abajo de modo de mostrar un patrón lógico de organización.

Lo que hice el domingo

_____ me quedé leyendo hasta tarde

_____ antes de acostarme, planché ropa que necesitaba para el día siguiente

_____ me encontré con un amigo para desayunar

_____ salí a dar un largo paseo en bicicleta

Repaso de vocabulario

Instrucciones: Completa las oraciones de abajo con los siguientes términos.

generar   **preparación para la escritura**   **un proceso**   **una lluvia de ideas**

1. Los pasos que se llevan a cabo para realizar un plan forman _____.

2. Cuando alguien hace _____, se le ocurren ideas.

3. El trabajo que uno hace al prepararse para escribir se llama _____.

4. Antes de escribir tienes que _____ , es decir, crear, ideas.

Repaso de destrezas

Instrucciones: Lee el tema y la lista de ideas. Marca con una X las ideas que sean demasiado generales para el tema.

Tema: Por qué el Día de Acción de Gracias es mi día festivo favorito.

_____ cocinar el pavo perfecto

_____ preparativos

_____ la historia del Día de Acción de Gracias

_____ tradiciones familiares

_____ diferentes tradiciones del mundo

Instrucciones: Escribe tu propio tema. Haz una lista de cinco ideas que apoyen el tema.

Tema

_____

Ideas

_____

_____

_____

_____

Práctica de destrezas

Instrucciones: Organiza las ideas y haz el borrador de un párrafo.

1. Lee el tema y la lista de ideas. Marca con una X las ideas que no se relacionan con el tema. Luego, numera las ideas restantes en el orden que tenga más sentido.

    Mi primer empleo
    _____ 16 años
    _____ necesitaba dinero
    _____ primer día en el trabajo
    _____ mi maestra de primer grado
    _____ duración del empleo
    _____ entrevista para el trabajo
    _____ lo que aprendí
    _____ en muchos puestos de trabajo se comenzaron a usar computadoras

2. Con el tema y dos de las ideas que elegiste arriba, crea el borrador de un párrafo.

I. Oración del tema

    _____

    _____

    A. Idea de apoyo 1

    _____

    B. Idea de apoyo 2

    _____

    C. Idea de apoyo 3

    _____

    D. Oración concluyente

    _____

    _____

CONCEPTO CLAVE: Un texto está formado por una introducción, un cuerpo y una conclusión.

Haz una lista de los tres pasos que forman el proceso de preparación para la escritura.

1. _____

2. _____

3. _____

Escribir un borrador

Ahora que completaste el proceso de preparación para la escritura, estás listo para volcar tus ideas en papel. Esto puede lograrse con mayor facilidad si se hace en **etapas**, es decir, pasos, al igual que con el proceso de preparación para la escritura. El primer paso del proceso de escritura es crear un **borrador**, es decir, una primera versión de un texto.

El propósito de un borrador es convertir las ideas en oraciones y párrafos. No te preocupes demasiado por la gramática o la ortografía. Puedes arreglar esos detalles más tarde. Tan solo intenta anotar tus ideas en el orden adecuado. Usa tu lista como una guía, pero si se te ocurren ideas nuevas o quieres cambiar el orden de las ideas, no dudes en hacerlo.

Tu texto tendrá una introducción, un cuerpo y una conclusión.

Introducción

La **introducción** tiene tres propósitos:

• presentar el tema

• presentar la idea principal o el argumento que se quiere sostener en el texto

• darle al lector una idea de lo que se abordará en el texto

Cuando la escritora comenzó a crear un borrador de su texto sobre el terreno desocupado, escribió esta introducción. Observa cómo cumplió con los tres propósitos de una introducción.

> En esta calle solía haber un terreno desocupado. Estaba repleto de basura, vidrios rotos y latas. Además de arruinar el paisaje, era un sitio peligroso. Los niños jugaban allí. A menudo se cortaban con vidrios rotos y latas oxidadas. Finalmente, los vecinos se reunieron e hicieron algo. Ahora es un parque con juegos que usan los niños del vecindario.

Estas son algunas sugerencias para escribir una buena introducción.

1. **Presenta tu idea principal o tu argumento de manera clara.** Cuando presentes el tema, explica de manera clara tu idea principal o tu argumento. Si tus lectores saben con qué se van a encontrar en el texto, comprenderán mejor tus ideas. Además, si presentas tu idea principal o tu argumento de manera clara, tendrás una referencia que consultar mientras escribes. Así podrás asegurarte de que lo que dices en el cuerpo respalda tu idea principal o argumento.

2. **Dales a tus lectores una idea del contenido y de la organización.** Si les das a tus lectores una idea de lo que van a leer, no les resultará confuso el modo en que presentes tus ideas. Si no puedes explicar el contenido o la forma en que estará organizado el texto, tal vez no estés preparado para comenzar a escribir. Vuelve al paso 1 del proceso de preparación para la escritura.

3. **Procura captar el interés de tus lectores para que sigan leyendo.** Presenta un contexto para tu texto, de modo que tus lectores tengan un enfoque claro. Puedes comenzar con un dato curioso o interesante. Puedes explicar por qué es importante la información que presentas. Puedes comenzar con una pregunta. Esta es una pregunta que podría usarse para presentar "Un terreno desocupado".

> ¿Qué se puede hacer con un terreno desocupado? Es un problema que se presentó en nuestro vecindario. Había un terreno desocupado y en muy mal estado. Todos hablaban de eso. Nadie sabía qué hacer. Pero un día hallamos la respuesta. Convertiríamos el terreno en un parque de juegos.

APLICA LA **ESCRITURA**

Instrucciones: Escribe una introducción en una hoja aparte. Usa tu lista de ideas de los ejercicios de Aplica la escritura de las páginas 220 y 221. Deja un renglón en blanco entre las líneas, de modo que tengas espacio para revisar tu texto luego. Cuando hayas terminado, revisa tu texto. Asegúrate de que se presente el tema y la idea principal o el argumento. También debe darles a los lectores una idea de cuál será el contenido y la organización, y debe presentar un contexto que logre interesar a los lectores.

Destreza principal
Producir un texto coherente

Has aprendido que los párrafos que conforman el cuerpo de un texto deben respaldar la idea principal. Para que el texto sea coherente, es decir, comprensible, cada idea nueva debe presentarse en un nuevo párrafo. Si la información no está relacionada con la idea principal, no debe incluirse en el cuerpo.

Lee el siguiente párrafo tomado del cuerpo de un texto. Trata de las diferentes maneras en que las personas pueden colaborar para cuidar el medio ambiente. Indica dónde debe comenzar un nuevo párrafo.

Usar el transporte público es una de las maneras de proteger el medio ambiente. La mayoría de las ciudades tienen sistemas de transporte con una buena frecuencia para facilitar ir y volver del trabajo a diario. Otra manera de cuidar el medio ambiente es usar bolsas de tela reutilizables para hacer las compras. Solo debes dejar las bolsas en el carro y usarlas cada vez que vas de compras. Después de hacer las compras, entrega las bolsas a la persona encargada de guardar las compras. Te sentirás muy bien por contribuir a proteger el medio ambiente.

Cuerpo

En la introducción contaste cuál era la idea principal. En el **cuerpo** de tu texto **incorporarás,** es decir, incluirás, detalles y datos que permitan explicar la idea principal.

Usa tu lista numerada de ideas como guía para escribir el cuerpo del texto. Si se te ocurren nuevas ideas, añádelas mientras escribes. Comienza un nuevo párrafo para cada idea importante o subtema que quieras explicar.

Compara el desarrollo de las ideas en "El terreno desocupado" con la lista original. Observa también cómo las ideas están divididas en párrafos. El primer párrafo cuenta cómo solía ser el terreno. El segundo párrafo cuenta el modo en que los vecinos lo modificaron.

> Hace tan solo un año, el terreno estaba cubierto de maleza. Los niños jugaban en el terreno. Pero era peligroso, porque había mucha basura. Había vidrios rotos y latas por todas partes. Sin embargo, los niños no tenían otro lugar para jugar que no fuera en la calle.
>
> Convertimos el terreno en un parque de juegos. Un grupo de vecinos se reunió con representantes de la ciudad. Los convencieron para que donaran el terreno. Otro grupo convenció a los dueños de tiendas locales para que donaran equipamiento para el parque de juegos y dinero. Instalamos una cancha de básquetbol y juegos. Luego, todos los vecinos colaboraron para limpiar el terreno. La ciudad aportó un camión de basura para transportar los residuos.

A medida que avances en tu texto, consulta tu introducción de tanto en tanto. Asegúrate de presentar la información que dijiste que querías incluir.

APLICA LA ESCRITURA

Instrucciones: Ahora comienza el cuerpo de tu texto. Sigue usando la lista de ideas como guía. Añade los detalles que se te vayan ocurriendo. Crea un nuevo párrafo para presentar cada idea importante. Deja un renglón en blanco entre las líneas, de modo que tengas espacio para revisar tu texto luego.

Conclusión

La **conclusión** es la parte final de un texto. No aporta información nueva. Es una reformulación de lo que ya se ha dicho. La extensión de la conclusión depende de la extensión del texto completo. Puede tener una extensión de una o dos oraciones, o de un párrafo o varios.

Hay muchas maneras de escribir una conclusión. Una manera es resumir lo que ya se ha dicho. La conclusión funcionará como un recordatorio para los lectores. Vuelve a presentar, con otras palabras, la idea principal que se presentó en la introducción. Esta es una de las maneras en las que la escritora de "El terreno desocupado" podría haber escrito una conclusión a modo de resumen.

> Al trabajar juntos, los vecinos nos deshicimos de un espacio que arruinaba el paisaje. En el proceso, logramos que los niños tuvieran un espacio seguro para jugar.

Otra manera de concluir un texto es decirles a los lectores cuál es la idea más general que intentas sostener. "El terreno desocupado" podría terminar así:

> El terreno desocupado representó durante muchos años un problema para nuestro vecindario. Nadie sabía qué hacer con él. Hallamos una solución cuando dejamos de ver el terreno únicamente como un problema. Descubrimos, en cambio, que representaba una oportunidad. Ahora tenemos un hermoso parque nuevo para nuestros niños.

Esta conclusión indica que el texto no trata solamente de deshacerse de un terreno desocupado ni de construir un parque de juegos. También habla de convertir los problemas en oportunidades.

APLICA LA ESCRITURA

Instrucciones: Escribe una conclusión para completar el borrador en el que estuviste trabajando. Deja un renglón en blanco entre las líneas, de modo que tengas espacio para revisar tu texto luego. Antes de empezar, lee la introducción y el cuerpo que ya has escrito para refrescar tu memoria.

Cuando escribes, tus pensamientos y tu estilo influyen en el modo en que responderán los lectores. Sin importar lo profundas que sean tus ideas, una escritura pobre distraerá a los lectores y disminuirá el impacto de tu texto.

Lee el siguiente ejemplo:

> Creían que era inportante luchar por sus derecho. El y ella encabesó la marcha por la igualdad del derecho de votar.

El texto no respeta algunas convenciones del lenguaje, y puede resultar difícil seguir la idea.

Vuelve a escribir el ejemplo en un cuaderno, aplicando lo que sabes sobre las reglas gramaticales y ortográficas. Luego, escribe algunas oraciones en las que expliques de qué modo cambia la lectura del texto cuando se aplican las convenciones gramaticales y ortográficas.

Repaso de vocabulario

Instrucciones: Completa cada oración usando uno de los términos de abajo.

etapas   **incorporar**   **un borrador**

1. Dividir un proyecto en diferentes _____ permite completarlo con mayor facilidad.

2. Cuando un escritor anota sus ideas en un papel sin preocuparse de cometer errores, está creando _____.

3. Al _____ detalles a tu texto, añades información.

Repaso de destrezas

Instrucciones: Lee el siguiente artículo. Indica dónde es necesario marcar el inicio de un nuevo párrafo.

Todos hemos sentido la necesidad de cuidar nuestros gastos. Lo mismo aplica para quienes están a cargo de controlar el presupuesto de la ciudad. Es una increíble responsabilidad que no debe tomarse a la ligera. Después de muchas horas de debate, el comité de presupuesto ha decidido hacer una serie de recortes. El primer recorte afectará a la recolección de residuos. Se implementará un programa de pago por los residuos que se arrojan. Esto significa que ahora deberemos comprar bolsas de residuo con una marca especial. La basura seguirá recogiéndose todas las semanas, pero ahora debe ponerse en esas bolsas de residuos especiales. El costo es de menos de 1 dólar la bolsa. El presupuesto escolar también se verá afectado por estos recortes. Al inicio del próximo año escolar, se realizarán recortes en los programas extracurriculares. No habrá más servicio de transporte para los estudiantes que se queden en la escuela hasta las 5:00. Las familias afectadas por este recorte deberán organizarse de otra manera respecto del transporte. Finalmente, los horarios de la biblioteca serán reducidos. La biblioteca estará cerrada los lunes y abrirá una hora más tarde durante la semana. La multa por entregar tarde los libros aumentará 10 centavos por día.

1. ¿En qué oración debe comenzar el segundo párrafo?

_____

_____

2. ¿En qué oración debe comenzar el tercer párrafo?

_____

_____

3. ¿En qué oración debe comenzar el cuarto párrafo?

_____

_____

Práctica de destrezas

Instrucciones: Lee los temas de abajo. Elige uno, o un tema de tu elección, y escribe una introducción. Asegúrate de incluir el tema y la idea principal en tu introducción. También debes hacerles saber a tus lectores cuál será el contenido del texto y cómo estará organizado.

Una lección importante que he aprendido
Rentar películas o ir al cine
La forma ideal de disfrutar el fin de semana
Cómo elegir la computadora ideal

_____

_____

_____

_____

_____

_____

_____

_____

_____

_____

_____

_____

_____

_____

_____

_____

_____

_____

Revisión y edición

Objetivos de la lección

Serás capaz de:

- comprender el proceso de revisión.
- comprender el proceso de edición.
- revisar y editar un borrador.

Destrezas

- **Destreza de lectura:** Comprender la organización

- **Destreza principal:** Crear párrafos de conclusión

Vocabulario

edición
pertinente
revisión

CONCEPTO CLAVE: En el proceso de revisión, los escritores hacen cambios a su texto para mejorarlo.

Escribe *V* junto al enunciado verdadero y *F* junto al falso.

_____ Un borrador no debería tener errores.

_____ Los conectores hacen que las relaciones entre los párrafos sean claras.

_____ El cuerpo de un texto debería incluir detalles y ejemplos para clarificar la escritura.

_____ Es correcto cambiar el orden de las ideas en el proceso de revisión.

Revisión

El paso siguiente en el proceso de escritura es la **revisión**. Durante la revisión, puedes cambiar el orden de las ideas, reescribir oraciones o párrafos, cambiar algunas palabras o eliminar ideas que consideres que ya no son **pertinentes**, es decir, importantes. A continuación se describen algunos elementos específicos para tener en cuenta.

Mejorar la selección de palabras

Lee las oraciones atentamente. ¿Elegiste las palabras más indicadas para expresar exactamente lo que querías transmitir? Las palabras precisas harán que tu texto sea más claro e interesante.

Mejorar las relaciones entre los párrafos

Una manera de mejorar las relaciones entre los párrafos es comenzarlos con conectores. Se trata de palabras y frases como *además, entonces, por otro lado, en consecuencia, así.* Los conectores muestran la conexión existente entre las ideas. Ayudan a que tu texto tenga coherencia.

Añadir detalles y ejemplos

Comprueba que tus ideas sean claras. Si no es así, puede que tu texto necesite más detalles o ejemplos. Usa hechos, datos, adjetivos o ejemplos para **apoyar**, es decir, ayudar a demostrar o ilustrar, lo que quieres decir.

El siguiente texto es un borrador corregido de *El terreno desocupado.* Observa cómo la autora mejoró la selección de palabras, añadió detalles y reforzó las relaciones entre los párrafos.

El terreno desocupado

¿Qué se puede hacer con un terreno desocupado? Es un problema que se presentó en nuestro vecindario. Había un terreno desocupado y en muy mal estado. Todos hablaban de eso. Nadie sabía qué hacer.

Pero un día hallamos la respuesta. Convertiríamos el terreno en un parque de juegos. El terreno estaba cubierto de maleza; no obstante, los niños jugaban en él. Pero era peligroso, porque había vidrios rotos y latas por todas partes. Sin embargo, los niños no tenían otro lugar para jugar que no fuera en la calle.

Un grupo de vecinos se reunió con representantes de la ciudad. Los convencieron para que donaran el terreno. Otro grupo convenció a los dueños de tiendas locales para que donaran equipamiento para el parque de juegos y dinero. Luego, todos los vecinos colaboraron para limpiar el terreno. La ciudad aportó un camión de basura para transportar los residuos. Instalamos una cancha de básquetbol y juegos.

Como consecuencia del trabajo en equipo, nuestro vecindario se deshizo de un espacio desagradable de ver. En el proceso, creamos un lugar seguro para que los niños puedan jugar.

APLICA LA ESCRITURA

Instrucciones: Revisa tu borrador. Busca la manera de hacer que tus ideas sean más claras. Puede que quieras cambiar palabras, cambiar el orden de las ideas o añadir conectores.

COMPRENDER LA ORGANIZACIÓN

Advertir la manera en que el escritor organizó sus ideas puede resultar útil durante la lectura. Saber cómo una idea conduce a la otra puede ayudarte a comprender mejor la relación entre ellas. Las ideas pueden organizarse según el orden de importancia, de la más importante a la menos importante o viceversa. Otra manera en la que pueden organizarse es según el orden cronológico: qué sucede primero, luego y al final. Otra manera de organizarlas es según las causas y los efectos. Por último, la información puede organizarse según el orden de comparación y el contraste. Conocer el tipo de organización empleado en un texto te ayudará a comprender la relación entre las ideas durante la lectura.

Lee el siguiente párrafo e identifica la manera en la que está organizado.

A Delia le quedaban muchas cosas por hacer antes de que llegaran los invitados a la fiesta de esa tarde. Primero, preparó la comida. Luego, envolvió los regalos. Más tarde, recogió flores de su jardín e hizo un hermoso arreglo floral como centro de mesa. Por último, se vistió y se preparó para recibir a los invitados.

Este párrafo está organizado según el orden cronológico. Las palabras y frases *primero, luego, más tarde* y *por último* ayudan a los lectores a identificar la organización.

Destreza principal
Crear párrafos
de conclusión

Un párrafo de conclusión
resume lo que ya dijiste
a tus lectores en la
introducción y el cuerpo
de tu texto. Sin un párrafo
de conclusión, tu texto
terminaría de forma
abrupta.

Lee el siguiente párrafo
de conclusión. En él se
resume lo que hizo el
autor para prepararse
para una entrevista de
trabajo.

> Tener un plan preparado
> de antemano es
> importante a la hora
> de buscar trabajo. Si
> dedicas algo de tiempo
> a informarte sobre la
> empresa, a practicar
> respuestas para la
> entrevista y a lavar
> y planchar tu ropa,
> estarás preparado para
> cualquier entrevista de
> trabajo.

Elige tu libro o película
favoritos. Escribe un
párrafo de conclusión en
el que resumas por qué te
gusta.

Edición

La **edición** es el proceso por el cual se corrigen los errores gramaticales y ortográficos, como errores de puntuación y de uso de mayúsculas o minúsculas. Sigue estos pasos:

1. **Lee tu texto en voz alta.** Presta atención a las palabras u oraciones que suenen mal o extrañas. Márcalas. Puedes volver a ellas más tarde y determinar por qué están mal luego de leer el texto en voz alta.

2. **Mira cada oración por separado.** Busca los errores que pueda haber. Presta especial atención a las conjunciones y la puntuación de las oraciones compuestas para evitar que sean confusas.

3. **Lee tu texto varias veces.** Cada vez que vuelvas a leer tu texto, busca un tipo de error en particular que suelas cometer. Por ejemplo, si tienes problemas con el uso de las comas, presta especial atención a eso.

APLICA LA **ESCRITURA**

Instrucciones: Edita tu borrador. Busca y corrige errores de ortografía y gramática, como la puntuación y el uso de mayúsculas y minúsculas. Luego, escribe una versión final.

Revisión en parejas

Pedir a alguien que revise tu texto puede ser de gran ayuda para mejorar tu escritura. Puedes pedírselo a un compañero, a un amigo o a un miembro de tu familia. Este proceso se llama "revisión de un par". El revisor puede ayudarte a encontrar errores de ortografía, inconsistencias y pasajes que no tengan sentido.

1. **Pide a alguien que lea tu texto terminado.** Revisa y edita tu texto antes de la revisión de un par. Esto te ayudará a sacar mayor provecho de tu revisión.

2. **Di a tu par si quieres que te ayude con el proceso de revisión, de edición o ambos.** Tu amigo debe saber qué tipo de ayuda estás buscando. Puedes necesitar ayuda para organizar el contenido, para revisar errores de ortografía y gramática, o bien es posible que quieras que alguien te asegure que el contenido tiene sentido.

3. **Lee o escucha las devoluciones atentamente.** Lee o escucha todos los comentarios de tu par antes de responderle. Si tu par tiene preguntas, respóndelas revisando tu texto.

4. **Haz preguntas.** Si no comprendes un comentario o una pregunta, pide a tu par que te brinde más información al respecto.

Publicación

La publicación es el paso final. Cuando publicas tu texto, lo pones a disposición de otras personas para que lo lean. Según tus objetivos, puedes publicar tu texto para que lo lea un público concreto o general.

A continuación se enumeran algunas maneras en las que puedes publicar tu texto.

- Crear un blog.
- Publicar en el blog de alguien.
- Imprimir copias y enviarlas por correo.
- Adjuntar una copia de tu texto en un correo electrónico.
- Enviar tu texto a un periódico local.
- Enviar tu texto a los editores de un boletín informativo.
- Enviar tu texto para que sea publicado en una revista nacional.

Recuerda que no debes publicar tu texto hasta que tu escritura sea clara y, en la medida de lo posible, no contenga errores.

Escribir de manera frecuente

Aumentar la frecuencia de escritura hará que te sientas más cómodo al momento de escribir. Las destrezas de escritura, al igual que muchas otras destrezas, mejoran con el correr del tiempo.

Prueba escribir distintos tipos de texto: narrativos, argumentativos o informativos. Es posible que descubras que tienes preferencia por un tipo de texto en particular.

Independientemente del tipo de texto que prefieras, tu escritura mejorará si practicas de manera frecuente.

Repaso de vocabulario

Instrucciones: Empareja cada palabra de la columna 1 con su definición de la columna 2.

Columna 1

1. _____ edición
2. _____ pertinente
3. _____ revisión

Columna 2

A. importante
B. corregir errores de un texto
C. reformular un texto con el objetivo de mejorarlo

Instrucciones: Lee los siguientes ejemplos de actividades de escritura. Luego, escoge el patrón de organización más adecuado para cada texto.

1. Escribe un texto acerca de cómo enseñar a alguien a hacer un emparedado de mantequilla de maní.

   A. comparación y contraste
   B. orden de importancia
   C. orden cronológico
   D. causa y efecto

2. Escribe un texto acerca de la importancia de recibir una educación.

   A. comparación y contraste
   B. orden de importancia
   C. orden cronológico
   D. causa y efecto

3. Escribe un texto acerca de una ocasión en la que no hayas estado preparado para algo que ocurrió. ¿Qué sucedió y por qué?

   A. comparación y contraste
   B. orden de importancia
   C. orden cronológico
   D. causa y efecto

Instrucciones: Lee el siguiente editorial. Luego, escribe un párrafo de conclusión en una hoja aparte.

> Es de mi conocimiento que nuestra ciudad planea reducir el presupuesto educativo. Los programas extracurriculares sufrirían el mayor recorte. Se trata de un grave error. Los beneficios de los programas extracurriculares sobrepasan por mucho el costo de mantenerlos en funcionamiento.
>
> Lo cierto es que la mayoría de las familias tienen un solo adulto responsable o padres y madres que trabajan todo el día. Esto significa que, sin los programas extracurriculares, los estudiantes volverían a hogares sin padres. Si los padres regresan a sus casas a las 6:00 y los estudiantes salen de la escuela a las 2:30, los niños pasan tres horas y media sin la supervisión de un adulto. Los programas extracurriculares alejan a nuestros niños de las calles y de los problemas.
>
> La interacción social que brindan los programas extracurriculares también beneficia a los estudiantes. Los equipos deportivos, las reuniones de debate y los grupos de teatro permiten que los estudiantes pasen más tiempo juntos con objetivos no académicos. Los estudiantes que participan de actividades extracurriculares se vuelven más sociables y aprenden a organizarse en otros aspectos de sus vidas.
>
> Por último, los programas extracurriculares representan un apoyo para los estudiantes que necesitan ayuda con su tarea y que, de otra manera, estarían solos. Los estudiantes que dedican una parte de cada día a hacer la tarea tienen más posibilidades de completarla a tiempo. Sencillamente, termina formando parte de su rutina diaria.

Práctica de destrezas

Instrucciones: Lee el siguiente pasaje. Revísalo y edítalo para que sea más claro, interesante y correcto.

> Es importante encontrar un momento en el día para esparcirse, quitarse el estrés y relajarse. Se trata de algo que beneficia tanto a tu cuerpo como a tu mente. Hay muchas maneras de tranquilizarse y relajarse. Si eres capaz de dedicar 30 minutos por día a relajarte, comenzarás a notar diferencias en muchos aspectos de tu vida.
>
> Una manera de lograr esto es a través de la meditación. Algunas personas se sienten intimidadas por la idea de meditar. No te preocupes. La meditación solo consiste en hallar un lugar tranquilo para sentarte, cerrar los ojos y liberar tu mente de todo estrés. Requiere práctica. Si te sucede esto, recuerda que mereces dedicarte a ti mismo 30 minutos por día y que tomarte un tiempo para meditar te ayudará a hacer más cosas durante el resto del día. Muchas personas dicen que, al permanecer sentadas y quietas, no pueden dejar de pensar en todo lo que tienen que hacer y que se sienten molestas por eso. No es mucho tiempo.
>
> Practicar yoga ayuda a muchas personas hay muchas maneras de hacer yoga, entonces debes encontrar la manera que más te guste. Esta última opción te permite aprender yoga sin salir de tu casa. Puedes aprender yoga tomando clases o alquilando un DVD de yoga. Sea cual sea el método que elijas, es importante que encuentres un momento para quitarte el estrés todos los días. La meditación y el yoga son apenas dos opciones.
>
> La clave es encontrar algo que disfrutes y que te ayude a relajarte. Sal a caminar, anda en bicicleta o toma clases de cocina. ¿Te sientes estresado? ¿Te parece que no te alcanza el día para hacer todo lo que debes hacer? ¿Pierdes la paciencia a menudo?

_____

_____

_____

_____

_____

_____

_____

_____

_____

_____

Repaso

PRÁCTICA DE ESCRITURA DE ENSAYOS

El proceso de escritura

Instrucciones: Escribe un ensayo sobre un tema que elijas. Asegúrate de seguir todos los pasos del proceso de escritura.

- **Preparación para la escritura:** Desarrolla tus ideas en el proceso de la preparación para la escritura. Escoge un tema, un público y un propósito. Haz una lluvia de ideas relacionadas con el tema. Organiza las ideas de acuerdo a un orden que tenga sentido.

- **Escritura:** Escribe un borrador. Comienza con una introducción que indique la idea principal y un vistazo a lo que desarrollarás. Luego, desarrolla el cuerpo del texto con hechos y detalles que sirvan de apoyo a la idea principal. Por último, escribe una conclusión que sintetice o resuma tu ensayo. Recuerda no añadir información en la conclusión.

- **Revisión y edición:** Revisa tu ensayo para cambiar el orden de las ideas, reescribir oraciones o reemplazar palabras y frases. Edítalo para corregir los errores de gramática y ortografía. Escribe el borrador final una vez que hayas hecho todas las correcciones necesarias y hayas terminado de editar.

Si es necesario, repasa las lecciones 7.1, 7.2 y 7.3 como ayuda para la preparación para la escritura, la escritura y la revisión y edición.

Repaso

LISTA PARA EVALUAR EL ENSAYO

A. ¿Tu ensayo tiene una idea principal clara y no se aparta del tema?

- ☐ **1.** No, mi ensayo tiene una idea principal poco clara y se aparta del tema.

- ☐ **2.** Mi ensayo tiene una idea principal clara, pero contiene puntos que no están directamente relacionados con ella.

- ☐ **3.** Sí, mi ensayo tiene una idea principal clara y todos los subtemas están relacionados con ella.

- ☐ **4.** Sí, mi ensayo tiene una idea principal fuerte y subtemas que se relacionan con ella de manera interesante y razonable.

B. ¿Las ideas de tu ensayo están bien organizadas y tienen la cantidad suficiente de subtemas y conectores?

- ☐ **1.** No, las ideas de mi ensayo no siguen ningún orden y no hay subtemas ni conectores.

- ☐ **2.** Mi ensayo demuestra tener algo de planificación, pero no contiene la cantidad suficiente de subtemas ni conectores.

- ☐ **3.** Sí, las ideas de mi ensayo están relacionadas de manera lógica y hay más de un subtema y algunos conectores.

- ☐ **4.** Sí, mi ensayo está bien organizado y tiene varios subtemas y conectores efectivos.

C. ¿Tu ensayo incluye párrafos con detalles que sirven de apoyo a la idea principal? ¿Las relaciones entre los detalles y la idea principal están explicitadas de manera clara?

- ☐ **1.** No, hay varios párrafos de mi ensayo con detalles que no sirven de apoyo a la idea principal o varios de ellos no contienen detalles en absoluto.

- ☐ **2.** Muchos de los párrafos contienen una cantidad suficiente de detalles de apoyo, pero las relaciones entre los detalles y la idea principal no están explicitadas.

- ☐ **3.** Sí, los párrafos de mi ensayo contienen detalles de apoyo relevantes y concretos, y las relaciones entre los detalles y la idea principal están explicitadas, pero son simples.

- ☐ **4.** Sí, los párrafos de mi ensayo contienen excelentes detalles relevantes, y las relaciones entre los detalles y la idea principal están completamente explicadas.

D. ¿Las oraciones de tu ensayo presentan variedad en la selección de palabras y en la estructura, además de gramática y ortografía correctas?

- ☐ **1.** No, las oraciones de mi ensayo no tienen una selección de palabras adecuada ni variedad de estructuras, y la mayoría de ellas contiene errores de gramática y ortografía.

- ☐ **2.** Las oraciones de mi ensayo contienen palabras adecuadas pero ambiguas, estructuras básicas, algunos errores de ortografía y muchos errores de gramática.

- ☐ **3.** Sí, las oraciones de mi ensayo presentan estructuras relativamente variadas, incluyen palabras apropiadas y específicas y contienen solo unos pocos errores de ortografía y gramática.

- ☐ **4.** Sí, las oraciones de mi ensayo presentan una excelente selección de palabras, gran variedad de estructuras y casi ningún error de gramática.

Los tipos de texto y sus propósitos

¿Alguna vez has querido escribir una carta al editor de tu periódico local o expresar tu opinión en un blog? Si un amigo te pide la receta del platillo que mejor sabes hacer, ¿puedes dársela de una manera organizada? ¿Tienes una idea para un cuento pero no sabes cómo empezar a escribirlo?

Para escribir bien, debes conocer el tipo de texto que escribes, cómo abordar tu tarea y cómo estructurar tu texto.

En este capítulo aprenderás acerca de los diferentes tipos de texto y sus propósitos, y cómo usar cada uno de ellos de manera eficaz.

Lección 8.1: Textos argumentativos
Cuando escribes un texto argumentativo para persuadir a tus lectores, debes fundamentar tu postura con razones claras y evidencia relevante.

Lección 8.2: Textos informativos y explicativos
Cuando escribes un texto explicativo o informativo, debes investigar sobre un tema y comunicar ideas, conceptos e información a través de la selección, la organización y el análisis de contenido relevante.

Lección 8.3: Textos narrativos
Cuando escribes un texto narrativo, narras experiencias y sucesos reales o imaginarios. Debes usar técnicas eficaces, detalles descriptivos que sean interesantes y secuencias de sucesos bien organizadas.

Establecer objetivos

Escribir con un propósito específico requiere, por un lado, definir ese propósito y, por otro, usar la estructura de texto adecuada. Cuando conoces los componentes y los pasos que conlleva cada tipo de texto, tu propia escritura será más eficaz. ¡Usa la lista de comprobación para mantener organizado tu aprendizaje! Haz una marca al lado de cada tema una vez que lo hayas aprendido.

Textos argumentativos

_____ presentar una postura

_____ escribir una argumentación para fundamentar tu postura

_____ evaluar la rigurosidad de las fuentes

_____ responder a las posturas contrarias

_____ presentar una conclusión

Textos informativos o explicativos

_____ presentar un tema

_____ desarrollar un tema

_____ organizar las ideas, los conceptos y la información

_____ usar conectores de manera variada y apropiada

_____ escribir una oración o una sección de conclusión

Textos narrativos

_____ establecer un punto de vista

_____ presentar a los personajes y establecer un contexto

_____ organizar una secuencia de sucesos

_____ usar palabras sensoriales

¿Qué sabes acerca de los tipos de texto y sus propósitos?

_____

_____

_____

¿Sobre qué tema de los mencionados arriba te gustaría aprender más?

_____

_____

_____

Textos argumentativos

CONCEPTO CLAVE: Un texto argumentativo es un ensayo en el que el escritor toma una posición en relación con un tema y presenta argumentos y evidencia para convencer a los lectores de cambiar su manera de pensar o de actuar respecto del tema.

*¿Alguna vez has tenido una discusión sobre temas como la inmigración o la pena de muerte? Si es así, no eres el único. Temas como esos pueden influir en tus acciones y en tu decisión a la hora de votar. Sin embargo, para ganar un debate, debes brindar más que tu **opinión** o creencia. Debes fundamentar tu punto de vista con argumentos y datos.*

Imagina que el ayuntamiento de tu ciudad propone aumentar las tarifas de aparcamiento para financiar parques locales y actividades de recreación. ¿Estarías a favor de ese aumento? Haz una lista de fuentes que podrías usar para fundamentar un texto argumentativo a favor o en contra de la propuesta de aumentar las tarifas de aparcamiento.

Textos argumentativos

Los **textos argumentativos** persuasivos deben tener lógica. Para crear un texto argumentativo convincente, concéntrate en las partes de tu ensayo, de principio a fin.

Presentar una postura

Una **postura** es un enunciado que contiene la opinión del escritor. Para desarrollar una postura, empieza por buscar temas que aparezcan en las noticias locales o nacionales. Considera estos temas:

- Tercerización del trabajo
- Uniformes escolares

¿Cuál de estos temas tiene especial interés para ti? ¿Cuál de ellos conoces mejor? Intenta escribir uno de esos temas como una pregunta que encierre las distintas opiniones:

- ¿La tercerización del trabajo beneficia o perjudica a la economía de Estados Unidos?
- ¿Las escuelas públicas deberían exigir que los estudiantes usen uniforme?

Luego, responde las preguntas que formulaste:

- La tercerización del trabajo beneficia/perjudica a la economía de Estados Unidos.
- Las escuelas públicas (no) deberían exigir que los estudiantes usen uniforme.

Esa respuesta es tu postura, y debería aparecer en el primer párrafo de tu ensayo. Puedes empezar tu texto con alguna de estas estrategias:

Acción: ¿Hay algún evento (una protesta o una convocatoria pública) que puedas describir?

Cita: ¿Qué tiene para decir al respecto una persona relevante?

Reacción: ¿Qué piensas del tema? Usa expresiones como *pienso* o *me pregunto*.

Pregunta retórica: ¿Qué pregunta deberías hacer a los lectores? Recuerda que una **pregunta retórica** es una oración enunciativa formulada como una pregunta. Cuando haces una pregunta retórica, no esperas una respuesta.

Escribir una argumentación para fundamentar tu postura

A pesar de que una postura es una opinión, puedes fundamentarla con hechos o datos provenientes de fuentes confiables. Primero, enumera entre tres y cinco razones por las cuales los demás deberían estar de acuerdo con tu postura.

Postura: Las escuelas públicas deberían exigir que los alumnos usen uniforme.

- **Razón 1:** Los uniformes hacen que disminuya el costo de la vestimenta de los estudiantes.
- **Razón 2:** Los uniformes ayudan a evitar que los estudiantes con menos ingresos sean intimidados por otros estudiantes.
- **Razón 3:** Los uniformes disminuyen las distracciones a la hora de aprender.

Estas razones serán las **oraciones del tema**, o presentaciones de la idea principal, de cada párrafo. Luego, brinda **evidencia**, es decir, fundamentos de las opiniones. La evidencia puede tener distintas formas:

- **Anécdotas:** historias cortas sobre personas o sucesos reales
- **Descripciones:** observaciones acerca de objetos, personas o sucesos
- **Hechos o datos:** información que puede ser probada; las **estadísticas** se basan en datos numéricos
- **Elementos gráficos:** tablas, gráficas, diagramas o fotografías
- **Citas:** palabras textuales de un experto o de alguien relacionado con el tema

Completa cada párrafo presentando y explicando una o más evidencias. Lee la siguiente anécdota relacionada con la Razón 2:

> Los uniformes ayudan a evitar que los estudiantes con menos ingresos sean intimidados por otros estudiantes. La apariencia es un motivo habitual por el cual algunos estudiantes molestan a otros. El acoso por parte de los estudiantes puede centrarse en el peso, el uso de gafas, los cortes de pelo... y la vestimenta. Si se exige que todos los estudiantes usen uniforme, es posible que los estudiantes con menos ingresos dejen de ser intimidados por el hecho de que sus padres no pueden comprarles ropa costosa. Ana, una estudiante intimidada por su vestimenta, afirma: "Los niños solían molestarme por usar la misma ropa dos o tres veces por semana. Ahora que todos usamos uniforme, paso más desapercibida, y eso es bueno".

APLICA LA **ESCRITURA**

Instrucciones: Crea el esquema de un texto argumentativo. Completa el esquema que se muestra abajo. Usarás el esquema para escribir un texto argumentativo al final de esta lección. Indica el tipo de evidencia que crees que fundamentará tus razones. Luego agregarás evidencia específica.

Esquema de un texto argumentativo

I. **Introducción**
   Encierra en un círculo una de las siguientes opciones: *acción, diálogo o cita, reacción, pregunta retórica*

II. **Postura:**

III. **Razones y evidencia:**
   A. Razón **1** y evidencia:
   B. Razón **2** y evidencia:
   C. Razón **3** y evidencia:

Evaluar la rigurosidad de las fuentes

En lo que respecta a la investigación, no todas las fuentes son iguales. Algunas fuentes fueron escritas y revisadas por expertos en áreas relacionadas con el tema. Estas fuentes son rigurosas y **confiables**, o dignas de crédito y confianza. Sin embargo, otras fuentes pueden no ser rigurosas. ¿Cómo puedes diferenciarlas? Usa preguntas clave para evaluar cada fuente:

- ¿Quién es el autor, el editor o el corrector de la fuente? ¿Qué títulos, credenciales o experiencia posee esta persona u organización? ¿Esta persona u organización es considerada por otros como un experto o una autoridad en el área?

- ¿Cuál es el propósito de la fuente: informar, persuadir, entretener o explicar? Recuerda que el propósito del autor determina las decisiones que toma en relación a qué información incluir en una fuente y cómo presentarla.

- ¿Cuándo fue publicada o corregida la fuente? ¿Tiene vigencia o ha perdido validez?

- ¿Dónde puede encontrarse la fuente: en la internet, pública y de fácil acceso, o en la base de datos de una biblioteca revisada de manera académica?

- ¿Por qué quieres usar esta fuente? ¿Qué razones respalda?

Responder a las posturas contrarias

Como en un texto argumentativo tratas de expresar tu opinión, sin duda habrá otras opiniones o posturas posibles que irán en contra de tu punto de vista. Estos puntos de vista opuestos se llaman **posturas contrarias** porque van en contra de tu postura.

Cuando escribes un texto argumentativo, es importante reconocer las posturas contrarias:

- Los uniformes limitan la posibilidad de que los estudiantes expresen su individualidad.
- Los uniformes suelen estar mal fabricados.
- Los uniformes no les quedan bien a todos.

Una vez que hayas presentado las posturas contrarias, puedes responder a cada una.

> Algunas personas podrían argumentar que los uniformes limitan la posibilidad de que los estudiantes expresen su individualidad. Sin embargo, lo que hacen los uniformes es, de hecho, restarle importancia a la expresión superficial. Sin ella, los estudiantes pueden enfocarse en maneras más significativas de expresar su individualidad, como el diálogo o la escritura. El señor Jones, el maestro de una escuela que ha adoptado recientemente la política del uniforme, afirma: "Los estudiantes se ven obligados a encontrar nuevas maneras de expresarse que no sean impuestas por las tendencias en la vestimenta".

A la hora de determinar cómo responder a una postura contraria en particular, ten en cuenta estas cuestiones:

- ¿Estás de acuerdo con algún punto de la postura contraria? Si es así, es aceptable que lo manifiestes.
- ¿Por qué razones no estás de acuerdo con la postura contraria o con alguno de sus puntos?
- ¿Qué evidencia puedes brindar para demostrar que una postura contraria no es tan sólida como tu postura?

APLICA LA ESCRITURA

Instrucciones: En tu cuaderno de notas, sigue creando el esquema del texto argumentativo que escribirás al final de esta lección. No hay una cantidad establecida de posturas contrarias a las que debes responder, pero debes tener en cuenta las más habituales.

Esquema (continuación)

IV. **Posturas contrarias**
   - A. Postura contraria 1:
      - a. Respuesta + evidencia:
   - B. Postura contraria 2:
      - b. Respuesta + evidencia:
   - C. Postura contraria 3:
      - c. Respuesta + evidencia:

Destreza de lectura
Evaluar la rigurosidad de las fuentes

La biblioteca pública local es un buen lugar para hallar fuentes rigurosas que respalden tu postura. Muchas bibliotecas tienen amplias **bases de datos**, es decir, listados confiables en línea de materiales de referencia publicados. La base de datos de una biblioteca es una manera de encontrar y evaluar fuentes rigurosas. También puedes confiar en material del gobierno o en sitios educativos de internet cuyas direcciones, o URL, terminen en *.gov* o *.edu*. Puedes buscar información por palabras clave, por tema, por el nombre de un autor o mediante otras opciones de búsqueda. Además, puedes hallar información de la publicación para crear una **referencia bibliográfica**, es decir, los datos del documento que utilices como fuente.

Localiza el tema en el que se centra tu postura y halla al menos un ejemplo para cada tipo de evidencia de apoyo:

_____ dato o hecho
_____ gráfica
_____ cita
_____ estadísticas

Añade la evidencia que encuentres al esquema de tu texto argumentativo. Incluye los datos de cada cita.

Si necesitas ayuda para usar una base de datos u obtener referencias bibliográficas pide ayuda a un bibliotecario.

Presentar una conclusión

Ahora que has enunciado tu postura, la has fundamentado con razones y evidencia, y has presentado y respondido a las posturas contrarias, es momento de que escribas la **conclusión**, o final, de tu ensayo.

Por lo general, una conclusión tiene dos propósitos. En primer lugar, debe reforzar tu argumento. En segundo lugar, debe dejar a los lectores algo en que reflexionar.

Para reforzar tu argumento, usa las siguientes estrategias:

- Reafirma tu postura.
- Resume las razones o la evidencia más importantes.

Para brindar una reflexión final que deje a los lectores pensando, usa una o más de las siguientes estrategias:

- Explica por qué los lectores deben interesarse por tu argumento. ¿Cómo los afecta personalmente?
- Presenta una cita profunda o que invite a la reflexión.
- Presenta un hecho o un dato estadístico impactante.
- Narra una anécdota o un relato breve particularmente emocionantes.

Combina los dos propósitos al escribir tu conclusión.

> Las escuelas públicas de Estados Unidos deberían adoptar la política del uniforme porque los corredores de la escuela deberían servir para que los estudiantes se dirijan a sus salones de clase, donde desarrollarán su mente los corredores no deberían ser pasarelas de moda. En resumen, la escuela pública es el último gran centro democratizador de la sociedad estadounidense; es un lugar en el que todos los estudiantes son iguales y en el que deberían tener igualdad de oportunidades para pensar y crecer. Ana, una estudiante que fue intimidada por sus compañeros debido a su vestimenta, tiene una reflexión final sobre el tema: "Desde que nuestra escuela adoptó los uniformes, me es más fácil estudiar. Es grandioso poder concentrarme en las clases en lugar de preocuparme por ser molestada".

APLICA LA ESCRITURA

Instrucciones: En tu cuaderno, completa el esquema del texto argumentativo que escribirás al final de esta lección.

Esquema (continuación)

V. **Conclusión**
   A. Reafirmación de la postura:
   B. Resumen de las razones y la evidencia más importantes:
   C. Reflexión final: encierra en un círculo una de las siguientes opciones: *conexión con el lector, cita, hecho/dato estadístico, anécdota.*
   Descripción:

Usar lenguaje cohesivo

Los textos argumentativos utilizan lenguaje **formal** y **cohesivo**. El uso de lenguaje formal implica palabras y frases apropiadas para entornos escolares y empresariales. Las siguientes palabras o expresiones, que son apropiadas para el lenguaje oral o escrito entre amigos, generalmente no son utilizadas en la escritura formal. No obstante, la aparición de palabras o expresiones informales es aceptable en las citas que el autor usa como evidencia.

Evita	Usa

- **Abreviaturas:** Usa *por ejemplo* en lugar de *p. ej.* y *etcétera* en lugar de *etc.*
- **Lenguaje ambiguo:** Por ejemplo, usa las palabras *evidencia* o *razones* en lugar de *cosas*.
- **Pronombres personales:** En general, evita usar los pronombres de la primera y segunda personas (*yo, nosotros, tú*); usa los pronombres de la tercera persona (*él, ella, ellos*).
- **Argot y modismos:** Por ejemplo, usa *muy bueno* en lugar de *chido*, o *reir a carcajadas* en lugar de revolcarse de risa.

El uso de lenguaje **cohesivo** implica emplear conectores que aclaren a los lectores la relación entre las posturas, las razones, la evidencia y las posturas contrarias.

Relación	Conectores
concesión	*por supuesto, por cierto, evidentemente, en efecto* Por supuesto, algunos piensan que los uniformes limitan la posibilidad de que los estudiantes expresen su individualidad.
ejemplificación	*por ejemplo, así, de hecho* Lo que hacen los uniformes es, de hecho, restarle importancia a la expresión superficial.
resumen	*finalmente, en conclusión, en otras palabras, en resumen* En otras palabras, sin la distracción de las tendencias en la vestimenta, los estudiantes pueden expresar su individualidad mediante el diálogo o la escritura.
complementación	*también, además, incluso, asimismo, igualmente* Sin el impedimento de las distracciones superficiales, los estudiantes también tienen más tiempo para dedicarse a estudiar.

Destreza del siglo XXI
Comunicación y colaboración

Marca el párrafo de conclusión sobre los uniformes escolares de la página anterior de la siguiente manera:

- Encierra en un círculo ejemplos de lenguaje informal.
- Resalta los conectores que no sean claros.

Vuelve a escribir el párrafo. Reemplaza el lenguaje informal con lenguaje formal y añade conectores para aclarar la relación entre las ideas.

Con un compañero, comenten las semejanzas y las diferencias entre el párrafo original y la revisión que hicieron ustedes. ¿En qué se parecen? ¿En qué se diferencian? ¿Qué versión les parece mejor? ¿Por qué?

Repaso de vocabulario

Instrucciones: Empareja cada palabra del vocabulario con su definición.

1. _____ texto argumentativo
2. _____ referencia bibliográfica
3. _____ postura
4. _____ posturas contrarias
5. _____ confiable
6. _____ base de datos

A. digno de credibilidad

B. enunciación de una opinión

C. información sobre una publicación

D. opinión escrita fundamentada con razones y evidencia

E. conjunto ordenado de fuentes de información

F. enunciados que se oponen a una opinión

Repaso de destrezas

Instrucciones: Lee el siguiente texto argumentativo. Luego, responde las preguntas.

- **Presentación de la postura**

  Los estudiantes de la escuela pública deberían estar obligados a usar uniformes escolares.

- **Razón 1:** Los uniformes hacen que disminuya el costo de la vestimenta de los estudiantes.

  A pesar de que las familias deban comprar los uniformes al principio del año escolar, con eso quedaría saldada la mayor parte del costo de la vestimenta de los estudiantes. Cuando los estudiantes no tengan que afrontar la presión de sus pares de tener que usar las últimas prendas de la moda para asistir a clase, habrá un cambio en el presupuesto familiar. Comprar ropa nueva a lo largo del año es mucho más costoso que comprar unos pocos uniformes.

- **Razón 2:** Los uniformes ayudan a evitar que los estudiantes con menos ingresos sean intimidados por otros estudiantes.

  Los uniformes ayudan a evitar que los estudiantes con menos ingresos sean intimidados por otros estudiantes. La apariencia es un motivo habitual por el cual algunos estudiantes molestan a otros. El acoso por parte de los estudiantes puede centrarse en el peso, el uso de gafas, los cortes de pelo... y la vestimenta. Si se exige que todos los estudiantes usen uniforme, es posible que los estudiantes con menos ingresos dejen de ser intimidados por el hecho de que sus padres no pueden comprarles ropa costosa. Ana, una estudiante intimidada por su vestimenta, afirma: "Los niños solían molestarme por usar la misma ropa dos o tres veces por semana. Ahora que todos usamos uniforme, paso más desapercibida, y eso es bueno".

- **Razón 3:** Los uniformes disminuyen las distracciones a la hora de aprender.

  Algunas personas podrían argumentar que los uniformes limitan la posibilidad de que los estudiantes expresen su individualidad. Sin embargo, lo que hacen los uniformes es, de hecho, restarle importancia a la expresión superficial. Sin ella, los estudiantes pueden enfocarse en maneras más significativas de expresar su individualidad, como el diálogo o la escritura. El señor Jones, el maestro de una escuela que ha adoptado recientemente la política del uniforme, afirmó: "Los estudiantes se ven obligados a encontrar nuevas maneras de expresarse que no sean impuestas por las tendencias en la vestimenta".

En conclusión, las escuelas públicas de Estados Unidos deberían adoptar la política del uniforme porque los corredores de la escuela deberían servir para que los estudiantes se dirijan a sus salones de clase, donde desarrollarán su mente; los corredores no deberían ser pasarelas de moda. En resumen, la escuela pública es el último gran centro democratizador de la sociedad estadounidense; es un lugar en el que todos los estudiantes son iguales y en el que deberían tener igualdad de oportunidades para pensar y crecer. Los estadounidenses no deberían sacrificar este gran ideal para apoyar una cultura del juicio superficial y el materialismo.

Repaso de destrezas (continuación)

1. ¿Cuál de los siguientes pasajes constituye la mejor presentación del texto argumentativo?

   A. El diccionario define la palabra *uniforme* como "prenda de vestir que usa un grupo en particular". Muchas personas, como los enfermeros, los bomberos y los meseros, usan uniformes.

   B. Hace muchos años que los estudiantes de las escuelas privadas usan uniforme. En la actualidad, muchas escuelas públicas están teniendo en cuenta los beneficios del uniforme.

   C. ¿Deberían los estudiantes de las escuelas públicas usar uniforme, si se tiene en cuenta que los uniformes atenúan las diferencias sociales, ayudan a los estudiantes a concentrarse en el estudio y reducen los gastos de los padres?

   D. Un uniforme común comprende una camisa de algodón y pantalones, largos o cortos, o falda, color caqui o azul marino. Su costo es de aproximadamente **$30.00**.

2. ¿Cuál de las siguientes evidencias fundamenta mejor la Razón 1?

   A. una descripción de un centro comercial lleno de personas a principios de agosto

   B. estadísticas que contrastan el costo de la vestimenta común con el de los uniformes

   C. fotografías de publicidades de vestimenta para el regreso a la escuela

   D. citas del código de vestimenta de una escuela

3. ¿En qué fuente confiable el autor podría hallar evidencia para fundamentar la Razón 2?

   A. un sitio web del gobierno

   B. una revista para adolescentes

   C. una carta al editor de un periódico

   D. un blog sobre la crianza de los hijos

4. ¿Cuál de las siguientes evidencias fundamenta mejor la Razón 3?

   A. una anécdota sobre un padre y un estudiante que van a comprar ropa

   B. datos de una investigación sobre los objetivos de aprendizaje de la escuela

   C. estadísticas de la cantidad de escuelas que adoptaron la política del uniforme

   D. una cita de un maestro que habla sobre las causas de los problemas de conducta

5. ¿En qué fuente confiable el autor podría hallar evidencia para fundamentar la Razón 3?

   A. un sitio web sobre uniformes cuya dirección termina en *.com*

   B. un video de YouTube sobre el manejo de un salón de clase

   C. un foro de internet sobre uniformes escolares

   D. una entrevista con el director de una escuela

Práctica de destrezas

Instrucciones: Escribe un texto argumentativo en el siguiente espacio en blanco usando el esquema completo de tu cuaderno de notas.

Asegúrate de usar una de las estrategias de la lección para presentar una postura. Luego, enuncia tu postura.

En cada párrafo, enuncia una razón por la cual el lector debería estar de acuerdo con tu postura. Luego, presenta y explica la evidencia que fundamenta cada razón. Asegúrate de usar distintos tipos de evidencia. Si utilizas fuentes externas para la evidencia, asegúrate de que tus fuentes sean confiables. Incluye las referencias bibliográficas al final de tu ensayo.

Luego, investiga las posibles posturas contrarias a tu argumentación. Presenta y responde las posturas contrarias que sean más comunes. Puedes incluir más evidencia en esta sección.

Por último, reafirma tu postura, resume las razones y la evidencia más importantes y brinda a los lectores una reflexión final. Usa una de las estrategias de la lección para realizar una reflexión final.

Vuelve a leer tu texto argumentativo y haz las correcciones necesarias para asegurarte de usar lenguaje formal y cohesivo a lo largo del ensayo.

_____

_____

_____

_____

_____

_____

_____

_____

_____

_____

_____

_____

_____

_____

Práctica de destrezas (continuación)

Textos informativos y explicativos

CONCEPTO CLAVE: En un texto informativo o explicativo, el autor analiza un tema con el propósito de brindar información a los lectores o explicar los pasos de un proceso.

Cuando necesitas información sobre temas como la creación de una página de internet o el pago tus impuestos, ¿pides ayuda a tus amigos o compañeros de trabajo? ¿Alguna vez les has brindado información a otras personas? A la hora de brindar información, encara la tarea del mismo modo en que lo harías con un texto argumentativo: enuncia el tema de manera clara y fundaméntalo con evidencia. Haz una lista de los temas acerca de los cuales has proporcionado información. ¿Brindaste la información de manera oral? ¿Escribiste la información para que los otros pudieran conservarla como referencia?

Textos informativos o explicativos

Cuando escribes para informar o para explicar algo, debes elegir un tema que no sea demasiado extenso ni demasiado acotado. El tema debe ser apropiado para la tarea y para los receptores. Por ejemplo, si tu jefe te pide que realices un afiche sobre el programa de reciclaje de la empresa, no te enfoques en el reciclaje de toda la ciudad. Ese tema sería demasiado extenso para la tarea y para los receptores, tus compañeros de trabajo. Del mismo modo, no te enfoques en el reciclaje de una única área de tu trabajo. Ese tema sería demasiado acotado para la tarea y para los receptores. Tu afiche debe abarcar todas las áreas y empleados.

Presentar un tema

Para presentar un tema en un **texto informativo** (un texto que aporta conocimientos al lector) o un **texto explicativo** (un texto que aclara o explica algo), identifica el propósito del texto, el formato, el receptor y sus necesidades. Puedes usar gráficas y **material multimedia**, es decir, elementos audiovisuales adicionales, para facilitar la comprensión.

Propósito	¿Escribes para informar a los lectores acerca de un proceso, de semejanzas y diferencias, de causas y efectos o de problemas y soluciones?
Formato	¿Escribes un correo electrónico, un memorando o un informe?
Receptor	¿Quién será el receptor de esta información: el público en general, tus compañeros de trabajo o tu supervisor?
Necesidades	¿Qué sabe el receptor acerca del tema? ¿Qué necesita saber?

Presenta tu tema y anticipa lo que dirás en tu texto. Presenta la información a través de oraciones del tema como esta:

> Todos quieren que les vaya bien en la escuela, pero, para muchas personas, el proceso que lleva a tener buenas calificaciones es un misterio. Afortunadamente, existen estrategias claras y sencillas que los estudiantes pueden aplicar para resolver el misterio.

Aplica una de las siguientes estrategias para comenzar tu texto:

Acción: Describe un suceso, como un estudiante que recibe su libreta de calificaciones.

Cita: Usa una cita de alguien relacionado en el tema, como un estudiante, un padre o un maestro.

Reacción: Usa verbos como *analizar* para transmitir reflexiones sobre el tema.

Pregunta retórica: Haz una pregunta relacionada con el tema dirigida a los lectores.

Desarrollar un tema

Selecciona y analiza hechos o datos, definiciones, detalles concretos, citas y ejemplos relevantes que ayuden a desarrollar tu tema.

Concéntrate en lo que tus lectores ya *saben* sobre el tema, lo que *quieren* saber y lo que *aprenderán* gracias a tu texto. Puedes usar una tabla SQA como la siguiente:

S ¿Qué **saben** mis lectores sobre el tema?	Q ¿Qué **quieren** saber mis lectores?	A ¿Qué **aprenderán** los lectores al leer mi texto?
• Los maestros se valen de la tarea, los proyectos y las pruebas para evaluar el aprendizaje de los estudiantes. Esas evaluaciones llevan una calificación.	• Quieren saber cómo tener buenas calificaciones.	• Destrezas de estudio • Destrezas de organización • Destrezas para las pruebas

Añade información como la siguiente a la columna *A* (lo que aprenderán) para desarrollar cada idea:

- **Hechos y datos:** información que puede comprobarse mediante fuentes confiables

- **Definiciones:** significados de palabras que ayudan a los lectores a comprender lo que quiere decir el autor

- **Citas:** palabras textuales de un experto o de una persona relacionada con el tema

- **Ejemplos:** anécdotas, gráficas o estadísticas

Al utilizar información que consiste en hechos o datos, citas y ejemplos para informar o explicar, es importante que los escritores no solo transmitan esa información a los lectores, sino que también la analicen o evalúen. Antes de usar información en tu texto, hazte las siguientes preguntas:

- ¿La información proviene de un autor o de un editor confiables?

- ¿Está basada en hechos o datos y es precisa? ¿Muestra **parcialidad**, o preferencia por un punto de vista en particular?

- ¿De qué manera la información se relaciona con el tema?

- ¿De qué manera la información se relaciona con otra información? ¿Muestra los pasos en una secuencia? ¿Es la causa de un efecto en particular? ¿Tiene semejanzas o diferencias con otra información? ¿Es una solución posible a un problema que se presenta?

Usa estas preguntas para analizar, revisar y hacer conexiones con la información de la tercera columna de la tabla SQA.

Analiza el siguiente ejemplo.

- Destrezas de estudio

Haz un cronograma de sesiones regulares de estudio. Las investigaciones demuestran que el cerebro necesita tiempo para procesar la información. (*hecho*) Por lo tanto, muchas veces es inútil estudiar la noche anterior a una prueba. Los estudiantes deberían estudiar en turnos de entre diez y quince minutos durante varios días antes de una prueba. Yolanda, una estudiante cuyas calificaciones de Ciencias han mejorado recientemente, expresó: Todas las noches, vuelvo a leer mis notas de Ciencias de ese día dos o tres veces. Cuando el maestro anuncia que habrá una prueba, siento que casi no tengo que estudiar porque ya conozco el material". (*cita*)

APLICA LA ESCRITURA

Instrucciones: Copia la siguiente tabla SQA en tu cuaderno y toma notas para el texto informativo o explicativo que escribirás al final de la lección. Escoge un tema sobre el que otras personas te hayan pedido explicaciones a menudo, como la preparación de un plato, el uso de una función del teléfono celular o cómo cambiar una llanta pinchada. Luego, completa cada columna.

S	Q	A

Organizar las ideas, los conceptos y la información

Luego de que hayas reunido y analizado la información que respalda tu tema, identifica las categorías más amplias en las que puede organizarse tu información, como las siguientes:

Categoría	Cómo identificarla
Causa y efecto	¿Explicas las razones por las cuales un suceso ocurrió o los resultados de un suceso?
Comparación y contraste	¿Explicas en qué se parecen o en qué se diferencian cuestiones dentro de tu tema?
Problema y solución	¿Describes un problema y sugieres una solución?
Secuencia	¿Explicas sucesos siguiendo un orden cronológico o describes los pasos de un proceso?

Antes de comenzar a escribir, planifica la introducción y las oraciones del tema:

> **Introducción:** Anécdota sobre un estudiante que recibe su libreta de calificaciones
>
> **Oraciones del tema:** Todos quieren que les vaya bien en la escuela, pero, para muchas personas, el proceso que lleva a tener buenas calificaciones es un misterio. Afortunadamente, existen estrategias claras y fáciles que los estudiantes pueden usar para resolver el misterio.

Luego, determina cómo organizarás tus ideas mediante un organizador gráfico. Para comparar y contrastar, utiliza un diagrama de Venn. Usa recuadros y flechas para organizar las otras categorías.

Comparar y contrastar:

Yolanda obtiene mejores calificaciones porque estudia todos los días.

Los estudiantes deben prepararse para una prueba de Ciencias.

Algunos estudiantes no tienen buenas calificaciones porque solo estudian la noche anterior a la prueba.

Causa y efecto:

Causa: Yolanda no tenía un momento establecido para hacer la tarea. → **Efecto:** Cuando tenía otras actividades para hacer, Yolanda no hacía la tarea.

Problema y solución:

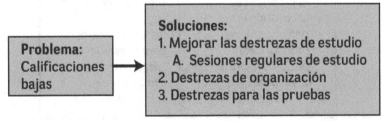

Problema: Calificaciones bajas →

Soluciones:
1. Mejorar las destrezas de estudio
   A. Sesiones regulares de estudio
2. Destrezas de organización
3. Destrezas para las pruebas

Secuencia:

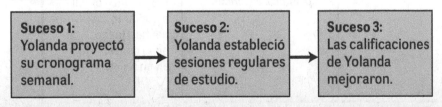

Suceso 1: Yolanda proyectó su cronograma semanal. → **Suceso 2:** Yolanda estableció sesiones regulares de estudio. → **Suceso 3:** Las calificaciones de Yolanda mejoraron.

Si tu texto contiene información compleja, puede resultarte útil aplicar algunas de las siguientes estrategias para guiar a tus lectores.

- **Formatos:** Añade títulos, palabras en negrita o frases que presenten secciones del texto en particular.

- **Gráficas:** Usa elementos visuales, como tablas, gráficas, diagramas, fotografías o ilustraciones.

- **Material multimedia:** Incluye elementos audiovisuales en aplicaciones informáticas.

Repasa los organizadores gráficos de esta página. Identifica la información compleja que pueda aparecer. ¿Un formato especial o una gráfica ayudarían a aclarar la información? Toma nota de eso en tu cuaderno. Si la información fuera mostrada a través de una presentación de computadora, ¿un elemento audiovisual ayudaría a aclararla? Si es así, toma nota de eso.

ESCRIBIR PARA APRENDER

Usa conectores para escribir dos o tres oraciones que ejemplifiquen la relación dentro de cada categoría. Rotula la relación en cada pasaje. Por ejemplo:

Debido a que la estudiante no estudió para la prueba, desaprobó. En consecuencia, sus calificaciones bajaron. (*Causa y efecto*)

Para escribir los pasajes, puedes abordar distintos temas o escoger un pasaje relacionado con el tema que usarás para escribir el texto al final de la lección.

APLICA LA ESCRITURA

Instrucciones: En un cuaderno, planifica una introducción y una oración del tema. Luego, selecciona información de la sección A de la tabla SQA y una categoría de organización. Usa uno de los organizadores gráficos de la página anterior para exponer la organización que hayas escogido.

Usar conectores de manera variada y apropiada

Los **conectores** son palabras y frases que aclaran las relaciones que se establecen entre las ideas y entre los conceptos. Mira la siguiente tabla de relaciones y conectores. Al escribir un borrador y revisar tu texto, usa los conectores apropiados de la tabla para pasar de una frase a otra y de un párrafo a otro. Asegúrate de usar los conectores de manera variada para que tu texto no sea repetitivo.

Relación	Conectores	Ejemplo
Causa y efecto	• *porque; debido a; por este motivo; si... entonces; como* • *como resultado; en consecuencia; entonces; por lo tanto; así*	Ella no estaba preparada para la prueba; como resultado, su calificación fue baja.
Comparación y contraste	• *así como; igualmente; del mismo modo* • *pero; sin embargo; por el contrario; por otra parte; más bien*	El maestro le ofreció ayuda con el estudio luego de la clase; sin embargo, la estudiante no aceptó el ofrecimiento.
Problema y solución	• *el problema es; la cuestión es* • *una solución es; una respuesta posible es; una manera de resolverlo es*	Una manera de resolver el problema de hacerse tiempo para el estudio es reprogramar o eliminar otra actividad.
Secuencia	• *luego; finalmente; primero; entonces*	Primero, a Yolanda le resultó muy difícil estudiar todas las noches; luego, pudo convertirlo en un hábito.

Un párrafo puede contener más de un tipo de conector; por ejemplo:

Una solución (*problema y solución*) posible para las bajas calificaciones es crear un cronograma de sesiones regulares de estudio. Las investigaciones demuestran que el cerebro necesita tiempo para procesar la información. Por lo tanto, (*causa y efecto*) muchas veces es inútil estudiar la noche anterior a una prueba. Los estudiantes deberían estudiar en turnos de entre diez y quince minutos durante varios días antes de una prueba. Yolanda, una estudiante cuyas calificaciones de Ciencias han mejorado recientemente, expresó: "Todas las noches, vuelvo a leer mis notas de Ciencias de ese día dos o tres veces. Cuando el maestro anuncia que habrá una prueba, siento que casi no tengo que estudiar porque ya conozco el material".

APLICA LA **ESCRITURA**

Instrucciones: Copia el siguiente párrafo en tu cuaderno y añade conectores de manera variada y apropiada. Rotula la relación que cada conector que añadiste aclara.

_____ posible es organizar los materiales de la clase. Los estudiantes con bajas calificaciones son, por lo general, aquellos cuyas carpetas tienen hojas sueltas. _____ un estudiante no puede encontrar sus cosas, _____ es difícil que estudie o complete la tarea. _____, consigue una carpeta de tres anillos y separadores. Crea una sección para cada materia. _____ a medida que el maestro reparte las tareas y las calificaciones, ponles fecha y colócalas en orden cronológico en la sección que corresponda. Este procedimiento permite al estudiante encontrar lo que necesita de manera rápida y eficaz.

Presentar una oración o una sección de conclusión

Una vez que hayas presentado tu tema y hayas desarrollado y organizado la información, es momento de que escribas la **conclusión**, es decir, el final de tu texto.

Por lo general, una conclusión tiene dos propósitos. Por un lado, debe reforzar la idea principal y los detalles importantes. Por otro, debe dejar a los lectores con algo para reflexionar.

Para reforzar tu idea principal, usa las siguientes estrategias:

- Reafirma tu tema.
- Resume las ideas principales y los detalles importantes.

Para presentar una reflexión final que deje pensando a los lectores, usa una de las siguientes estrategias:

- Explica por qué los lectores deben interesarse por tu tema. ¿En qué los beneficia saber sobre ese tema?
- Presenta una cita significativa.
- Incluye un hecho o un dato de particular importancia.
- Cuenta una anécdota o un relato breve interesante.

Combina los dos propósitos para escribir tu conclusión:

> Muchos estudiantes tienen un rendimiento bajo en la escuela; no porque así lo quieran, sino porque no saben cómo desenvolverse de otra manera. (*reafirma el tema*) La clave para modificar ese resultado es cambiar los comportamientos que lo preceden. Los estudiantes pueden afinar sus destrezas de estudio, sus destrezas de organización y sus destrezas para las pruebas con tácticas específicas que provocarán una mejora en las calificaciones. (*resume las ideas principales y los detalles*) Malcolm recuerda de esta manera la primera vez que obtuvo una A en una clase de Lectura: "Por primera vez, me sentí inteligente". (*cita significativa*)

APLICA LA ESCRITURA

Instrucciones: Copia el siguiente organizador gráfico en tu cuaderno y toma notas acerca de la conclusión del texto informativo o explicativo que escribirás al final de la lección.

Reafirma el tema: _____

Resume las ideas principales y los detalles importantes:

_____

Reflexión final: *Encierra en un círculo una de las siguientes opciones: conexión con el lector, cita, hecho o dato, anécdota*

_____

USAR VOCABULARIO ESPECÍFICO Y LENGUAJE PRECISO

El **vocabulario específico** comprende palabras que pertenecen a un campo de conocimiento en particular. Por ejemplo, palabras como *motor de búsqueda* y *disco duro* pertenecen al campo de la informática. Las personas que conocen un campo de conocimiento en particular están familiarizadas con su vocabulario específico. Sin embargo, al escribir sobre un campo de conocimiento, es posible que debas definir las palabras del vocabulario específico a tus lectores. Además, debes definir las palabras que tengan otros significados en su uso cotidiano.

Área	Ejemplos de vocabulario
Matemáticas	*factor, múltiplo, inverso*
Ciencias	*aminoácido, compuesto de carbono, fisión*
Estudios Sociales	*capitalismo, federalismo, feudalismo*
Tecnología	*aplicación, descarga, antivirus*

El uso de **lenguaje preciso** consiste en emplear palabras que son específicas en lugar de ser muy generales. Esas palabras ayudan a los lectores a comprender la información. Por ejemplo, usa *descargar* en lugar de *conseguir* para describir cómo acceder a una aplicación de Internet.

Palabra general	Palabras precisas
muchos	cantidades o ejemplos específicos
bueno	*conveniente, útil, atinado*
malo	*erróneo, inútil, ineficaz*
cosa	elementos, objetos o tareas específicos

Destreza principal
Usar vocabulario específico y lenguaje preciso

Vuelve a mirar el organizador gráfico que copiaste en tu cuaderno. Encierra en un círculo el vocabulario específico que has usado. ¿Debes definir alguna de esas palabras a tus lectores? Si es así, anota las palabras.

Encierra en un recuadro las palabras demasiado generales. Táchalas y reemplázalas por palabras más específicas. Si es necesario, consulta un diccionario de sinónimos y antónimos.

Repaso de vocabulario

Instrucciones: Empareja cada palabra de vocabulario con su definición.

1. _____ parcialidad
2. _____ explicativo
3. _____ informativo
4. _____ material multimedia
5. _____ conectores

A. que sirve para ampliar los conocimientos sobre un tema

B. elementos audiovisuales de una aplicación de computadora

C. preferencia que influye en el juicio sobre algo

D. palabras o frases utilizadas para aclarar relaciones entre las ideas

E. que sirve para aclarar o explicar algo

Instrucciones: Lee el siguiente texto explicativo. Luego, responde las preguntas.

- **Presentación del tema:**

1   Un estudiante abre su libreta de calificaciones con mano temblorosa. ¿Las calificaciones serán buenas o malas? Todos quieren que les vaya bien en la escuela, pero, para muchas personas, el proceso que lleva a tener buenas calificaciones es un misterio. Afortunadamente, existen estrategias claras y sencillas que los estudiantes pueden aplicar para resolver el misterio.

- **Primera idea de apoyo, con el siguiente título:**

Destrezas de estudio mejoradas

2   Una solución posible para las bajas calificaciones es crear un cronograma de sesiones regulares de estudio. Las investigaciones demuestran que el cerebro necesita tiempo para procesar la información. Por lo tanto, muchas veces es inútil estudiar la noche anterior a una prueba. Los estudiantes deberían estudiar en turnos de entre diez y quince minutos durante varios días antes de una prueba. Yolanda, una estudiante cuyas calificaciones de Ciencias han mejorado recientemente, expresó: "Todas las noches, vuelvo a leer mis notas de Ciencias de ese día dos o tres veces. Cuando el maestro anuncia que habrá una prueba, siento que casi no tengo que estudiar porque ya conozco el material".

- **Segunda idea de apoyo, con el siguiente título:**

Destrezas de organización

3   Otra solución posible es organizar los materiales de la clase. Los estudiantes con bajas calificaciones son, por lo general, aquellos cuyas carpetas tienen hojas sueltas. Si un estudiante no puede encontrar sus cosas, entonces es difícil que estudie o complete la tarea. Primero, consigue una carpeta de tres anillos y separadores. Crea una sección para cada materia. Luego, a medida que el maestro reparte las tareas y las calificaciones, ponles fecha y colócalas en orden cronológico en la sección que corresponda. Este procedimiento permite al estudiante encontrar lo que necesita de manera rápida y eficaz.

- **Tercera idea de apoyo, con el siguiente título:**

Destrezas para las pruebas

4   Repasa todos los exámenes, la tarea y las notas de clase para comprender el tipo de preguntas que pueden hacerte en la prueba. Asegúrate de identificar el propósito de la pregunta. Identificar el propósito te ayudará a responder de manera correcta.

- **Conclusión:**

5   Muchos estudiantes tienen un rendimiento bajo en la escuela; no porque así lo quieran, sino porque no saben cómo desenvolverse de otra manera. La clave para modificar ese resultado es cambiar los comportamientos que lo preceden. Los estudiantes pueden afinar sus destrezas de estudio, sus destrezas de organización y sus destrezas para las pruebas con tácticas específicas que provocarán una mejora en las calificaciones. Malcolm recuerda de esta manera la primera vez que obtuvo una A en una clase de Lectura: "Por primera vez, me sentí inteligente".

Repaso de destrezas (continuación)

1. ¿Qué estrategia se utiliza para presentar el tema: acción, diálogo o cita, reacción o pregunta retórica? Explica tu respuesta.

_____

_____

_____

_____

2. ¿Qué estrategia puede usar el escritor para desarrollar la idea principal del cuarto párrafo: hecho o dato, definición, detalle concreto, cita u otro ejemplo? Explica tu respuesta.

_____

_____

_____

_____

3. Lee la siguiente oración del texto. Piensa cómo podrías reemplazar la palabra subrayada por otra palabra más precisa.

   Si un estudiante no puede encontrar sus cosas, entonces es difícil que estudie o complete la tarea.

   ¿Cuál de las siguientes palabras reemplaza MEJOR a la palabra subrayada?

   A. objetos
   B. materiales
   C. elementos
   D. dispositivos

4. Lee la siguiente oración del texto:

   Muchos estudiantes tienen un rendimiento bajo en la escuela; no porque así lo quieran, sino porque no saben cómo desenvolverse de otra manera.

   ¿Cuál de las siguientes palabras sirve como conector para expresar contraste?

   A. muchos
   B. así
   C. porque
   D. sino

Práctica de destrezas

1. Escribe la conclusión de un ensayo sobre un tema que conozcas bien e incluye alguna de las siguientes estrategias: conexión con el lector, cita, hecho o dato, anécdota.

_____

_____

_____

_____

_____

2. Las destrezas de organización pueden ayudarte en varios aspectos de tu vida. Escoge un aspecto en el que creas que sería útil organizarte mejor. Ten en cuenta actividades como realizar trámites bancarios, hacer las compras, hacer las tareas de la casa, realizar actividades sociales y otras actividades. Escribe un párrafo en el que expliques cómo la actividad que has seleccionado mejoraría a través de la organización; asegúrate de usar al menos tres palabras o frases conectoras. Subráyalas.

_____

_____

_____

_____

_____

3. Describe el organizador gráfico (por ejemplo, diagrama de Venn, recuadros con flechas) que seleccionarías para organizar la información sobre cada una de las siguientes ideas. Explica el tipo de relación que muestra el organizador.

A. Quieres comparar el modo de trabajo en equipo con el modo de trabajo en el que los empleados se reportan a sus jefes para concretar un proyecto.
B. Quieres describir los pasos que tomaste para ahorrar dinero en el transcurso de un proyecto.
C. Quieres explicar cómo resolviste el problema de los empleados que llegan tarde a su trabajo.
D. Quieres explicar por qué la fotocopiadora funciona mal.

A. _____

B. _____

C. _____

D. _____

Instrucciones: Escribe un texto informativo o explicativo en el siguiente espacio en blanco. Usa la tabla SQA que completaste. Si es necesario, agrega una hoja.

Asegúrate de utilizar una de las estrategias desarrolladas en la lección para presentar tu tema. Luego, presenta tu tema y describe la información que usarás.

Usa las categorías amplias para organizar los párrafos del cuerpo de tu texto. ¿Usarás una secuencia para explicar los pasos de un proceso? ¿Describirás las causas y efectos de un suceso? ¿Describirás semejanzas y diferencias entre conceptos dentro de un tema? ¿Presentarás un problema y luego propondrás una solución?

Por último, escribe una conclusión en la que reafirmes tu tema, resumas las ideas principales y los detalles importantes y dejes una reflexión final a los lectores.

Vuelve a leer tu texto y haz las correcciones necesarias para que los conectores usados sean adecuados y variados, y para que el lenguaje empleado sea preciso. Además, asegúrate de haber definido las palabras de vocabulario específico. Incluye títulos o gráficas cuando lo creas necesario.

_____

_____

_____

_____

_____

_____

_____

_____

_____

_____

_____

_____

_____

Textos narrativos

CONCEPTO CLAVE: En un texto narrativo, el autor cuenta una historia real o imaginaria.

Cuando los amigos y la familia se reúnen, suelen pasar el tiempo contando cosas que les sucedieron en la vida. Estos relatos permiten compartir experiencias y conectar a los narradores con su público. A diferencia de los textos argumentativos y de los informativos o explicativos, los textos narrativos se basan en descripciones y secuencias de sucesos más que en datos y evidencia.

Lee los siguientes títulos:
Nuestras vacaciones de verano en los montes Ozark
El debate sobre un incremento de los impuestos
Cómo instalar tu nuevo lavavajillas modelo R2900

¿Cuál de estos textos crees que será argumentativo (A)? ¿Cuál será informativo (I)? ¿Cuál será narrativo (N)? Escribe una A, una I o una N junto al título que corresponda.

Textos narrativos

Al contar un relato, el autor debe primero establecer el **punto de vista**, o la perspectiva desde la cual el relato será contado.

ESTABLECER UN PUNTO DE VISTA

Se llama **narrador** a quien cuenta un relato. Hay muchos tipos de narradores. Lee las siguientes explicaciones sobre los distintos tipos de narradores y, luego, piensa en los efectos que tendría sobre el conocido cuento "La liebre y la tortuga" modificar el punto de vista narrativo.

Puedes encontrar una versión de "La liebre y la tortuga", en el siguiente sitio web:

http://es.wikisource.org/wiki/La_liebre_y_la_tortuga

Comenta con un compañero cómo cada punto de vista afectaría al relato.

- Un **narrador en primera persona** es alguien que participa de los sucesos que describe. Este tipo de narrador cuenta lo que piensa, siente, hace, dice u observa Suele emplear pronombre de la primera persona, como *yo, me, nosotros, nos,* y verbos en primera persona. Sin embargo, este tipo de narrador no sabe ni puede contar lo que otros personajes sienten o piensan de los sucesos si no es por los **diálogos**, es decir, los intercambios verbales entre los personajes.

  Cierto día, me burlé de las cortas patas y la lentitud al caminar de una tortuga.

ESTABLECER UN PUNTO DE VISTA (continuación)

- Un **narrador en primera persona subjetivo** muestra parcialidad, es decir, una preferencia que influye en el juicio sobre algo, como resultado de características como su género, su edad, su etnia, sus valores o sus objetivos. Este tipo de narrador puede resultar **poco confiable**, o poco digno de confianza, pues puede alterar los hechos en beneficio propio.

  Cierto día, me sentía muy somnolienta porque había pasado toda la noche recolectando comida para mi familia. Una tortuga interpretó mis gestos como una burla por su lentitud.

- Un **narrador en primera persona objetivo** participa de los sucesos, pero intenta transmitirlos sin ejercer un juicio sobre ellos, lo que permite que el lector realice sus propios juicios.

  Cierto día, señalé que la tortuga se movía más lentamente que yo.

- Un **narrador en tercera persona omnisciente** no participa de los sucesos. Sabe todo lo que los personajes piensan, sienten, dicen y hacen, y suele emplear verbos y pronombres en tercera persona.

  Cierto día, una liebre se burlaba de las cortas patas y la lentitud al caminar de una tortuga. Pero la tortuga creía que la liebre se equivocaba, y confiaba en que podría vencerla en una carrera.

- Un **narrador en tercera persona limitado** se centra en los pensamientos, los sentimientos y las acciones de un solo personaje.

  Cierto día, una liebre se burlaba de las cortas patas y la lentitud al caminar de una tortuga. La tortuga la desafió a una carrera, y la liebre, totalmente segura de que aquello era imposible, aceptó el reto.

Destreza principal
Establecer un punto de vista

Elige un suceso que te haya ocurrido recientemente y que involucre a una o más personas.

Escribe un párrafo que cuente el suceso desde el punto de vista de un narrador en primera persona subjetivo.

Luego, vuelve a escribir el párrafo para contar el mismo suceso pero desde el punto de vista de un narrador en tercera persona limitado.

Comienza con una breve exposición, o introducción, que incluya a los personajes y el ambiente. Luego, continúa con el conflicto o el suceso hasta llegar al momento de mayor tensión del relato (el nudo) y su desenlace.

Luego, responde por escrito las siguientes preguntas:

- ¿Qué claves del relato denotan el punto de vista en cada párrafo?

- ¿De qué manera cambiar el punto de vista de la primera a la tercera persona afectó al relato? ¿El cambio tuvo consecuencias en el conflicto o en su resolución?

Comenta tus respuestas con un compañero.

Trama narrativa

Una narración consiste en una secuencia de sucesos llamada **trama**. La trama narrativa comienza con una sección llamada **exposición**. En la exposición, el autor presenta a los personajes y establece el contexto del relato. Los **personajes** son las personas (o animales) que participan de los sucesos de un relato. El narrador es un tipo de personaje, pero también existen otros.

- **Principal:** el personaje más importante del relato

- **Secundarios**: los personajes que acompañan al personaje principal

- **Redondo:** un personaje que cambia a lo largo del relato

- **Plano:** un personaje que no cambia a lo largo del relato

- **Protagonista:** el personaje principal cuyas acciones sigue el relato

- **Antagonista:** el personaje que obstaculiza el objetivo del protagonista

El **contexto** es la situación o conjunto de circunstancias o sucesos que rodean al personaje principal. Por lo general, el contexto incluye el **ambiente,** es decir, el tiempo y el espacio de la acción, y un **conflicto**, es decir, un problema que el personaje principal debe afrontar en relación a otro personaje, la naturaleza o el destino. En ocasiones, un personaje puede enfrentarse a sus propias decisiones o posibilidades de acción.

A menudo, los autores de textos narrativos usan tablas como la siguiente para esbozar a los personajes y el contexto.

Exposición
Punto de vista narrativo: tercera persona limitada
Personaje principal/protagonista: la liebre (redondo)
Personajes secundarios importantes/antagonista: la tortuga (plano)
Contexto (ambiente y conflicto): El ambiente es probablemente una zona rural, como un campo abierto, donde pueden encontrarse animales como la liebre, la tortuga y la zorra. La tortuga acepta el desafío de la presumida liebre de correr una carrera.

APLICA LA ESCRITURA

Instrucciones: Muchos relatos merecen ser contados más de una vez en la vida de una persona. El relato de la liebre y la tortuga ha sido contado de generación en generación en muchas culturas. Elige una historia real que les hayas contado una y otra vez a tus amigos y tu familia o un relato que un amigo o un familiar te haya contado muchas veces. Luego, copia en tu cuaderno solo los títulos de la tabla de arriba. Comienza por tomar notas para el texto narrativo que escribirás al final de la lección y que estará basado en el relato que escogiste.

Organizar una secuencia de sucesos

Por lo general, los sucesos de una trama están organizados de manera **cronológica**, es decir, en orden temporal. Sin embargo, a veces los autores se remontan a sucesos del pasado o anticipan sucesos futuros. Una trama puede dividirse en cinco partes:

- **Exposición:** trasfondo del relato (personajes y ambiente)

- **Complicación:** sucesos que complican el conflicto del personaje principal y que llevan al nudo

- **Nudo:** momento de mayor tensión narrativa del relato

- **Desenlace:** sucesos que llevan a la resolución del conflicto

- **Resolución:** solución al problema

APLICA LA ESCRITURA

Instrucciones: En la tabla para planificar que copiaste en tu cuaderno, anota ejemplos de complicación, nudo y desenlace para usar en el texto narrativo que escribirás al final de la lección.

USAR TÉCNICAS NARRATIVAS

Para vincularse con los lectores y hacer que se interesen por un relato y su desenlace, un escritor de textos narrativos debe hacer que los personajes y los acontecimientos parezcan reales. Los escritores usan **técnicas** o estrategias para lograr ese objetivo.

Diálogos: palabras dichas por los personajes; cada intervención comienza con una raya de diálogo

> —Puede que seas veloz como el viento, pero yo te ganaría en una competencia.

Ritmo: la velocidad de la acción

- Llegado el día de la carrera, arrancaron ambas al mismo tiempo. La tortuga nunca dejó de caminar y a su lento paso pero constante, avanzaba tranquila hacia la meta. En cambio, la liebre, que a ratos se echaba a descansar en el camino, se quedó dormida. (Se presenta el inicio de la carrera y el desempeño de los dos participantes en tres oraciones. El ritmo es rápido como una carrera).

Conectores: palabras que se usan para mostrar el orden de los sucesos, cambios de tiempo o espacio o relaciones entre experiencias y sucesos

- <u>Cuando</u> despertó (...), vio cómo la tortuga había llegado de primera al final y obtenido la victoria. (orden de los sucesos)

Lenguaje preciso: palabras que crean imágenes y transmiten emociones específicos en lugar de generales

- La tortuga (...) avanzaba <u>tranquila</u> hacia la meta. (El autor no se limita a decir que la tortuga avanzó, sino que añade una palabra precisa, *tranquila*, para mostrar cómo se sentía).

Destreza principal
Usar técnicas narrativas

Vuelve a escribir el mismo párrafo que escribiste antes con el punto de vista del narrador en primera persona subjetivo (página 263), pero esta vez usa un ejemplo de cada una de las siguientes técnicas narrativas.

- Diálogos
- Ritmo rápido
- Ritmo lento
- Conector de secuencia
- Conector de tiempo o espacio
- Lenguaje preciso

Comparte y comenta tus ejemplos con un compañero.

Usar palabras sensoriales

Probablemente, una de las técnicas narrativas más importantes que usan los escritores es la descripción. Al describir personajes, ambientes u otros elementos del relato, los escritores de textos narrativos a menudo utilizan **palabras sensoriales**. Las palabras sensoriales apelan a al menos uno de los cinco sentidos del lector. Esta apelación a los sentidos hace que el lector se involucre en la acción y experimente el relato.

Sentido	Ejemplo
Vista	Cierto día una liebre se burlaba de las <u>cortas patas</u> y la lentitud al caminar de una tortuga

A continuación hay ejemplos adicionales que podría haber usado el autor:

Sentido	Ejemplo
Olfato	La liebre sintió que la envolvía un <u>fresco aroma a hierbas</u>, y decidió dormir una siesta.
Tacto	La hierba fresca era <u>suave como algodón</u>, y la liebre no tardó en dormirse.
Gusto	Para celebrar su victoria, la tortuga mascó una hoja de col <u>amarga pero crujiente</u>.
Oído	La tortuga dejó oír su <u>risa cristalina</u>.

APLICA LA ESCRITURA

Instrucciones: Lee la tabla para planificar un texto narrativo que copiaste en tu carpeta. Identifica los lugares en los que usarás técnicas narrativas. Anota cada lugar que identifiques y un par de frases clave u oraciones que puedas usar en tu borrador.

_____ Diálogo

_____ Ritmo

_____ Conectores

_____ Descripción y palabras sensoriales

Presentar una conclusión

La parte final de una trama narrativa es la conclusión o **resolución**. Es el momento en el que el conflicto del personaje principal se resuelve. También es el momento en el que el personaje puede aprender una valiosa lección como resultado de los sucesos del cuento.

Resolución
La liebre pierde la carrera. La liebre aprende que la paciencia y la constancia llevan al éxito.

Si un escritor decide narrar un relato en primera persona, es posible que **reflexione** o piense directamente en el sentido que tuvo el suceso en su vida.

Por ejemplo:

No podía creer lo tonta que había sido. Indudablemente, la tortuga me enseñó una valiosa lección. No importa la velocidad a la que seas capaz de correr si estás durmiendo una siesta. No volveré a cometer ese error.

Repaso de vocabulario

Instrucciones: Empareja cada palabra de vocabulario con su definición.

1. _____ contexto
2. _____ texto narrativo
3. _____ narrador
4. _____ punto de vista
5. _____ palabras sensoriales

A. quien cuenta un relato

B. palabras que apelan a los cinco sentidos

C. perspectiva desde la que se narra

D. circunstancias o ambiente

E. historia real o imaginaria

Destreza del siglo XXI
Pensar de manera creativa

Haz una lluvia de ideas para pensar tres conclusiones o resoluciones posibles para el texto narrativo que planificaste en tu cuaderno.

- ¿Qué soluciones podría tener el conflicto? Escribe tres.
- ¿Qué lecciones podría aprender el personaje principal? Escribe tres.
- Si tienes pensado usar el punto de vista de la primera persona, ¿qué reflexiones podría presentar el narrador? Escribe tres.

Muestra tu tabla para planificar textos narrativos a un compañero. Luego, describe los tres finales posibles. Pide a tu compañero que te ayude a seleccionar el final que más complacerá a los lectores.

Instrucciones: Lee el siguiente texto narrativo. Luego, responde las preguntas.

1   Ese verano, mi suerte era tan mala que encontrar cien monedas de un dólar a plena vista bajo un cielo azul no hubiera cambiado nada. Por fin era lo suficientemente grande como para pasar el verano en el rancho ganadero de mi tío. Escuché que mi tío Cos le decía a mi mamá: "Pondré a Rachel a trabajar". En mi mente, la palabra *trabajo* significaba irme a dormir tarde, montar caballos, pescar y nadar. Sin embargo, el tío Cos tenía planeado algo completamente distinto.

2   Por supuesto, la primera mañana transcurrió sin problemas, pero durante el almuerzo mi tío recibió una inquietante llamada de uno de sus peones. Un vecino había visto coyotes deambulando cerca del ganado. Cuando colgó el teléfono, sus ojos recorrieron la habitación y finalmente se posaron en mí. "Es momento de trabajar. Recoge tus cosas", dijo.

3   Pensé que él y yo tendríamos una aventura, así que me apuré a recoger mi equipo: un abrigo, una manta, comida, una linterna y mi teléfono. Temblaba de emoción mientras subía a la polvorienta camioneta de mi tío y nos encaminábamos hacia donde estaba el ganado.

4   Cuando llegamos a la parte más alta del monte, aparcó la camioneta y dejó el motor en funcionamiento. "Tú acamparás bajo ese gran roble", me dijo, "y te mantendrás alerta. Si ves algún coyote, llámame desde tu teléfono. Recorreré el perímetro del rancho con la camioneta. Volveré en una hora o dos".

5   Lo miré con incredulidad. ¿Estaba loco? No podía creer que me estuviera pidiendo que me sentara sola en la oscuridad sin otra compañía que la de los sonidos de la manada. Iba a quejarme pero luego lo pensé mejor. No quería fracasar en mi primera tarea antes de empezarla. Lentamente, bajé de la camioneta y me dirigí al árbol.

6   Los primeros quince minutos pasaron bastante rápidamente. Me mantuve ocupada armando un pequeño campamento. Luego, me quedé sin tareas, y me invadió el aburrimiento. Comencé a mirar mi reloj cada quince segundos, lo que fue una pésima idea. Luego, empecé a contar las vacas, pero eso me dio sueño. Si mi tío no volvía pronto, temía volverme loca. En los rincones de mi mente, empezó a formarse un plan. Con solo una llamada, podía hacer que mi tío regresara. No hubiera tenido que mentir demasiado. Allí afuera estaba oscuro, y una sombra podía parecer cualquier cosa. Tomé el teléfono y marqué el número de mi tío.

7   —¿Sí? —respondió.

8   —Creo que vi algo cerca de la manada, y las vacas están aterrorizadas.

9   —Voy para allá —dijo.

10   Cuando regresó, me pidió que lo guiara hasta el lugar en el que había visto al coyote. Escogí un lugar al azar para justificar mi historia. Mi tío se inclinó para buscar huellas de patas.

11   —No veo nada —dijo mientras me miraba con escepticismo.

12   La noche siguiente transcurrió más o menos de la misma manera. A la tercera noche, me acostumbré a la rutina. Mi tío me dejaba cerca del árbol y seguía manejando para recorrer el perímetro. Acababa de escribir mi nombre en la tierra con un palo cuando mis ojos percibieron movimiento cerca de la manada. Las vacas mugían y se movían. Me levanté y, arrastrándome, fui hasta ese lugar. Enseguida, la luna llena reveló los ojos amarillentos de un coyote hambriento en medio de la oscuridad. Volví corriendo al árbol mientras marcaba el número de mi tío.

13   —¿Sí? —contestó.

14   —¡Coyote! —grité.

15   Después de dos noches de falsas alarmas, mi tío no se preocupó.

16   —Ya casi termino mi recorrida. Estaré allí en treinta o cuarenta minutos. Quédate tranquila.

17   Cuando colgó el teléfono, intenté contener las lágrimas mientras pensaba en el ternero que pagaría las consecuencias de mis mentiras.

Repaso de destrezas (continuación)

1. ¿Cuál es el punto de vista narrativo del relato?

   A. primera persona
   B. tercera persona limitada
   C. tercera persona objetiva
   D. tercera persona

2. ¿Cuál es el personaje principal?

   A. Rachel
   B. la mamá
   C. el tío Cos
   D. las vacas

3. Lee la siguiente oración del texto:

Estaba terminando de escribir mi nombre en la tierra con un palo cuando mis ojos percibieron movimiento en uno de los extremos de la manada.

¿A qué sentido apela?

   A. olfato
   B. tacto
   C. vista
   D. oído

4. Lee la siguiente oración del texto:

Creo que vi algo cerca de la manada, y las vacas están aterrorizadas.

¿Qué palabra demuestra MEJOR el uso de lenguaje preciso?

   A. algo
   B. cerca
   C. manada
   D. aterrorizadas

5. Lee la siguiente oración del texto:

Después de dos noches de falsas alarmas, mi tío no se preocupó.

¿Qué parte de la oración incluye un ejemplo de conector temporal?

   A. Después de dos noches
   B. de falsas alarmas
   C. mi tío no
   D. se preocupó

6. ¿En qué párrafo la narradora reflexiona sobre los sucesos del relato?

   A. 1
   B. 3
   C. 6
   D. 17

Práctica de destrezas

Instrucciones: Usa la tabla para planificar que completaste en tu cuaderno para escribir un texto narrativo en el siguiente espacio en blanco.

En la exposición, define el punto de vista narrativo, presenta al personaje principal y a los personajes secundarios y describe el ambiente.

Presenta la secuencia de sucesos de la complicación, el nudo y el desenlace de manera natural y lógica. Usa conectores apropiados para transmitir la secuencia, mostrar cambios en el tiempo o en el espacio y aclarar las relaciones entre los sucesos.

Desarrolla a los personajes y la trama a través de técnicas narrativas como el diálogo, el ritmo, el lenguaje preciso, la descripción y el uso de palabras sensoriales.

Presenta una conclusión que se desprenda de los sucesos narrados y que implique una reflexión sobre esos sucesos.

_____

_____

_____

_____

_____

_____

_____

_____

_____

_____

_____

_____

_____

_____

_____

_____

_____

Práctica de destrezas (continuación)

Repaso

PRÁCTICA DE ESCRITURA

Los tipos de texto y sus propósitos

Instrucciones: Escribe un texto argumentativo, narrativo, informativo o explicativo en respuesta a una de las siguientes instrucciones. Si es necesario, repasa las lecciones **7.1**, **7.2**, **7.3**, **8.1**, **8.2** y **8.3** sobre planificación del texto, estrategias de escritura, estructura del texto, revisión y edición.

TEXTO ARGUMENTATIVO

A menudo, las personas se forman opiniones fuertes sobre distintas cuestiones a partir de su experiencia personal con esos temas. Por ejemplo, una persona que ha afrontado muchos gastos médicos probablemente tenga una opinión muy formada con respecto al seguro médico. Escoge una experiencia personal del pasado que te haya hecho formarte una opinión fuerte sobre algo. Usa esta experiencia como presentación de tu postura y fundaméntala con razones lógicas y evidencia en un texto argumentativo. Asegúrate de usar conectores claros, responder a las posturas contrarias y presentar una conclusión.

TEXTO INFORMATIVO O EXPLICATIVO

Las experiencias personales a menudo hacen que las personas obtengan nueva información o desarrollen nuevas destrezas. Por ejemplo, si un niño se une a un equipo de fútbol, es posible que sus padres empiecen a informarse sobre el deporte. Si un conductor pincha una llanta de su carro, tal vez quiera aprender a cambiarla para estar preparado la próxima vez que le suceda. Escoge una experiencia personal que te haya hecho conocer nueva información o desarrollar una nueva destreza. Usa esa experiencia para presentar tu tema en un texto informativo o explicativo en el que fundamentes tus ideas con hechos o datos, detalles y ejemplos relevantes, y en el que organices los conceptos en categorías amplias. Presenta una conclusión y usa conectores claros, vocabulario específico y títulos si es necesario.

TEXTO NARRATIVO

Un texto narrativo a menudo termina con una reflexión sobre los sucesos del relato. Escoge una experiencia personal con la que hayas aprendido una importante lección de vida. Por ejemplo, puedes aprender una lección acerca de decir la verdad luego de haber mentido. Usa esa experiencia para escribir un texto narrativo en el que establezcas un punto de vista, presentes a los personajes y organices una secuencia lógica de sucesos. Incluye una exposición, una complicación, un nudo, un desenlace y una resolución. Asegúrate de utilizar técnicas narrativas como diálogos, ritmo, conectores, lenguaje preciso, descripciones y palabras sensoriales. Presenta una conclusión en la cual el narrador o el personaje principal reflexionen sobre el sentido de los sucesos narrados.

Repaso

PRÁCTICA DE ESCRITURA

Escritura, parte I

Este Examen final te ayudará a evaluar si estás listo para continuar con el siguiente nivel de preparación para el examen. El examen tiene dos partes. La parte I consiste en 50 preguntas de opción múltiple en las que se evalúan las destrezas de gramática, la organización de textos y las normas de uso del lenguaje que se enseñan en este libro.

Instrucciones: Elige la mejor respuesta para cada pregunta. Algunas oraciones contienen errores relacionados con la organización, la estructura, el uso del lenguaje o la aplicación de normas. Sin embargo, algunas oraciones pueden ser correctas. Lee las oraciones con atención y luego responde las preguntas. Elige la opción de respuesta que contenga la oración escrita de manera correcta.

Cuando hayas finalizado el examen, verifica los resultados con las respuestas y explicaciones de las páginas 288–289. Usa la tabla de evaluación de la página 290 para determinar qué áreas debes repasar.

Escritura

1. Hacía frío y no tenía bufanda, pero Robert me prestó el mío, que era muy abrigada.

   ¿Qué corrección hay que hacer en esta oración?

   A. reemplazar el mío por la mía
   B. reemplazar el mío por cuya bufanda
   C. reemplazar el mío por la suya
   D. reemplazar Robert por él

2. El nutricionista dijo que aunque mi dieta es equilibrada, tendré un mejor rendimiento como atleta.

   ¿Cuál es la mejor manera de escribir la parte subrayada de la oración? Si la mejor opción es la original, elige la opción (A).

   A. aunque mi dieta es equilibrada,
   B. al ser mi dieta es equilibrada,
   C. si bien mi dieta es equilibrada,
   D. si mi dieta es equilibrada,

3. El comunicado de prensa decía que el Presidente Correa pasará la Navidad en su ciudad natal, como suele hacer cada año.

   ¿Qué corrección hay que hacer en esta oración?

   A. reemplazar Navidad por navidad
   B. reemplazar Presidente por presidente
   C. eliminar la coma después de natal
   D. reemplazar decía por dice

4. El atardecer tiene muchos matizes de rosa.

   ¿Qué corrección hay que hacer en esta oración?

   A. reemplazar matizes por matisses
   B. reemplazar matizes por matises
   C. reemplazar matizes por matices
   D. reemplazar matizes por matiz

5. Es un buen mecánico, pero podrá reparar mi carro en poco tiempo.

   ¿Cuál es la mejor manera de escribir la parte subrayada de la oración? Si la mejor opción es la original, elige la opción (A).

   A. pero podrá reparar mi carro en poco tiempo.
   B. aunque podrá reparar mi carro en poco tiempo.
   C. así que podrá reparar mi carro en poco tiempo.
   D. como podrá reparar mi carro en poco tiempo

6. La editorial Lengua Nuestra publicará una Enciclopedia Ilustrada que se titula *Vocablos nativos*.

   ¿Qué corrección hay que hacer en esta oración?

   A. reemplazar Lengua Nuestra por Lengua nuestra
   B. reemplazar Enciclopedia Ilustrada por enciclopedia ilustrada
   C. reemplazar *Vocablos nativos* por *Vocablos Nativos*
   D. reemplazar Enciclopedia Ilustrada por enciclopedia Ilustrada

Escritura

7. William y su mujer <u>ha cuidado</u> muchísimas veces al bebé de Yoko.

¿Cuál es la mejor manera de escribir la parte subrayada de la oración? Si la mejor opción es la original, elige la opción (A).

A. William y su mujer ha cuidado
B. William y también su mujer ha cuidado
C. William y su mujer habrán cuidado
D. William y su mujer han cuidado

8. La tercer sinfonía de Beethoven llevaba el título de *Sinfonía heroica*; el mismo Beethoven autografió la primera página.

¿Qué corrección hay que hacer en esta oración?

A. reemplazar <u>tercer</u> por <u>tercera</u>
B. reemplazar <u>autografió</u> por <u>autografiaba</u>
C. reemplazar <u>primera</u> por <u>primer</u>
D. reemplazar <u>Beethoven</u> por <u>él</u>

9. Ayer cuando llegué a casa me sentí feliz porque mis vecinos se fueron a Finlandia.

¿Qué corrección hay que hacer en esta oración?

A. reemplazar <u>me sentí</u> por <u>me siento</u>
B. reemplazar <u>llegué</u> por <u>llegaba</u>
C. reemplazar <u>se fueron</u> por <u>se irían</u>
D. reemplazar <u>se fueron</u> por <u>se habían ido</u>

10. Las reglas establecen que <u>cada corredor del equipo deben tener un número.</u>

¿Cuál es la mejor manera de escribir la parte subrayada de la oración? Si la mejor opción es la original, elige la opción (A).

A. cada corredor del equipo deben tener un número.
B. cada corredor del equipo deberían tener un número.
C. cada corredor del equipo debe tener un número.
D. cada corredor del equipo hubieran tenido un número.

11. La semana pasada, <u>no solo Marla y también John</u> escribieron cartas al periódico local quejándose por la falta de protección policial.

¿Cuál es la mejor manera de escribir la parte subrayada de la oración? Si la mejor opción es la original, elige la opción (A).

A. no solo Marla y también John
B. no solo Marla sino también John
C. no Marla si no John
D. no solo Marla pero John

Escritura

Instrucciones: Para las preguntas **12** a **19**, consulta la siguiente circular.

Para: Todos los empleados de Metalcraft
De: Teresa Rodríguez, CEO
Asunto: Cuestiones medioambientales

(A)

1   Ahora estamos incrementando aun más nuestros esfuerzos. (2) Como saben, Metalcraft siempre se ha preocupado por las cuestiones medioambientales. (3) Me complace anunciar las siguientes medidas de concientización ambiental que adoptará Metalcraft. (4) En alianza con diferentes grupos conservacionistas, el río Beechtree será saneado. (5) Los amantes de la pesca se alegrarán al conocer que el estado se ha comprometido a poblar el río con truchas una vez que mejore la calidad del agua. (6) Por supuesto, el pescado es más saludable que las carnes rojas. (7) También estamos buscando voluntarios para colaborar en el proyecto de los humedales. (8) Actualmente se necesitan personas que ayuden a construir estanques y a controlar la calidad del agua.

(B)

9   En la empresa ya no habrá vasos descartables de poliestireno; en su lugar, entregaremos a cada uno de ustedes tazas de café. (10) Durante el mes de agosto, el aire acondicionado se configurará a una temperatura más cálida. (11) Si bien deberán lavar su taza a diario, de esta manera evitaremos generar grandes cantidades de basura. (12) Usaremos filtros de café sin blanquear y toallas de papel para evitar la emanación de dioxinas que contaminan la atmósfera. (13) También reduciremos la cantidad de energía utilizada para calentar y enfriar los ambientes.

(C)

14   En conclusión, permítanme agradecer a todas esas personas. (15) Que están dispuestas a aportar un granito de arena a favor de una causa tan importante.

(D)

16   Mi meta es convertir a Metalcraft en una de las empresas más ecológicas de Estados Unidos. (17) Con su ayuda, estoy segura de que podremos lograrlo.

---

12. Oración 1: Ahora estamos incrementando aun más nuestros esfuerzos.

¿Qué corrección hay que hacer respecto de la ubicación de la oración 1?

A. Colocar la oración 1 después de la oración 2.
B. Colocar la oración 1 al final del párrafo B.
C. Colocar la oración 1 al comienzo del párrafo D.
D. Eliminar la oración 1.

13. Oración 4: En alianza con diferentes grupos conservacionistas, el río Beechtree será saneado.

¿Cuál es la mejor manera de escribir la parte subrayada de la oración? Si la mejor opción es la original, elige la opción (A).

A. el río Beechtree será saneado.
B. el río Beechtree será saneado por nosotros.
C. tendrá lugar el saneamiento del río Beechtree.
D. sanearemos el río Beechtree.

14. ¿Cuál de estas correcciones podría mejorar la efectividad de la circular?

Comenzar un nuevo párrafo con

A. la oración 3.
B. la oración 4.
C. la oración 7.
D. la oración 17.

15. Oración 6: Por supuesto, el pescado es más saludable que las carnes rojas.

¿Qué corrección hay que hacer respecto de la ubicación de la oración 6?

A. Colocar la oración 6 después de la oración 4.
B. Colocar la oración 6 al principio del párrafo B.
C. Colocar la oración 6 al final del párrafo C.
D. Eliminar la oración 6.

16. ¿Cuál de estas oraciones sería más efectiva si se colocara al principio del párrafo B?

A. Les recomendamos que disminuyan el consumo de café.
B. También implementaremos cambios en el ámbito de trabajo a favor del medio ambiente.
C. ¿Ustedes saben cuán perjudiciales son los vasos descartables de poliestireno para el medio ambiente?
D. Durante el proceso de blanqueo del papel se producen dioxinas, contaminantes altamente tóxicos.

17. Oración 10: Durante el mes de agosto, el aire acondicionado se configurará a una temperatura más cálida.

¿Qué corrección hay que hacer respecto de la ubicación de la oración 10?

A. Colocar la oración 10 después de la oración 11.
B. Colocar la oración 10 al final del párrafo B.
C. Colocar la oración 10 al principio del párrafo C.
D. Eliminar la oración 10.

18. Oraciones 14 y 15: En conclusión, permítanme agradecer a todas esas personas. Que están dispuestas a aportar un granito de arena a favor de una causa tan importante.

¿Cuál es la mejor manera de escribir la parte subrayada de las oraciones 14 y 15? Si la mejor opción es la original, elige la opción (A).

A. permítanme agradecer a todas esas personas. Que están
B. permítanles agradecer a todas esas personas. Que están
C. permítanme agradecer a todas esas personas que, están
D. permítanme agradecer a todas esas personas que están

19. ¿Cuál de estas correcciones podría mejorar la efectividad de la circular?

A. Colocar el párrafo A después del párrafo B.
B. Colocar el párrafo C después del párrafo A.
C. Unir los párrafos B y C.
D. Unir los párrafos C y D.

Escritura

Instrucciones: Para las preguntas **20 a 27**, consulta el siguiente correo electrónico.

De: Departamento de Recursos Humanos
Asunto: Potenciales candidatos

(A)

1   Somos una pequeña empresa que está experimentando un rápido crecimiento. (2) Gracias por su interés en Balthazar Robótica. (3) Diseñamos y fabricamos robots para uso doméstico y laboral. (4) Los robots que fabricamos satisfacen las necesidades tanto de empresas como de personas en un mundo que está en constante cambio.

(B)

5   Si fueras una persona emprendedora y quieres crecer en nuestra compañía, esta es tu oportunidad. (6) Como somos una compañía joven, las posibilidades de ascenso son muy grandes. (7) Si eres un trabajador activo que está buscando crecer dentro de una empresa, Balthazar Robótica representa una buena opción. (8) Sigue las siguientes instrucciones para completar tu solicitud de empleo.

(C)

9   Las solicitudes de empleo están disponibles en línea o en nuestras oficinas. (10) Para obtener la solicitud, ingresa a www.balthazarrob.com. (11) Haz clic en *Empleo* para leer las descripciones de los puestos ofrecidos. (12) La solicitud de empleo se abrirá en una ventana nueva. (13) Completa la solicitud y adjunta una copia de tu currículum vítae. (14) Si encuentras un puesto de tu interés, haz clic en *Postularme ahora*. (15) Presiona *Enviar* para enviar la solicitud. (16) Si lo prefieres, puedes completar la solicitud en papel. (17) Imprime la solicitud que se encuentra en la página web, o recoge una solicitud de nuestras oficinas. (18) Luego, completa la solicitud con tinta negra. (19) Adjunta tu currículum vítae. (20) Envía la solicitud por correo o personalmente.

(D)

21   Solemos realizar entrevistas. (22) Después de analizar tu solicitud de empleo, nos contactaremos contigo. (23) Algunas empresas no realizan entrevistas. (24) En ese momento, deberás programar una entrevista con nuestro Departamento de Recursos Humanos.

---

20. ¿Cuál de estas correcciones podría mejorar la efectividad del párrafo A?

   A. Colocar la oración **2** al principio del párrafo A.
   B. Colocar la oración **2** al final del párrafo A.
   C. Colocar la oración **4** al final del párrafo B.
   D. Eliminar la oración **1**.

21. ¿Cuál de estas oraciones sería más efectiva si se colocara al principio del párrafo B?

   A. Algunos robots de Balthazar Robótica ayudan con las tareas domésticas.
   B. Balthazar Robótica tiene un espacio de recreación para aquellos empleados vigorosos que desean hacer ejercicio.
   C. Balthazar Robótica está contratando personal para el área de producción.
   D. En el futuro, la mayoría de las personas tendrán robots en sus hogares y en el trabajo.

Escritura

22. Oración **5**: Si fueras una persona emprendedora y quieres crecer en nuestra compañía, esta es tu oportunidad.

¿Qué corrección hay que hacer en la oración **5**?

A. reemplazar <u>quieres</u> por <u>querrías</u>
B. reemplazar <u>quieres</u> por <u>querrás</u>
C. reemplazar <u>fueras</u> por <u>eres</u>
D. reemplazar <u>fueras</u> por <u>serías</u>

23. ¿Cuál de estas oraciones sería más efectiva si se colocara al principio del párrafo C?

A. Puedes enviar tu currículum vítae en lugar de la solicitud de empleo.
B. Todos los postulantes deben tener acceso a una computadora.
C. Las descripciones de los puestos ofrecidos están disponibles en la página web.
D. En primer lugar, deberás completar una solicitud de empleo.

24. Oración **14**: Si encuentras un puesto de tu interés, haz clic en *Postularme ahora*.

¿Qué corrección hay que hacer respecto de la ubicación de la oración **14**?

A. Colocar la oración **14** al principio del párrafo C.
B. Colocar la oración **14** después de la oración **11**.
C. Colocar la oración **14** después de la oración **17**.
D. Eliminar la oración **14**.

25. ¿Qué corrección mejoraría la efectividad de este correo electrónico?

Comenzar un nuevo párrafo con

A. la oración **13**.
B. la oración **16**.
C. la oración **18**.
D. la oración **22**.

26. Oración **23**: Algunas empresas no realizan entrevistas.

¿Qué corrección hay que hacer respecto de la ubicación de la oración **23**?

A. Colocar la oración **23** después de la oración **15**.
B. Colocar la oración **23** después de la oración **21**.
C. Colocar la oración **23** al final del párrafo D.
D. Eliminar la oración **23**.

27. Oración **24**: En ese momento, deberas programar una entrevista con nuestro Departamento de Recursos Humanos.

¿Qué corrección hay que hacer en la oración **24**?

A. reemplazar <u>entrevista</u> por <u>entrevistas</u>
B. reemplazar <u>nuestro</u> por <u>nuestros</u>
C. reemplazar <u>deberas</u> por <u>deberás</u>
D. reemplazar <u>ese</u> por <u>aquel</u>

Escritura

28. En el periódico de hoy <u>hubieron varios artículos</u> sobre programas de voluntariado para estudiantes.

¿Cuál es la mejor manera de escribir la parte subrayada de la oración? Si la mejor opción es la original, elige la opción (A).

A. hubieron varios artículos
B. habrán varios artículos
C. habrían habido varios artículos
D. hubo varios artículos

29. Los directivos solicitaron una explicación y nosotros se los dimos.

¿Qué corrección hay que hacer en esta oración?

A. reemplazar <u>se</u> por <u>les</u>
B. reemplazar <u>los</u> por <u>la</u>
C. reemplazar <u>se</u> por <u>le</u>
D. reemplazar <u>los</u> por <u>lo</u>

30. Mi padre me pide que saque el florero y el espejo del estante y que lo limpie.

¿Cuál es la mejor manera de escribir la oración? Si la mejor opción es la original, elige la opción (A).

A. Mi padre me pide que saque el florero y el espejo del estante y que lo limpie.
B. Mi padre me pide que saque el florero y el espejo del estante y que los limpie.
C. Mi padre me pide que saque el florero y el espejo del estante y que les limpie.
D. Mi padre me pide que los saque el florero y el espejo del estante y que les limpie.

31. Javier Páez, el actual director de la orquesta, es sumamente responsable.

¿Cuál es la mejor manera de escribir esta oración? Si la mejor opción es la original, elige la opción (A).

A. Javier Páez, el actual director de la orquesta, es sumamente responsable.
B. El actual director, Javier Páez, de la orquesta, es sumamente responsable.
C. Javier Páez es sumamente responsable, el actual director de la orquesta.
D. Es sumamente responsable Javier Páez el actual director de la orquesta.

32. Al llegar a la tienda, Sally <u>se dio cuenta de que perdió la tarjeta de crédito.</u>

¿Cuál es la mejor manera de escribir la parte subrayada de la oración? Si la mejor opción es la original, elige la opción (A).

A. se dio cuenta de que perdió la tarjeta de crédito.
B. se dio cuenta de que perdía la tarjeta de crédito.
C. se dio cuenta de que hubiese perdido la tarjeta de crédito.
D. se dio cuenta de que había perdido la tarjeta de crédito.

33. Kathy recuperada de una fuerte gripe puede participar nuevamente de las tareas comunitarias.

¿Con qué grupo de palabras debería comenzar esta oración?

A. Kathy puede participar nuevamente
B. Recuperada de una fuerte gripe, Kathy puede
C. Nuevamente recuperada de una fuerte gripe
D. Recuperada de las tareas comunitarias

34. Este establecimiento educativo informa a los padres que, a partir del año entrante, no será admitido ningún pequeño que no cuente con la debida documentación sanitaria que se detalla a continuación.

¿Cuál es la palabra que no se adecúa al tono general de este párrafo?

A. documentación sanitaria
B. establecimiento educativo
C. pequeño
D. admitido

35. La compañía de seguros ha resolvido todos los problemas, por eso estamos satisfechos.

¿Qué corrección hay que hacer en esta oración?

A. reemplazar estamos por estaremos
B. reemplazar ha resolvido por ha resuelto
C. reemplazar ha resolvido por habrá resolvido
D. reemplazar ha resolvido por había resolvido

36. Existe una certeza confirmada por muchos expertos que piensan que es totalmente cierto que California sufrirá otro terremoto en algún momento en los próximos **10** años.

¿Cuál es la mejor manera escribir la parte subrayada de la oración? Si la mejor opción es la original, elige la opción (A).

A. Existe una certeza confirmada por muchos expertos que piensan que es totalmente cierto que
B. Muchos expertos piensan que es totalmente cierto que
C. Muchos expertos piensan que
D. Existe una certeza de muchos expertos que piensan que

37. Como tenía una reunión muy importante con su jefe, Susan llegó tarde a su trabajo.

¿Qué corrección hay que hacer en esta oración?

A. reemplazar como por porque
B. reemplazar como por así que
C. reemplazar como por ya que
D. reemplazar como por aunque

Escritura

Instrucciones: Para las <u>preguntas 38 a 45</u>, consulta la siguiente carta.

Estimados colegas:

(A)

1   Sé lo mucho que habrán disfrutado los fetuccini Alfredo que llevé al almuerzo grupal de la empresa. (2) Como muchos de ustedes me pidieron la receta, la incluyo en esta carta. (3) Es muy fácil de preparar y además es una receta vegetariana.

(B)

4   Espero que disfruten elaborando y sirviendo estos fetuccini Alfredo tanto como yo. (5) Primero, necesitarán reunir todos los ingredientes. (6) Necesitarán lo siguiente: 1 libra de fetuccini; 1 pinta de crema de leche; 1 taza (una barra) de manteca; 1 taza de queso parmesano rallado (aproximadamente 5 onzas); y 2 yemas de huevo. (7) Después de reunir los ingredientes, ya están listos para empezar a cocinar. (8) Hiervan 3 o 4 cuartos de agua. (9) Echen los fetuccini al agua y cocínenlos, revolviendo de vez en cuando, entre 8 y 10 minutos. (10) Al mismo tiempo, calienten la crema a fuego lento. (11) Luego agreguen el queso gradualmente. (12) Cuando toda la manteca se haya derretido, saquen la salsa del fuego. (13) Continúen revolviendo la mezcla de queso y crema a fuego lento durante aproximadamente 10 minutos. (14) Luego, agreguen la manteca gradualmente. (15) Agreguen una pequeña cantidad de salsa a las yemas de huevo, batan, luego viertan esta mezcla a la salsa y finalmente van a revolver bien. (16) Sazonen la salsa con sal y pimienta a gusto. (17) Algunas personas creen que no se debe agregar sal a la comida porque el exceso de sal no es bueno para la salud.

(C)

18   ¡Sirvan los fetuccini Alfredo inmediatamente y disfrútenlos! (19) Cuelen la pasta y colóquenla en una fuente. (20) Viertan la salsa cremosa y mezclen hasta cubrir todos los fetuccini.

Christina

---

38. Oración 1: <u>Sé lo mucho que habrán disfrutado los fetuccini</u> Alfredo que llevé al almuerzo grupal de la empresa.

¿Cuál es la mejor manera de escribir la parte subrayada de la oración? Si la mejor opción es la original, elige la opción (A).

A. Sé lo mucho que habrán disfrutado los fetuccini

B. Sé lo mucho que suelen disfrutar los fetuccini

C. Sé lo mucho que disfrutaron los fetuccini

D. Sabré lo mucho que disfrutarían los fetuccini

39. Oración 4: Espero que disfruten elaborando y sirviendo estos fetuccini Alfredo tanto como yo.

¿Qué corrección hay que hacer respecto de la ubicación de la oración 4?

A. Colocar la oración 4 después de la oración 1.

B. Colocar la oración 4 al final del párrafo A.

C. Colocar la oración 4 después de la oración 5.

D. Colocar la oración 4 al final del párrafo B.

40. ¿Qué corrección mejoraría la efectividad de esta carta?

Comenzar un nuevo párrafo con

- A. la oración 7.
- B. la oración 11.
- C. la oración 15.
- D. la oración 16.

41. Oración **12**: Cuando toda la manteca se haya derretido, saquen la salsa del fuego.

¿Qué corrección hay que hacer respecto de la ubicación de la oración **12**?

- A. Colocar la oración 12 después de la oración 14.
- B. Colocar la oración 12 después de la oración 15.
- C. Colocar la oración 12 al comienzo del párrafo C.
- D. Eliminar la oración 12.

42. Oración **15**: Agreguen una pequeña cantidad de salsa a las yemas de huevo, batan, luego viertan esta mezcla a la salsa y finalmente <u>van a revolver bien</u>.

¿Cuál es la mejor manera de escribir la parte subrayada de la oración? Si la mejor opción es la original, elige la opción (A).

- A. van a revolver bien
- B. revolverían bien
- C. revuelvan bien
- D. hubieran revuelto bien

43. Oración **17**: Algunas personas creen que no se debe agregar sal a la comida porque el exceso de sal no es bueno para la salud.

¿Qué corrección hay que hacer respecto de la ubicación de la oración **17**?

- A. Colocar la oración 17 después de la oración 9.
- B. Colocar la oración 17 después de la oración 15.
- C. Colocar la oración 17 al comienzo del párrafo C.
- D. Eliminar la oración 17.

44. ¿Cuál de estas oraciones sería más efectiva si se colocara al comienzo del párrafo C?

- A. Una vez que la salsa esté preparada y la pasta esté cocida, es hora de combinarlas.
- B. Los fetuccini Alfredo son un plato de pasta muy popular.
- C. Comer comida vegetariana, como los fetuccini Alfredo, es saludable.
- D. Sirvan una ensalada de hojas verdes y pan de ajo junto con los fetuccini Alfredo.

45. Oración **18**: ¡Sirvan los fetuccini Alfredo inmediatamente y disfrútenlos!

¿Qué corrección hay que hacer respecto de la ubicación de la oración **18**?

- A. Colocar la oración 18 después de la oración 19.
- B. Colocar la oración 18 al final del párrafo B.
- C. Colocar la oración 18 al final del párrafo C.
- D. Eliminar la oración 18.

Escritura

46. Estoy tomando un medicamento para un malestar que es terrible.

¿Cuál es la mejor manera de escribir la oración? Si la mejor opción es la original, elige la (A).

- **A.** Estoy tomando un medicamento para un malestar que es terrible.
- **B.** Estoy tomando un medicamento para un malestar. Es terrible.
- **C.** Estoy tomando un medicamento para una malestar terrible.
- **D.** Estoy tomando un medicamento terrible para un malestar.

47. Al enterarse de que le habían aumentado el sueldo Christy se sorprendió muchísimo.

¿Qué corrección hay que hacer en esta oración?

- **A.** reemplazar habían aumentado por han aumentado
- **B.** agregar una coma después de sueldo
- **C.** reemplazar se sorprendió por se ha sorprendido
- **D.** agregar una coma después de se sorprendió

48. La teoría del Dr. Sanford es que es preferible abordar un problema a ignorarlo, sin embargo, yo prefiero ignorarlo.

¿Qué corrección hay que hacer en esta oración?

- **A.** agregar una coma después de problema
- **B.** agregar una coma después de Dr. Sanford
- **C.** reemplazar la segunda coma por un punto y coma
- **D.** reemplazar la primera coma por un punto y coma

49. Como soplaba a más de **70** millas por hora, los árboles del parque terminaron derribados.

¿Cuál es la mejor manera de escribir la parte subrayada de la oración? Si la mejor opción es la original, elige la opción (A).

- **A.** los árboles terminarían derribados.
- **B.** los árboles se derribaron.
- **C.** el viento derribó los árboles del parque.
- **D.** el parque terminó con árboles derribados.

50. ¿En cuál de las siguientes oraciones se muestra mejor el orden de causa y efecto?

- **A.** Los jugadores tuvieron una excelente preparación e hicieron un buen precalentamiento; por lo tanto, ganaron el partido.
- **B.** Algunos jugadores tuvieron una excelente preparación e hicieron un buen precalentamiento, pero otros no se prepararon bien para el partido.
- **C.** Los jugadores tuvieron una excelente preparación. Sin embargo, no hicieron un buen precalentamiento.
- **D.** Algunos jugadores tuvieron una excelente preparación, hicieron un buen precalentamiento y fueron al partido.

Escritura, parte II

La parte II del Examen final está diseñada para evaluar qué tan bien escribes.

Instrucciones para el ensayo:

Observa el recuadro de la siguiente página. Allí podrás observar el tema asignado para tu ensayo.

Escribe un ensayo breve sobre el tema asignado. Lleva un control de cuánto tiempo te toma completar tu ensayo.
No debería llevarte más de 45 minutos.

Ten en cuenta que tu ensayo debe incluir lo siguiente:

• Una idea principal bien orientada

• Una progresión clara de ideas y transiciones que ayuden a la fluidez

• Un desarrollo específico de ideas que estén claramente conectadas con la idea principal

• Control de la estructura de las oraciones, la selección de palabras, la puntuación, la ortografía y el uso del lenguaje

Escritura

La parte II consiste en un examen para determinar qué tan bien puedes usar el lenguaje escrito para expresar tus ideas.

Al preparar tu ensayo, debes seguir los siguientes pasos:

- Lee las **INSTRUCCIONES** y el **TEMA** atentamente.

- Planifica tu ensayo antes de escribir. Usa papel borrador para hacer anotaciones y escribir las ideas importantes.

- Una vez que termines de escribir el ensayo, vuelve a leer lo que has escrito y realiza las correcciones que consideres necesarias para mejorar tu ensayo.

- Asegúrate de que tu ensayo sea lo suficientemente extenso como para desarrollar el tema adecuadamente.

Las pautas de evaluación se encuentran en la página 291.

Guía de respuestas

1. **C.** El pronombre posesivo debe referirse a la bufanda de Robert; por consiguiente, debe seleccionarse el pronombre posesivo de tercera persona del singular en femenino: *suya*.

2. **D.** La frase original con *aunque* expresa un contraste de ideas, pero el significado lógico de la frase indica una condición. El conector correcto es *si*.

3. **B.** Los cargos (es decir, los empleos) en funciones públicas se escriben con minúscula si acompañan un nombre propio.

4. **C.** El plural de sustantivos terminados en *z* se forma agregando *ces*.

5. **C.** La segunda parte de la frase original expresa un contraste de ideas, pero el significado lógico indica que debe haber un conector de consecuencia. El conector es *así que*.

6. **B.** *Enciclopedia ilustrada* no es el título del libro; por lo tanto, no deben usarse mayúsculas.

7. **D.** *William y su mujer* es un sujeto compuesto; por consiguiente, el verbo debe conjugarse en plural.

8. **A.** El adjetivo *tercera* concuerda en género y número con el sustantivo al que modifica.

9. **D.** La secuencia indica que el viaje de los vecinos a Finlandia ocurre primero. Por lo tanto, el verbo debe ir en pretérito pluscuamperfecto: *se habían ido*.

10. **C.** El sujeto de esta frase, *cada corredor del equipo*, es singular. El verbo debe concordar en número con el sujeto.

11. **B.** La conjunción correcta se forma mediante la unión de *no solo* y *sino también*.

12. **A.** Para que tenga sentido en el párrafo, la oración 1 debe colocarse después de la oración 2.

13. **D.** *En alianza con diferentes grupos conservacionistas* debe referir a un pronombre o a un sustantivo. En este caso, puede referir a *sanearemos* (*nosotros*).

14. **B.** La oración 4 contiene la idea principal con la que se relacionan el resto de las oraciones del párrafo, en el que se mencionan las medidas que adoptará la empresa para cuidar el medio ambiente.

15. **D.** Una oración acerca del valor nutritivo del pescado en comparación con las carnes rojas no se adecúa a un párrafo en el que se habla del saneamiento de un río en beneficio de la vida marina.

16. **B.** La oración B contiene la idea principal con la que se relacionan el resto de las oraciones del párrafo, en el que se mencionan las medidas internas que adoptará la empresa para cuidar el medio ambiente.

17. **B.** Como la oración 10 brinda información acerca del aire acondicionado, debería colocarse después de la oración 13, que habla sobre la reducción de energía para calentar y enfriar los ambientes. La oración 10 debería estar al final del párrafo B.

18. **D.** La oración 15 es una frase que no tiene autonomía por sí sola. Si se combina con la oración 14, esta frase se convierte en una proposición subordinada.

19. **D.** Tanto el párrafo C como el D expresan la misma idea; por consiguiente, deberían formar un solo párrafo. Ambos forman parte de la conclusión de la circular.

20. **A.** La oración 2 contiene una idea principal que el resto de las oraciones completan con detalles; en consecuencia, debería ser la primera oración del párrafo.

21. **C.** La oración C es una oración del tema. Presenta el párrafo expresando la idea principal que el resto de las oraciones apoyan con diferentes detalles.

22. **C.** La oración 5 es una frase condicional que expresa una condición posible; por consiguiente, el verbo que acompaña a *si* debe ir en presente.

23. **D.** El párrafo C explica cómo solicitar empleo. La oración D es una oración del tema que explica la idea principal del párrafo.

24. **B.** La oración 14 indica qué debes hacer después de leer las descripciones de los empleos ofrecidos; por consiguiente, debe ubicarse después de la oración 11.

25. **B.** La oración 16 comienza una nueva idea. Las oraciones previas explican cómo postularse a un empleo por Internet. La oración 16 y las siguientes explican cómo postularse en persona.

26. **D.** Esta oración no debería estar en el párrafo. No se relaciona con la idea principal, que es cómo postularse a un empleo. Lo que hacen las otras empresas no es relevante.

27. **C.** La palabra *deberás* se escribe con tilde por ser una palabra aguda terminada en *-s*.

28. **D.** El verbo *haber* es impersonal y siempre debe estar en su forma singular; por lo tanto, la forma correcta es *hubo*.

29. **B.** El pronombre de objeto *los* es incorrecto porque se refiere a *explicación*, que es un sustantivo femenino y singular; por lo tanto, el pronombre debería ser *la*.

30. **B.** El pronombre de objeto *lo* es incorrecto porque queremos referirnos a *florero* y *espejo*; por lo tanto, el pronombre debería ser *los*.

31. **A.** La aposición *el actual director de la orquesta* debe ir entre comas y acompañar al sujeto al que está modificando, en este caso, Javier Páez. Por lo tanto, la opción A es correcta.

32. **D.** La pérdida de la tarjeta de crédito ocurrió antes que otra acción en el pasado; por lo tanto, debe ir en pretérito pluscuamperfecto.

33. **B.** *Recuperada de una fuerte gripe* es una aposición que modifica a *Kathy*. Debe estar entre comas, y lo más cerca posible de *Kathy*.

34. **C.** El estilo de este texto es formal, y la palabra *pequeño* no responde al tono formal porque es coloquial.

35. **B.** El participio de *resolver* es irregular, por eso la forma correcta es *ha resuelto*.

36. **C.** La forma más clara y directa es la opción C. Las otras opciones hacen que el texto sea más difícil de leer y comprender.

37. **D.** Las ideas que presenta la oración tienen una relación de contraste, no de consecuencia. El conector adecuado para expresar contraste es *aunque*.

38. **C.** El suceso que se relata en la oración ocurrió en el pasado. Por lo tanto, el verbo correcto es *disfrutaron*.

39. **B.** La oración 4 apoya la idea principal del párrafo A. La oración no habla de cómo preparar los fetuccini. La oración 4 debería ser la oración concluyente del párrafo A.

40. **A.** Como la oración 7 comienza una nueva idea, debería encabezar un nuevo párrafo. Un párrafo debería enumerar los ingredientes, y un nuevo párrafo debería detallar las instrucciones para cocinar la pasta y la salsa.

41. **A.** La oración 12 indica qué hacer una vez derretida la manteca. Para que la secuencia tenga sentido, esta oración debería ir después de la oración 14, que indica cuándo se debe agregar la manteca.

42. **C.** La opción C hace que la oración tenga la misma estructura, pues todos los verbos están en imperativo (*agreguen, batan, viertan*).

43. **D.** La oración 17 no debería estar en el párrafo porque el párrafo no trata sobre si la sal es saludable o no. El párrafo trata sobre una receta que tiene sal como uno de sus ingredientes.

44. **A.** La oración A es una buena oración del tema para este párrafo porque indica de qué tratan las otras oraciones.

45. **C.** La oración 18 debería colocarse al final del párrafo C porque es una oración concluyente para el párrafo. No tiene sentido al principio del párrafo.

46. **D.** La frase es ambigua. Para corregirla, hay que hacer que esté claro a qué modifica *terrible*.

47. **B.** Una proposición subordinada introductoria debe ir seguida de una coma de modo que quede separada de la proposición principal.

48. **D.** Se trata de una oración compuesta formada por dos proposiciones independientes unidas por la conjunción *sin embargo*. Se debe colocar punto y coma antes de la conjunción.

49. **C.** El sujeto de la frase encabezada por la conjunción *como* es el viento. Es necesario incluir este sujeto en la oración principal.

50. **A.** El conector *por lo tanto* indica orden de causa y efecto. Las opciones B y C indican orden de comparación y contraste. La opción D es simplemente una lista de sucesos.

Parte I: Tabla de evaluación

Comprueba tu comprensión

En la siguiente tabla, encierra en un círculo las preguntas que hayas respondido de forma incorrecta. Junto a los números de las preguntas, verás las páginas que puedes repasar para responder las preguntas correctamente. Presta particular atención a las áreas en las que no respondiste correctamente la mitad o más de la mitad de las preguntas.

Área de destreza	Número de pregunta	Páginas de repaso
Oraciones	18	16–23
Sustantivos y pronombres	1, 4, 29, 30	24–37
Verbos	9, 22, 32, 35, 38	44–59
Concordancia entre el sujeto y el verbo	7, 10, 28	60–69
Adjetivos y adverbios	8	76–85
Otros modificadores	31	86–91
Mayúsculas	3, 6	98–107
Puntuación	47, 48	108–117
Ortografía	27	118–129
Combinar ideas en una oración	2, 5, 11, 33, 37	136–145
Escribir oraciones efectivas	13, 42, 46, 49	146–155
Estilo y lenguaje	36	156–165
Estructura de los párrafos y oraciones del tema	12, 14, 15, 16, 17, 19, 20, 21, 23, 25, 26, 39, 40, 43, 44	172–179
Tono y dicción	34	180–185
Orden de importancia y orden cronológico	24, 41, 45	186–195
Orden de causa y efecto y orden de comparación y contraste	50	196–205

Escritura

Pautas de evaluación para la parte II

Si es posible, entrega tu ensayo a tu profesor para que lo evalúe. Su opinión objetiva te ayudará a decidir si estás listo para empezar a prepararte para un examen de escritura. Si no es posible, pide a otro estudiante que evalúe tu ensayo. Si esto tampoco es posible, revísalo tú mismo. Si eres tú quien evaluará el ensayo, es recomendable que dejes pasar unos días antes de comenzar a hacerlo. De esta manera, tendrás la misma mirada que alguien que lo lee por primera vez. En cualquier caso, usa la lista de comprobación que se encuentra en la siguiente página como guía para evaluar el ensayo.

Luego de evaluar tu ensayo con la lista de comprobación, mira el número que marcaste para cada pregunta. Presta atención a las preguntas en las que marcaste un 2 o un 1, ya que esto indica que necesitas práctica adicional en ciertas destrezas de escritura. Para mejorar tu desempeño, puedes estudiar las siguientes secciones:

1. Si tuviste dificultades para responder la pregunta de la instrucción de escritura, revisa las páginas 172–179.

2. Si tuviste dificultades para organizar tus ideas, consulta el Capítulo 6.

3. Si tuviste dificultades para respaldar la idea principal con detalles o ejemplos, consulta las páginas 172–179.

4. Si tuviste dificultades para escribir palabras y oraciones correctamente y para usar estructuras y lenguaje variados en tu texto, consulta los Capítulos 1–5.

Si es posible, habla con tu profesor, con otro estudiante o con un amigo acerca de tu texto. Juntos podrán identificar los puntos fuertes y los puntos débiles de tus destrezas de escritura. Luego de esta evaluación, consulta las secciones de este libro que te ayudarán a mejorar tu escrito.

Escritura

LISTA DE COMPROBACIÓN PARA EVALUAR EL ENSAYO

A. ¿Tu ensayo aborda la pregunta que se plantea en la instrucción de escritura a través de una idea principal clara y sin apartarse del tema?

☐ **1.** No, mi ensayo no aborda la pregunta, tiene una idea principal débil y se aparta del tema.

☐ **2.** Mi ensayo tiene una idea principal clara que aborda la pregunta, pero también incluye algunos puntos que no están directamente relacionados con la idea principal.

☐ **3.** Sí, mi ensayo tiene una idea principal clara que aborda la pregunta, y todos los subtemas se relacionan con la idea principal.

☐ **4.** Sí, mi ensayo tiene una idea principal sólida que aborda la pregunta, y los subtemas revelan conexiones relevantes con la idea principal.

B. ¿Las ideas de tu ensayo están bien organizadas? ¿Hay suficientes subtemas y conectores?

☐ **1.** No, las ideas de mi ensayo están desordenadas y no hay subtemas ni conectores.

☐ **2.** Mi ensayo demuestra una cierta planificación, pero no tiene suficientes subtemas ni conectores.

☐ **3.** Sí, las ideas de mi ensayo se relacionan de manera lógica con más de un subtema y algunos conectores.

☐ **4.** Sí, mi ensayo está bien organizado; incluye varios subtemas y conectores adecuados.

C. ¿Los párrafos de tu ensayo incluyen detalles para respaldar la idea principal? ¿Se indica claramente la relación entre los detalles y la idea principal?

☐ **1.** No, muchos párrafos de mi ensayo incluyen detalles que no respaldan la idea principal, o directamente no incluyen ningún detalle.

☐ **2.** Muchos párrafos incluyen suficientes detalles de apoyo, pero no se indica la relación entre los detalles y la idea principal.

☐ **3.** Sí, los párrafos de mi ensayo incluyen detalles relevantes y precisos; la relación entre los detalles y la idea principal se indica de manera sencilla.

☐ **4.** Sí, los párrafos de mi ensayo incluyen detalles excelentes y relevantes; la relación entre los detalles y la idea principal se explica por completo.

D. ¿Las oraciones de tu ensayo incluyen lenguaje y estructuras variados y cumplen con las normas de puntuación y ortografía?

☐ **1.** No, las oraciones de mi ensayo no están correctamente redactadas ni varían en estructura, y la mayoría de ellas tienen errores relacionados con las normas de puntuación y ortografía.

☐ **2.** Las oraciones de mi ensayo incluyen palabras adecuadas pero no del todo precisas, una estructura básica y algunos errores relacionados con las normas de puntuación y ortografía.

☐ **3.** Sí, las oraciones de mi ensayo varían un poco en estructura, incluyen palabras adecuadas y específicas y solo contienen algunos pequeños errores relacionados con las normas de puntuación y ortografía.

☐ **4.** Sí, las oraciones de mi ensayo presentan un lenguaje excelente, una gran variedad de estructuras y casi no contienen errores relacionados con las normas de puntuación y ortografía.

Guía de respuestas

CAPÍTULO 1 La oración y sus componentes

Lección 1.1

Aplica la escritura, página 19

1. El <u>entrenador</u> del equipo <u>debería ganar</u> un premio.
2. <u>Todos</u> <u>han pedido</u> algo distinto para comer.
3. <u>Andrej</u> <u>buscó</u> las llaves del carro en su bolsillo.
4. <u>El señor y la señora Hastings</u> <u>devolvieron</u> la lámpara defectuosa.
5. El <u>autobús</u> viejo y herrumbrado <u>salió</u> despacio a la calle.

Aplica la escritura, página 20

1. O		6.	F
2. O		7.	F
3. F		8.	O
4. O		9.	F
5. O		10.	O

Aplica la escritura, página 21

1. Brian se puso de pie lentamente _____.
2. Ten cuidado con esa cortadora de césped _____¡!
3. Está saliendo humo del techo _____¡!
4. Dónde encontraste el libro _____¿?
5. Deja de saltar en la cama _____¡!
6. El tren pasa cada cinco minutos _____.
7. Has visto mi radio _____¿?
8. El señor Luna se fue hace 20 minutos _____.
9. Qué pesadilla _____¡!
10. Podrías alcanzarme un vaso _____¿?

Repaso de vocabulario, página 22

1. D.
2. A.
3. B.
4. E.
5. C.

Repaso de destrezas, página 22

1. F
2. O
3. O
4. F
5. F
6. O

Tabla "Comparar y contrastar": Las oraciones 1, 2 y 5 pertenecen a la columna denominada "Semejanzas". Las oraciones 3 y 4 pertenecen a la columna denominada "Diferencias".

Práctica de destrezas, página 23

1. B. Esta oración es interrogativa. Debería comenzar y terminar con un signo de interrogación.
2. C. Esta oración es exclamativa. Expresa alarma o urgencia y debería comenzar y terminar con un signo de exclamación.
3. A. Esta oración es interrogativa. Debería comenzar y terminar con un signo de interrogación.
4. B. Al agregar *Se votó una ley ecológica*, se expresa una idea completa. Ninguna de las otras opciones completa el fragmento.
5. C. A este grupo de palabras le falta un predicado. Al agregar las palabras "se arruinó", se completa el fragmento.
6. D. Al agregar *Los lobos suelen migrar* se forma una oración completa.

Práctica de escritura, página 23

Las respuestas variarán. Se debe seguir la consigna y utilizar una conjunción para unir las dos oraciones.

Ejemplo de respuesta

Bart compite en carreras cortas para las que se necesita mucha velocidad, pero Brad compite en carreras largas para las que se necesita mucha resistencia.

Lección 1.2

Aplica la escritura, página 27

1. Patricia necesitaba un libro y Lucas se lo dio.
2. Traje un regalo para ti.
3. correcta
4. Tus zapatos me quedan grandes; usaré los míos.

(Lección 1.2 continuación)

Aplica la escritura, página 30
Las respuestas variarán.

Ejemplo de respuesta:

Althea ama a Baron, su perro. Baron tiene mucha energía y le encanta correr y jugar. Para él, lo más divertido del mundo es correr y atrapar los palitos que Althea le arroja. Un día, Althea se enojó porque Baron asustó a su nieta. Primero Althea le gritó y luego lo persiguió por toda la casa. Cuando lo encontró, estaba acurrucado debajo de la cama, mordiendo uno de sus juguetes. Althea sintió pena por Baron y lo tomó en sus brazos. No podía seguir enojada con él.

Aplica la escritura, página 32
1. que
2. que
3. que o quienes
4. donde
5. cuyo
6. cuyas

Repaso de vocabulario, página 32
1. C.
2. F.
3. A.
4. B.
5. D.
6. G.
7. E.

Repaso de destrezas, páginas 33-34
1. **D.** *Suyo* es un pronombre posesivo singular masculino, que se utiliza con un artículo, y que indica que Lupita es la dueña del cuaderno. No se utiliza ni el pronombre posesivo singular femenino (*suya*) ni el plural masculino (*suyos*). El pronombre posesivo *su* se usa con un sustantivo.

2. **B.** El *patriotismo* no puede ser percibido por ninguno de los cinco sentidos, mientras que las otras tres opciones pueden ser vistas o tocadas.

3. **C.** *Telarañas* es el plural de *telaraña*, que es un sustantivo formado por la unión de dos palabras y sigue las reglas generales de formación de plural.

4. **A.** *Narices* es el plural de *nariz*, que es un sustantivo terminado en *–z* y, por lo tanto, forma el plural cambiando la *–z* por *–c* y añadiendo *–es*.

5. **D.** *Se* es el pronombre de objeto indirecto que se utiliza en lugar de *le* cuando está colocado al lado de los pronombres *lo, los, la* y *las*. No se debe utilizar (*le*) o (*les*) junto a *lo, los, la* o *las*. (*Las*) es un pronombre de objeto.

6. **A.** *Mí* es un pronombre de término que se utiliza luego de una preposición. No se debe utilizar un pronombre de sujeto (*yo*) a continuación de una preposición. (*Me*) es un pronombre de objeto y (*mi*) es un posesivo.

7. **C.** *Mía* es el pronombre posesivo singular femenino que se utiliza junto con un artículo y concuerda con mochila. (*Míos*), (*mío*) y (*mías*) no concuerdan con *mochila*.

8. **D.** El pronombre de objeto *la* es el correcto porque concuerda con *correspondencia*. (*Le*) y (*les*) son pronombres de objeto indirecto. (*Las*) es plural y no concuerda con *correspondencia*.

9. Las respuestas variarán. Ejemplo de respuesta: Baja la bicicleta de la camioneta y arregla la bicicleta.

10. Las respuestas variarán. Ejemplo de respuesta: A pesar de que la profesora Barnes era muy inteligente, no sabía cómo resolver el problema.

11. **B.** *Donde* es un pronombre relativo que hace referencia a lugar. (*Que*), (*quien*) y (*quienes*) son incorrectos porque hacen referencia a personas.

12. **D.** *Que* es un pronombre relativo que hace referencia a cosas o personas. Los pronombres relativos que hacen referencias a personas (*quien, quienes*) o a lugares (*donde*) son incorrectos.

Práctica de destrezas, página 35
1. Ayer nos picaron los mosquitos, que aparecieron durante el espectáculo de fuegos artificiales.
2. Tengo una sorpresa para ti.
3. Camilo visitó a su prima y ella lo invitó a pasear.
4. Ayer te vi en la televisión.
5. No tengo mi álbum de figuritas porque se lo regalé a mi hermanito.

Práctica de escritura, página 36
Las respuestas variarán. Se deben incluir al menos dos ejemplos de sustantivos abstractos, dos de sustantivos en plural y dos de posesivos, sin faltas de ortografía. El uso de pronombres debe mostrar concordancia y claridad.

Ejemplo de respuesta

Van a sorprenderse mucho cuando les cuente que tengo un nuevo plan para mejorar mi talento musical. Realicé una prueba y parece que cumplo con todos los requisitos necesarios para avanzar. Tengo suerte de no haber heredado la falta de oído musical de mi padre. Él no saber cantar. La habilidad de mi madre es algo que mis hermanas y yo hemos admirado desde la niñez. Ellas cantan muy bien.

Guía de respuestas

Capítulo 1 Repaso, páginas 38–40

1. **D.** El original es un fragmento. La opción (D) crea una oración completa.

2. **C.** El original es un fragmento. La opción (C) completa el fragmento con un sujeto y con un verbo conjugado.

3. **C.** El original es un fragmento porque no expresa una idea completa. La opción (C) completa el fragmento con un sujeto, *John*, y un predicado, *se quedó en casa*.

4. **B.** El original es un fragmento. La opción (B) añade un sujeto simple, *la fogata*, y un predicado, *calentaba el ambiente*.

5. **D.** La forma plural de *arcoíris* es también *arcoíris*.

6. **D.** El pronombre de objeto indirecto *les* reemplaza a *Javier* y *Greta*. *Los* es un pronombre de objeto directo.

7. **D.** El pronombre posesivo debe concordar con el antecedente *carro*, que es un sustantivo singular masculino. Por lo tanto, se debe reemplazar *la suya* por *el suyo*.

8. **D.** Si se quiere usar la preposición *con* seguida del pronombre terminal *ti*, se debe utilizar la forma *contigo*.

9. **B.** Se debe añadir el pronombre *tú* para que la comparación tenga la fuerza necesaria.

10. **D.** Esta oración es exclamativa, por lo tanto, debe comenzar y terminar con un signo de exclamación.

11. **C.** El pronombre de objeto indirecto *le* reemplaza a *Mercedes*, que es femenino y singular. El pronombre *lo* es un pronombre de objeto directo.

12. **D.** El pronombre de objeto indirecto *le* reemplaza a *su hijo*. *Él* es un pronombre personal.

13. **A.** La oración necesita un pronombre de término de primera persona singular, *mí*. *Mi* es un posesivo.

14. **C.** El original es un fragmento. La opción (C) completa la oración al añadir un predicado.

15. El párrafo debe seguir la consigna, y los sustantivos y pronombres deben estar correctamente utilizados.

Ejemplo de párrafo

Tanto mi amiga como yo vamos al gimnasio, pero nuestras actividades son tan diferentes como el día y la noche. A mí me gusta estar en el agua, así que tomo todas las clases de gimnasia aeróbica acuática y las clases de natación, pero a ella no le gusta el agua, así que nunca se acerca a la piscina; en cambio, toma clases de *kick boxing* y ciclismo. A pesar de nuestras diferencias, tomamos juntas clases de yoga y de Zumba. Ambas coincidimos en que somos afortunadas por haber encontrado un gimnasio que ofrezca tanta variedad de actividades que nos gusten a las dos.

Guía de respuestas

CAPÍTULO 2 Verbos

Lección 2.1

Aplica la escritura, página 45
Las respuestas variarán. Ejemplos de respuestas:
1. Sydney debe estudiar para el examen final.
2. Mi tía está viviendo en Canadá.
3. Verónica se rio de la broma rebuscada.
4. Hacer ejercicio es energizante.
5. Meg y yo corremos cinco millas cada mañana.

Aplica la escritura, página 48
1. llamamos; ayer
2. espera; todas las tardes
3. se mudaron; hace dos años
4. leo; siempre
5. reparará; la semana próxima
6. ocurrió; anoche
7. tomaba; de niña una vez por semana
8. asistirás; próximo martes
9. tiene; ahora
10. hablamos; ayer

Aplica la escritura, página 51
1. Brian anduvo dos horas en bicicleta.
2. La lluvia produjo mucho daño a la cosecha.
3. Los testigos de la boda dijeron algunas palabras en la ceremonia.
4. Nosotros no quisimos tomar el subte porque estaba lleno.
5. La tía Mary trajo regalos de su viaje a Suiza.
6. La profesora siempre sabe qué responder.
7. ¿Tú traducirás este párrafo al inglés mañana?

Aplica la escritura, página 53
1. saldrá; *en dos semanas* indica que esta acción ocurrirá en el futuro.
2. tiene; el presente se utiliza para contar algo que es siempre verdadero.
3. había tomado; el pretérito pluscuamperfecto se utiliza para contar una acción que ocurrió antes que otra acción en el pasado.
4. íbamos; el pretérito imperfecto se utiliza para contar una actividad que se repetía en el pasado.

5. dije; el pretérito perfecto simple se utiliza para contar una acción que ocurrió y concluyó en un tiempo específico en el pasado.
6. ha hecho; el pretérito perfecto compuesto expresa una acción pasada que tiene un vínculo con el presente.

Aplica la escritura, página 55
1. escucharas
2. supiera
3. tomaran
4. usaran
5. viviéramos

Aplica la escritura, página 56
1. Un famoso arquitecto diseñó la antigua casa.
2. Mi abuelo talló la puerta.
3. Un árbol caído derribó la puerta del sótano.
4. Los demoledores derrumbarán la antigua casa.

Aplica la escritura, página 57
1. tomaba; va
2. descubrimos; tenía
3. implementó; estaba
4. había terminado
5. estaba; regresó
6. estoy; dirán
7. memoriza; se estrenará
8. logró; llamó
9. había corrido
10. había visto

Repaso de vocabulario, página 58
1. común
2. conectar
3. verbo
4. mayoría
5. regular

Repaso de destrezas, página 58
1. antes de ir al acto escolar; en el pasado
2. vivimos, hace ocho años; en el presente
3. cada año; en el presente
4. el año pasado; en el pasado

Práctica de destrezas, página 59
1. C. La acción transcurrió en el pasado, así que el verbo debe estar en pasado.
2. C. El verbo *salir* es irregular en el futuro simple. La forma correcta es *saldrán*.
3. B. Esta es una oración condicional que expresa una situación poco probable. En la parte de la oración que lleva *si*, el verbo debe estar en subjuntivo. La forma correcta es *mintiera*.

Guía de respuestas

(Lección 2.1 continuación)

4. **B.** El participio del verbo *resolver* es irregular. La forma correcta es *resuelto*.

5. **C.** El verbo *dormir* es irregular en el pretérito simple. La forma correcta es *durmió*.

6. **C.** La acción principal ocurre en el pasado y es anterior a otra acción que ocurre en el pasado.

Práctica de escritura, página 59

Las respuestas variarán. Se deben usar verbos como los siguientes: *viajo, viajé, viajaré; veo, vi, veré; disfruto, disfruté, disfrutaré; visito, he visitado.*

Ejemplo de párrafo

Me encanta ir a Finger Lakes, en Nueva York. He ido allí todos los años desde que era niño. Mi familia siempre alquila la misma casa con vista al lago. Nos gusta andar en canoa y escalar. Una vez visitamos los desfiladeros.

Lección 2.2

Aplica la escritura, página 62

1. peces, comen
2. problema; es
3. nosotros; creemos
4. tú; sueles
5. empleados; quieren
6. yo; voy
7. pedido; incluye

Aplica la escritura, página 63

1. tienen/tenían...
2. van/iban...
3. duermen/durmieron...
4. recogieron/recogerán...
5. harán
6. creen/creían...
7. son
8. se quejan/se quejaban...

Aplica la escritura, página 65

1. apareció
2. valoran
3. molesta
4. logró
5. existen
6. promueve
7. gustan
8. existen

Aplica la escritura, página 66

1. había recorrido
2. discuten
3. discutían
4. creían
5. requieren

6. parecía
7. aman
8. sirven
9. adoran
10. decidió
11. llegarán
12. despiertan

Repaso de vocabulario, página 68

1. te aseguras
2. modificas
3. secuencia
4. confusión
5. distinguir

Repaso de destrezas, página 68

1. la cita con el médico y la lección de piano
2. La cita con el médico ocurrió el lunes, mientras que la lección de piano ocurrió el miércoles. Como el lunes viene antes que el miércoles, la cita con el médico ocurrió primero.
3. la práctica de fútbol; ocurrirá mañana.
4. Después de caminar tres horas, Amelia se tomó un merecido descanso.
5. Matías recibió una beca por sus excelentes calificaciones.

Práctica de destrezas, página 69

1. **C.** El sujeto es compuesto, así que el verbo debe estar en plural.
2. **A.** El sujeto es compuesto, así que el verbo debe estar en plural.
3. **B.** *Equipo* es un sustantivo colectivo, así que parece plural pero en realidad es singular. El verbo debe conjugarse en tercera persona singular.
4. **C.** *El público* es un sustantivo colectivo singular. El verbo debe conjugarse en tercera persona singular.

Práctica de escritura, página 69

Las respuestas variarán. Se debe seguir la consigna y describir los eventos en la secuencia correcta. Se debe verificar que los verbos concuerden con el sujeto y que los tiempos verbales sean correctos.

Ejemplo de párrafo

El pasado septiembre conocí algunas de las maravillas naturales del suroeste de Estados Unidos. Viajé desde mi casa, en Virginia, hasta Las Vegas. En el aeropuerto, alquilé un carro. Al día siguiente, visité el Gran Cañón del Colorado. Al otro día, recorrí el lago Mead en bote y caminé por la plataforma que cruza la represa Hoover.

(Lección 2.2 continuación)

El tercer día, manejé por unos pintorescos caminos de montaña hasta el cañón Bryce, donde disfruté de dos emocionantes días recorriendo los *hoodoos*. Desde allí, bajé por las montañas hasta el Parque Nacional Zion. Mis últimas 48 horas estuvieron cargadas de actividades: hice un recorrido turístico en autobús, escalé y participé en excursiones y campamentos. Finalmente, fui al aeropuerto de Las Vegas y tomé un vuelo de vuelta a casa. Me encantaría volver a hacer este viaje, pero la próxima vez me quedaré por más tiempo.

Capítulo 2 Repaso, páginas 70-72

1. **A.** El sujeto de la oración es *Este guardia y sus compañeros*, por lo que el verbo debe conjugarse en la tercera persona plural.

2. **C.** El sujeto *Las personas* requiere un verbo en plural.

3. **C.** Se debe usar el pretérito pluscuamperfecto para mostrar que la liquidación terminó antes de que Lucinda llegara a la tienda.

4. **D.** El sujeto es *Alicia y otra persona que no conozco*, así que requiere un verbo plural.

5. **B.** El participio de *devolver* es irregular. La forma correcta es *devuelto*.

6. **B.** *El grupo* es un sustantivo colectivo singular, así que requiere un verbo singular.

7. **B.** El sujeto es singular, así que requiere un verbo singular.

8. **B.** El sujeto es singular, así que requiere un verbo singular.

9. **D.** Esta es una oración condicional que expresa un situación poco probable. En la parte de la oración que lleva *si*, el verbo debe estar en subjuntivo. El verbo *conducir* es irregular en imperfecto del subjuntivo. La forma correcta para la tercera persona plural es *condujeran*.

10. **C.** *Ni Marta ni Kim* es un sujeto compuesto, así que requiere un verbo plural.

11. **B.** El sujeto es *tres cansados carpinteros*, así que el verbo debe estar en plural.

12. **D.** El verbo *conducir* es irregular en presente perfecto simple. La conjugación para la segunda persona singular es *condujiste*.

13. **A.** El sujeto es compuesto, por lo que el verbo debe conjugarse en plural.

14. **A.** El sujeto es *la visita al Museo Aeroespacial*, así que requiere un verbo en singular.

15. **D.** *Avanzada* modifica a *estudiantes*, así que debe estar en plural.

16. El párrafo debe seguir la consigna. Se deben utilizar los tiempos verbales correctamente y se debe comprobar que haya concordancia entre el sujeto y el verbo.

Párrafos de ejemplo

Cuando tenía unos cinco años, comencé a tocar la armónica de mi papá. Mucho después, él me contó que había reconocido mi talento de inmediato y por eso me compró una armónica. Me enseñó lo básico. Tocábamos para nuestro propio disfrute y para la familia. Con el tiempo, armé mi propia colección de armónicas para aprender a tocar en diferentes notas. ¡Ahora tengo 10 armónicas!

A mis amigos y a mi familia les debe gustar cómo toco, porque siempre me piden que lleve mis armónicas a reuniones y fiestas. Como disfruto tocando, acepto con gusto. Por otra parte, he comenzado a tocar dos veces al mes en un hogar de ancianos. Mis nuevos amigos aprecian mucho mi música. Planeo continuar tocando allí y quizás comience a dar lecciones gratis a los niños en el club juvenil.

Guía de respuestas

CAPÍTULO 3 Modificadores

Lección 3.1

Aplica la escritura, página 77
1. adverbio, *tarde*
2. adjetivo, *cena*
3. adjetivo, *personas*
4. adverbio, *rápidamente*

Aplica la escritura, página 78
1. adjetivo
2. adverbio
3. adverbio
4. adjetivo
5. adjetivo
6. adverbio

Aplica la escritura, página 79
1. con cuidado
2. con suavidad
3. con tristeza
4. con claridad

Aplica la escritura, página 81
1. Helena es mejor deportista que su hermana
2. C
3. C
4. Luc es más alto que su hermano menor.
5. La pasta de este restaurante es peor que la que cocino yo.
6. Esta blusa es la menos colorida de todas.

Aplica la escritura, página 83
1. (de mí, mío)
2. (afuera, al patio)
3. (buen, buena)
4. (tercero, tercer)
5. (arriba, al techo)
6. (primera, primer)

Repaso de vocabulario, página 84
1. modificar
2. un adverbio
3. una excepción
4. un adjetivo
5. visualizar

Repaso de destrezas, página 84
1. (1) Una de las peores tormentas de la historia avanzaba lentamente hacia esas tierras desprotegidas. (2) La gente, preocupada, se preparaba para el huracán. (3) El huracán les lanzaría vientos poderosos y olas salvajes. (4) Ya había olas gigantes chocando estruendosamente en la costa. (5) La ciudad entera estaba casi vacía. (6) Previsoramente, sus habitantes habían huido en dirección a tierras más altas, lejos de ese peligroso mar.
2. Las respuestas variarán. Ejemplos de respuestas: *valiente, valientemente, noble, temerario, desinteresado, corajudo, sabio.*

Práctica de destrezas, página 85
1. **B.** Para hacer una comparación de superioridad entre tres o más personas o cosas, se debe utilizar la forma *más... de todos/as.*

2. **B.** Hay demasiados adverbios terminados en *mente*. Se debería reemplazar uno de los adverbios terminados en *mente* por una expresión similar.

3. **D.** La palabra específica para hacer una comparación de superioridad usando el adjetivo *malo* es *peor.*

4. **D.** *Bastante* es un adverbio, por lo que es invariable.

Práctica de escritura, página 85
El párrafo debe seguir la consigna. Utiliza adjetivos y adverbios para crear una descripción vívida.

Ejemplo de párrafo
Hace algunos años, la zona donde vivo recibió la visita de alguien muy especial: el huracán Isabel. Yo sentía crecer la ansiedad al mirar las siniestras nubes y al escuchar los pronósticos y sombrías advertencias de los meteorólogos. Varias veces a lo largo de mi vida había tenido la experiencia de sufrir el paso de un huracán, pero este fue el peor de todos. El viento aulló sin descanso durante horas. La lluvia azotaba el techo, e inmediatamente inundó el terreno, que ya estaba húmedo. Los estallidos de los truenos y los ángulos dentados de los relámpagos no hacían más que aumentar mi miedo. Finalmente, la tormenta se disipó, pero lo peor estaba por llegar. Nuestro vecindario estuvo sin luz durante dos semanas enteras. Me alegro de que el nombre Isabel ya no se use más como nombre de huracán. No me gustaría tener que atravesar otra tormenta así.

Lección 3.2

Aplica la escritura, página 87
1. de la autopista; funciona como adjetivo y modifica a *el cartel*, al especificar de qué cartel se trata.
2. bajo la cama; funciona como adverbio y modifica a *se escondió*, al especificar dónde.
3. a la calle; funciona como adverbio y modifica a *cayeron*, al especificar dónde.

Aplica la escritura, página 88
1. vio   Louis vio el bus en la esquina.
2. suspiró   Al abrir la puerta, Shen suspiró.
3. olor   El olor a pollo asado me dio hambre.
4. aceleró   El extenuado corredor, al ver la línea de llegada, aceleró el paso.
5. triste   Julie estaba triste como nunca.
6. dejó   Jacob dejó sus libros en la biblioteca.

(Lección 3.2 continuación)

7. el señor Cárdenas   Empapado por la lluvia, el señor Cárdenas abrió el paraguas.

8. terminó   El partido terminó después del atardecer.

9. llegó   La policía llegó rápidamente.

10. convencida   Convencida de que conseguiría más clientes, la jefa bajó los precios.

11. pasó   La señora Cosmos pasó por mi casa.

12. sentada   Sentada entre sus padres, Lenore reía.

Aplica la escritura, página 89

1. Yuri Gagarin, el primer ser humano en viajar al espacio, nació en la Unión Soviética.

2. Ham, un chimpancé, fue usado para testear la cápsula espacial de los Estados Unidos.

3. Alan Shepard, el primer ciudadano estadounidense en viajar al espacio, escribió un libro acerca de los inicios del programa espacial.

4. Shepard viajó al espacio en el Redstone 3, un cohete espacial muy pequeño.

5. Shepard, un astronauta y piloto de pruebas, viajó a la Luna años después.

Repaso de vocabulario, página 90

1. El grupo de palabras *colgado en la pared* es un ejemplo de una frase.

2. Un ejemplo de verbo en infinitivo es *vivir*.

3. Un participio puede terminar en *ado* o *ido*, como *agotado*.

4. Lo que dijo fue ambiguo, así que no sé si vendrá a la fiesta o no.

Repaso de destrezas, página 90

1. A Pang le encanta el básquetbol. Practica a cada momento. Los domingos por la mañana es el primero en levantarse, y en pocos minutos está listo para batear.

2. Zihana terminó su tercer maratón. Siempre fue una persona activa. ¡Corrió y ganó su primer maratón cuando solo tenía ocho años!

3. Lian lloraba y lloraba. Cuando su papá le acercó la leche, Lian dio vuelta la cara y se restregó los ojos. Tampoco quiso jugar con su juguete favorito. Así el papá supo que era el momento de llevar al bebé a la cama.

4. A Walter le gusta anticiparse y planificar. Todos los domingos, elige la ropa que va a usar durante la semana. También decide qué va a comer en el desayuno, el almuerzo y la cena de cada día.

Las respuestas variarán. Ejemplos de respuestas:

5. El perro se sienta en su almohadón preferido.

6. Los zapatos estaban mojados por la lluvia.

7. Con un helado en la mano, fueron juntos a casa.

8. Liz, una futura chef, horneó un pastel.

Práctica de destrezas, página 91

1. B. Para separar una frase introductoria del resto de la oración se utiliza coma.

2. D. Para separar una frase introductoria del resto de la oración se utiliza coma.

3. A. Esta oración está escrita correctamente.

4. B. Para separar una frase introductoria del resto de la oración se utiliza coma.

Práctica de escritura, página 91

Las respuestas variarán. Se debe seguir la consigna y utilizar frases preposicionales, frases verbales y aposiciones.

Ejemplo de párrafo

Estimado señor Johnson:

Quisiera ser considerado para el puesto de cocinero en su restaurante. Fui cocinero del Ejército y cocinero jefe en dos restaurantes. Me gradué con honores de la Escuela de Cocina Downtown. El señor Wells, mi profesor de pastelería, dijo que mis pasteles fueron los mejores que había probado en toda su vida. Sería un honor para mí poder aplicar mis talentos en su restaurante.

Atentamente,

Jeffrey Knight

Capítulo 3 Repaso, páginas 92-94

1. D. El adjetivo *menor* expresa superioridad por sí solo.

2. A. *Subir arriba* es redundante.

3. A. Para separar una frase introductoria del resto de la oración se utiliza coma.

4. C. El adjetivo *primero* sufre apócope en la forma masculina, pero no en la forma femenina.

5. C. Se utiliza la forma *más... que* para comparar dos personas u objetos.

6. A. Las aposiciones se deben escribir entre comas.

7. A. Esta oración está escrita de manera correcta.

8. C. Se utiliza la forma *más... que* para comparar dos personas u objetos.

9. B. Para separar una frase introductoria del resto de la oración se utiliza coma.

10. C. El modificador *en casa* está mal posicionado.

Guía de respuestas

(Capítulo 3 Repaso continuación)

11. **D.** Es necesario utilizar el adverbio *torpemente* para modificar el verbo *pierde*. *Torpe* es un adjetivo.

12. **C.** Para expresar una comparación de superioridad usando el adjetivo *pésimo* se utiliza la palabra *peor*.

13. **D.** Como *hambriento* no puede estar modificando a *barco*, es un modificador de *el capitán*, así que debe separarse con una coma del modificador anterior.

14. **D.** Cuando un modificador que es un participio va antes del sujeto, debe separarse de este con una coma.

15. **B.** No debe haber coma entre el sujeto y el predicado.

16. **A.** Esta oración está escrita correctamente.

17. **B.** En esta oración, *bastante* es un adverbio. Los adverbios son invariables, así que no se deben utilizar en la forma plural.

18. El párrafo debe ajustarse a la consigna. Se deben incluir descripciones claras e imágenes que los lectores puedan visualizar fácilmente.

Ejemplo de párrafo

La mayoría de los transeúntes no presta atención a *Las reliquias*, una librería que vende libros antiguos y ajados, pero yo entro sin pensarlo dos veces. Amo coleccionar todo tipo de libros, pero mis favoritos son las novelas de detectives de las décadas del 50 y el 60. Reviso con cuidado cajas y pilas de libros amarillentos, con la esperanza de encontrar una buena novela. A veces, encuentro libros muy buenos que han estado en circulación por tanto tiempo que las tapas están destruidas y las frágiles hojas se desprenden con facilidad. De vez en cuando, encuentro un libro cuidadosamente conservado, sin dobleces ni rasgaduras. Es un hallazgo emocionante.

CAPÍTULO 4 Normas

Lección 4.1 Mayúsculas

Aplica la escritura, página 100

1. Geraldo toma el tren todas las mañanas para ir a trabajar.

2. Tiene suerte, pues vive en la avenida Golondrinas, que está a pocos pasos de la estación.

3. Ahora está leyendo una biografía sobre el presidente John Adams que se titula *John Adams y la libertad*.

4. El día que tiene por delante en McCain y Dunn es en ocasiones tan intenso que no le deja un rato libre para ocuparse de estas cosas.

Aplica la escritura, página 101

Las respuestas variarán.

Ejemplo de respuesta:

Mis vacaciones comienzan el próximo Viernes Santo. Tengo planeado viajar a California a visitar a mi hermana Lori. Estoy ansioso por mi viaje, porque no he visto a mi hermana ni a mis sobrinos Evan y Caden en muchos años.

Mi hermana vive cerca de Los Ángeles. Planeamos llevar a los niños a dar una caminata por Disneyland. Los niños están en muy buen estado físico para ir de aquí para allá todo el día, porque juegan al béisbol. ¡Pero yo no sé si podré seguir su ritmo! Con algo de suerte, Blue Bayou estará abierto y podré tomar algún refrigerio en un ambiente con aire acondicionado.

UCLA, la escuela a la que solía ir, también está cerca. Espero tener algo de tiempo para pasar a visitar a mi profesor Merry Palowski, que enseñaba mi materia favorita, Literatura estadounidense. Puedo mostrarles a los niños la biblioteca, donde pasaba horas estudiando.

Aplica la escritura, página 102

1. este
2. presidente
3. a
4. bella
5. miércoles

Repaso de vocabulario, página 102

1. D.
2. C.
3. A.
4. B.

Repaso de destrezas, páginas 103–104

1. **A.** Se usa mayúscula inicial en la primera palabra de todas las oraciones, pero no se debe usar en estaciones del año (*primavera*), adjetivos (*gran*) ni sustantivos comunes (*ciudad*).

2. **A.** Se usa mayúscula inicial en la primera palabra de todas las oraciones, pero no se debe usar en sustantivos comunes, como *restaurante, familia* o *ajo*.

3. **A.** Se usa mayúscula inicial en la primera palabra de todas las oraciones, pero no se debe usar en direcciones geográficas (*sur; noreste*) ni en sustantivos comunes (*costa*).

4. **C.** Se usa mayúscula inicial en la primera palabra, en la última y en las palabras importantes que componen el título de un periódico, pero no se debe usar en verbos (*leyó; dar*) ni en sustantivos comunes (*artículo; presentación*).

5. **D.** Se usa mayúscula inicial en la primera palabra, en la última y en las palabras importantes que componen el título de una publicación, pero no se debe usar en artículos (*la*) ni preposiciones (*de*).

6. **B.** Se usa mayúscula inicial en nombres propios (*López*) pero no se debe utilizar en cargos ni títulos cuando preceden un nombre propio (*senador*).

7. **D.** Se usa mayúscula inicial en la primera palabra, en la última y en las palabras importantes que componen el nombre de una festividad, pero no debe utilizarse en artículos (*las*), adjetivos (*especial*) ni sustantivos comunes (*regalo*).

8. **A.** Se usa mayúscula inicial en los sustantivos y adjetivos que componen el nombre de un monumento (*Estatua de la Libertad*), pero no se debe usar en sustantivos comunes (*monumento; isla*) ni en direcciones geográficas (*sur*).

9. **A.** Se usa mayúscula inicial en los nombres de calles (*Madison*) pero no en adjetivos (*antiguos*) ni en sustantivos comunes (*robles*).

10. Las respuestas variarán. Ejemplo de respuesta: Visitamos Santa Fe, que está en el Oeste.

11. Las respuestas variarán. Ejemplo de respuesta: Esteban irá a almorzar con su familia en el receso de Navidad.

12. Las respuestas variarán. Ejemplo de respuesta: En su viaje a Washington D.C., la familia Kowalski visitó la Casa Blanca.

Práctica de destrezas, página 105

1. El padre de Winton trabaja en el Ministerio de Justicia. *Padre* no es un sustantivo propio; *Ministerio de Justicia* es el nombre de una institución específica.

Guía de respuestas

(Lección 4.1 continuación)

2. Estoy tomando una clase para prepararme para entrar a la Universidad de California. *Clase* no lleva mayúscula porque es un sustantivo común. *Universidad* y *California* forman parte del nombre de una institución.

3. ¿Has visto la película *El retorno del rey*? *Retorno* y *rey* no llevan mayúscula porque los títulos de libros o películas solo llevan mayúscula inicial.

4. La Dra. Kathy Chung es vocera de la Asociación Estadounidense contra la Diabetes. *La* lleva mayúscula inicial porque es el comienzo de una oración, *Dra.* lleva mayúscula inicial porque es la abreviatura de un cargo. *Asociación Estadounidense contra la Diabetes* lleva mayúscula inicial en sustantivos y adjetivos porque es el nombre de una organización.

Práctica de escritura, página 106

Las respuestas variarán. Se deben incluir al menos tres ejemplos, ya sea de títulos o de nombres propios. El uso de mayúsculas debe ser correcto en ambos casos.

Ejemplo de respuesta:

Fui a visitar el estadio Busch, que está en St. Louis, Missouri. Fui a ver un partido de béisbol de mi equipo favorito, los Cardenales. El partido estuvo genial. El primer lanzamiento lo arrojó el profesor Smith, un matemático famoso. Luego, el alcalde Rodrigez hizo una aparición especial para recaudar dinero para una obra de caridad. También habló el Dr. Jones, el fundador de la organización de caridad. El lanzador arrojó una jugada sin hits que les otorgó la victoria a los Cardenales. Antes de irme, compré varios *souvenirs* con la imagen de la mascota del equipo, el pájaro Fred.

Lección 4.2 Puntuación

Aplica la escritura, página 110

1. Correcta
2. Correcta
3. Fue, de hecho, el mejor pastel que había probado el señor Littleshield.
4. ¿Por qué no te pones tu suéter amarillo, Malik?
5. Yolanda, la persona que me consiguió este trabajo, ha renunciado.

Aplica la escritura, página 112

Las respuestas variarán.

Ejemplo de respuesta:

Querido tío Quincy:

Estoy muy feliz de que vengas a visitarme la semana que viene. Te recogeremos en el aeropuerto el sábado 15 de marzo a las 7 p. m. No te olvides de traer traje de baño, toalla y protector solar. ¿Podrías traer, por favor, las últimas fotos familiares? ¡No veo la hora de verte!

Con amor,
Cantrice

Repaso de vocabulario, página 114

1. D.
2. E.
3. C.
4. A.
5. B.
6. F.

Repaso de destrezas, páginas 114–115

1. C. La cita representa una pregunta, por lo tanto, debe agregarse un signo de interrogación final dentro de la comilla de cierre.

2. A. La oración está escrita correctamente.

3. B. Cuando una lista es precedida por un pensamiento completo, se usan los dos puntos para introducirla.

4. D. Cuando una oración es compuesta, se usa punto y coma para separar cada proposición.

5. B. La pregunta refleja la frase exacta de Kalindi, por eso debe estar entre comillas. La cita debe introducirse usando dos puntos.

6. D. Cuando en una oración se presenta información adicional sobre un sustantivo, esa información debe escribirse entre comas.

7. A. Es correcto unir dos proposiciones independientes usando punto y coma.

8. B. Las citas se introducen por medio de dos puntos.

9. D. La información adicional y no esencial, tal como el resultado de un partido, puede presentarse entre paréntesis.

10. C. Se escriben puntos suspensivos entre paréntesis para indicar que falta una parte de una cita.

11. C. Las rayas se pueden usar en lugar de las comas para introducir aclaraciones.

12. C. Una pregunta indirecta finaliza con punto, no con signos de interrogación ni con punto y coma.

(Lección 4.2 continuación)

Práctica de destrezas, página 116

Marcela volvió a revisar el horario del tren. El tren pasaría a las 6:45; tenía que esperar quince minutos más en el frío. Pero valía la pena a pesar de que se había olvidado los guantes en casa. Aún podía oír la voz de su madre, que le había gritado mientras salía: "¡No te olvides tus guantes!". Marcela decidió que no valía la pena pensar en sus guantes olvidados; en lugar de eso, se puso a pensar en la cara que pondrían sus amigos al verla bajar del tren. Diez años es mucho tiempo. ¿Se reconocerían cuando se vieran? Marcela estaba segura de que sí; los recuerdos de los años compartidos en la Escuela Middletown los harían sentir como si se hubieran visto el día anterior.

Práctica de escritura, página 117

Las respuestas variarán. Se debe revisar el uso de puntos, comas, puntos y comas, comillas, paréntesis y rayas.

Ejemplo de carta

Estimado Sr. o Sra.:

Le escribo para solicitar el puesto de asesor en atención al cliente. Estoy en busca de un puesto a tiempo completo en su sede central. Soy un trabajador muy dedicado y me desenvuelvo muy bien en el trabajo en equipo. Me motiva poder desarrollarme dentro de este tipo de ambiente de negocios y soy capaz de aprender nuevas habilidades rápidamente. Mis antiguos empleadores podrán brindarle referencias que demuestren mi disposición hacía los desafíos y hacia alcanzar nuevas metas.

Espero pronto poder conversar más ampliamente de esto con usted.

Cordialmente,
Kaleb Jackson

Lección 4.3 Ortografía

Aplica la escritura, página 120

Parte A

1. aún
2. te
3. sé
4. qué
5. el

Parte B

Los fundadores de Estados Unidos no sabían si lograrían obtener la independencia de Gran Bretaña, pero sabían que debían intentarlo. Perseguían la libertad. Este país fue fundado sobre el principio de la igualdad para todos. Los fundadores nos transmitieron su creencia en la democracia. La Constitución garantiza el derecho de libre expresión. Eso significa que todos tienen derecho a decir lo que piensan, aunque los demás no quieran oírlo.

Aplica la escritura, página 126

Las respuestas variarán. Ejemplos de respuestas:

1. Se podría consultar un diccionario especializado en biología o un artículo enciclopédico (en línea o impreso) sobre ese insecto.

2. Se podría utilizar la herramienta de revisión de ortografía del programa de escritura utilizado o consultar un diccionario. Además, se podría pedir a alguien que revise la ortografía del escrito.

3. Se podría consultar un diccionario o pedir a alguien que revise la ortografía del escrito.

4. Se podría consultar el directorio anterior; también se podría pedir a alguien que conozca a los empleados que corrija los errores de ortografía.

Repaso de vocabulario, página 127

1. E.
2. D.
3. F.
4. C.
5. A.
6. B.

Repaso de destrezas, página 127

1. Ayer olvidé mi paraguas en un banco de la plaza, así que debo comprar uno nuevo. Paraguas: elemento portátil que sirve para resguardarse de la lluvia.

2. Matías le prestó un bolígrafo, un lápiz y un sacapuntas. Sacapuntas: herramienta que se usa para sacar filo a los lápices.

3. Las orcas deben tener mucho cuidado para no quedar encalladas en la playa cuando hay bajamar. Bajamar: momento en el que la marea alcanza su nivel más bajo.

4. capa/casual   carta
5. temor/temporal   temperatura
6. codo/cuna   cultura
7. trama/trueno   triple
8. espalda/espina   espejo

Práctica de destrezas, página 128

1. **B.** Las palabras que terminan en *bilidad* se escriben con *b*.

2. **D.** El prefijo *pro* se está añadiendo a una base formada por más de una palabra, así que debe escribirse separado.

3. **C.** *Que* no funciona como pregunta o exclamación, por lo tanto, se escribe sin tilde.

4. **B.** Las palabras que comienzan con el diptongo *ue* se escriben con *h*.

5. **D.** Las palabras que terminan en *aje* se escriben con *j*.

6. **D.** *Ampliar* es un verbo que termina en *ar*, por lo tanto, la terminación del sustantivo *ampliación* se escribe con *c*.

7. **C.** La palabra *dónde* se escribe con tilde, porque se usa con sentido interrogativo.

Práctica de escritura, página 129

Las respuestas variarán. Se debe cumplir con la consigna y utilizar correctamente las reglas ortográficas.

Ejemplo de respuesta:

Si todos los escritores escribieran como quisieran, la comunicación escrita sería bastante confusa. Por ejemplo, si alguien escribiera un artículo acerca de algún animal, y escribiera su nombre como *siervo* o *sirvo* en lugar de *ciervo*, los lectores no podrían entender correctamente el contenido del artículo. En el ámbito laboral, la producción también podría verse afectada. Si no se escribieran las cifras correctamente, los pedidos serían confusos. Imagina qué podría pasar si un empleado ordenara decenas de resmas de papel o nuevas docenas de lapiceras. Todos necesitamos apoyarnos en una ortografía correcta y consistente.

Capítulo 4 Repaso, páginas 130-131

1. **D.** *Médicos* refiere a un grupo de personas, no se usa como cargo o título, por lo tanto, no se escribe con mayúscula.

2. **C.** *El* no lleva tilde, porque funciona como artículo, no como pronombre.

3. **D.** El pronombre *qué* funciona como una pregunta, por lo tanto, se escribe con tilde.

4. **B.** Cuando una lista es precedida por un pensamiento completo, para introducirla se usan los dos puntos.

5. **D.** Se debe usar el punto y coma para unir dos proposiciones independientes que no están unidas por una conjunción.

6. **C.** Cuando se inserta una aposición (*de hecho*) dentro de una oración, debe escribirse entre comas.

7. **B.** Si una cita está dividida por una intervención del narrador, la segunda parte de la cita no lleva mayúscula.

8. **B.** *Cambiarse* no se escribe entre comillas, porque no es una cita.

9. **B.** *Tío* refiere a un sustantivo común, no se usa como cargo o título, por lo tanto, no debe ir con mayúscula.

10. **C.** En el plural de las palabras terminadas en *z*, como *luz*, la *z* se transforma en *c* (*luces*).

11. **A.** Todas las preguntas deben escribirse entre signos de interrogación.

12. Las respuestas variarán. Se debe mostrar un uso correcto de mayúsculas, puntuación y ortografía.

Ejemplo de carta

Querido Joe:

Lamento mucho que no hayas podido asistir a la fiesta de Keli el sábado pasado. La fiesta se hizo en el pabellón del parque Jacob's. Tommy, Omar, Winona y Su Jin pudieron venir.

Todos te extrañamos. Lo primero que hizo Keli cuando llegamos fue preguntar por ti. Dijo: "¿Va a venir Joe?".

"No," le respondí, "¿no recuerdas que tenía que trabajar esta noche?".

Espero que puedas venir la próxima vez.

Cariños,

Jonas

CAPÍTULO 5 Estructura de la oración

Lección 5.1

Aplica la escritura, página 139

1. Ann comenzará a trabajar pronto en una nueva compañía, pero aún no se lo dijo a su jefe actual.

2. No están dando ninguna película interesante en el pueblo; sin embargo, tengo fe en que estrenarán una gran película.

3. Mi casa está muy desordenada; nunca tengo tiempo de limpiar.

4. Las alas del avión estaban cubiertas de hielo; en consecuencia, la partida fue demorada.

Aplica la escritura, página 142

1. Después de que pasó el autobús, el semáforo se puso en rojo.

2. Melissa irá al zoológico a menos que comience a llover.

3. En cuanto le diga a Santwana que vi una araña, querrá irse.

4. Aunque ese perro ladre todo el tiempo, es un buen compañero.

5. El médico dijo que el malestar pasaría si hacía reposo.

6. Tengo que terminar este proyecto para que me den una buena calificación.

Repaso de vocabulario, página 143

1. C.
2. D.
3. B.
4. A.

Repaso de destrezas, página 143

1. Cuando comenzó a llover, se suspendió el partido.

2. Su jefe le aumentó el sueldo; en consecuencia, pudo comenzar a ahorrar algo de dinero.

3. No me gusta el café, pero me encanta tomar té.

4. Decidió ir al parque, pues había dejado de llover.

5. Puedes comprar una camisa más bonita, por ejemplo, esa camisa a rayas.

6. La oración es correcta.

Práctica de destrezas, página 144-145

1. **B.** Se deben unir las proposiciones con algún signo de puntuación o conjunción.

2. **A.** *Mientras* indica que los dos sucesos —leer el periódico y tomar el desayuno— ocurren al mismo tiempo. *Hasta que* también establece una conexión temporal, pero no tiene sentido

3. **A.** *Pero* establece un contraste entre dos ideas: plantas en buen estado y plantas marchitas.

4. **D.** *A menos que* muestra una condición: una cosa ocurrirá si otra cosa *no* ocurre.

5. **B.** *Mientras* establece una relación temporal entre dos ideas.

6. **C.** *Porque* introduce la razón por la cual alguien no pagará su cuenta a tiempo.

7. **C.** Antes de la conjunción adverbial *sin embargo* debe usarse punto y coma.

8. **D.** La primera proposición es dependiente de la segunda. Como aparece antes de la proposición independiente, deben estar separadas por una coma.

9. **A.** *Por lo tanto* demuestra un resultado de lo que se dijo previamente.

10. **D.** *Por lo tanto* demuestra un resultado de lo que se dijo previamente.

Práctica de escritura, página 145

Las respuestas variarán. Se debe cumplir con la consigna y utilizar varias oraciones compuestas y al menos una proposición dependiente que incluya una conjunción de tiempo.

Ejemplo de párrafo

El verano pasado organicé un día de limpieza en el barrio. Fue un éxito. En primer lugar, armé un comité con algunos vecinos. Coordinamos la fecha para la limpieza y una lista de tareas. Luego, cada uno de los voluntarios se ofreció para realizar alguna tarea de la lista. Nuestro entusiasmo era contagioso; la mayoría de los vecinos participaron. Quitamos los escombros que había en la acera, que se habían llenado de bastante basura. El vivero y la ferretería donaron materiales, así que pudimos armar hermosos canteros de flores en la entrada del barrio. Luego de haber finalizado, admiramos nuestro trabajo, y todos coincidimos en que deberíamos hacerlo nuevamente al año siguiente.

Guía de respuestas

Lección 5.2

Aplica la escritura, página 148

1. Antes de nacer

   Antes de que Luis naciera, su padre le compró una medalla.

2. Colgada en la pared

   Rita miraba esa bella pintura, que estaba colgada en la pared.

3. Yendo a la escuela

   En su camino a la escuela, Jim vio a su abuela.

Aplica la escritura, página 149

1. El fin de semana trabajé en el jardín, pinté la puerta, podé las plantas y reparé la casita del perro.

2. Regina preparará el almuerzo, pondrá la mesa y lavará los platos.

3. Ese candidato tiene energía, honestidad y responsabilidad.

4. Cuando Taro llegó a su casa, encontró barro en la alfombra, rasguños en los muebles y un florero roto.

5. El coordinador del taller explicó cómo expresarse claramente, cómo mostrar las habilidades y cómo pedir un aumento de sueldo.

Aplica la escritura, página 152

1. podía correr
2. C
3. había dejado
4. iba a prestar
5. debían estar

Aplica la escritura, página 153

Las respuestas variarán. Ejemplos de respuestas:

1. Georgie estaba aburrido, así que Dany le dio un libro que pertenecía a ella.

2. Los niños trabajan los fines de semana para recaudar dinero para la iglesia, lo cual es de una gran solidaridad.

3. Los padres esperaban a sus hijos en la puerta de la escuela porque los maestros les habían dicho a los padres que la hora de salida de los niños era las 12.

4. Los abuelos se sentaron en sillones cómodos y miraron a sus nietos jugar; los abuelos no tenían apuro.

Repaso de vocabulario, página 154

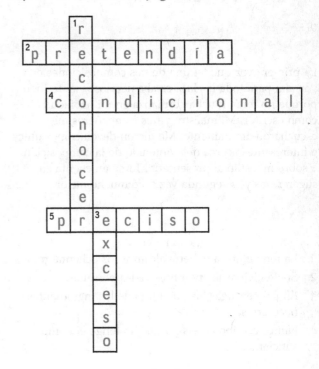

Repaso de destrezas, página 154

1. Acacia siempre soñó con montar a caballo y atravesar una gran pradera.

2. C

3. Las noticias de ayer nos sorprendieron y nos entristecieron.

Práctica de destrezas, página 155

1. **B.** Lo que dijo Juan sucedería luego, así que debe estar expresado en condicional simple.

2. **C.** Se trata de una oración condicional que expresa un suceso imposible. El primer verbo, *hubiera ido*, está en pluscuamperfecto de subjuntivo; el verbo principal debe ser *habría invitado*.

3. **C.** Cuando el pronombre *cual* reemplaza a una idea general, siempre debe ir acompañado del artículo *lo*.

4. **D.** El cuento no trata acerca de una casa embrujada en el tren. *En el tren* es un modificador que está mal colocado y debería ubicarse al comienzo de la oración.

5. **A.** Se trata de una oración condicional que expresa una situación posible, ya que la segunda parte se presenta en futuro simple. Se debe escribir un verbo en presente a continuación de *si*.

6. **C.** Especificar el pronombre *él* agregando *Boris* hace que la oración se comprenda mejor.

(Lección 5.2 continuación)

Práctica de escritura, página 155

Ejemplo de historia

La primera vez que leí una de mis composiciones en voz alta para toda la clase estaba nervioso, sobre todo porque no tenía mucha confianza en mi habilidad como escritor. Mi maestra y mis compañeros me escucharon atentamente. Me dieron devoluciones útiles e interesantes acerca del contenido de la composición y sobre mi estilo al presentarla. Tomé en cuenta sus sugerencias y la segunda vez salió mucho mejor.

Lección 5.3

Aplica la escritura, página 159

1. La temperatura debería alcanzar los ochenta grados.
2. Suelo olvidar los nombres de las personas.
3. En primer lugar, haz una lista de los ingredientes necesarios.
4. Nunca escribo cartas porque no tengo el tiempo suficiente.

Aplica la escritura, página 163

1. Mi hermanito tenía miedo, así que se escondió detras de mi mamá.
2. La jauría ladraba sin cesar.
3. Sarah dijo que hubo muchos regalos en la fiesta de Paty.
4. Phan seguramente irá al partido del sábado que viene a ver a su hermano.
5. En mi opinión, deberíamos ir al cine.
6. Teresa tiene más memoria que cualquier otra persona que conozco.
7. Los actores de esa película eran peores que los de la película que vi la semana pasada.
8. Debes practicar lo que aprendiste en clase.

Repaso de vocabulario, página 164

1. Silvio siempre está apurado, así que aprendí a ser conciso cuando hablo con él.
2. Ese autor tiene un estilo de redacción que me gusta mucho.
3. Evito usar jerga porque el significado de las palabras se puede malinterpretar.
4. El autor del artículo usó un lenguaje perfecto. Logró que los lectores lo entendieran perfectamente.

Repaso de destrezas, página 164

Las respuestas variarán. Ejemplos de respuestas:

1. Ir al cine es tan entretenido como ver televisión.
2. Juana se mojó la ropa cuando salió sin paraguas.
3. Esa manzana se ve sabrosa.
4. El actor temía olvidar sus líneas y parecer olvidadizo.
5. Los fuertes vientos arrancaron el árbol del suelo.
6. La vajilla se desintegró cuando la dejé caer.

Práctica de destrezas, página 165

1. **A.** La oración original es repetitiva. Esta oración tiene el mismo significado pero es menos repetitiva.
2. **B.** Esta oración está escrita en voz activa y resulta más clara que la original.
3. **C.** La oración original compara dos discursos y *mejor que el segundo* resulta confuso. El escritor pretendía comparar el discurso del primer candidato con el discurso del segundo candidato. *Del* debería insertarse antes de *segundo*.
4. **B.** Se debe usar la preposición *de* antes de *mi mejor amigo*.
5. **D.** La expresión correcta es *de una manera diferente*.

Práctica de escritura, página 165

Las respuestas variarán. Se debe cumplir con la consigna, usar un estilo formal y evitar errores comunes del lenguaje.

Ejemplo de ensayo:

En mi adultez, he vivido tanto en Monterey, California como en Filadelfia, Pennsylvania. Ambos lugares tienen sus características propias. Prefiero el clima de Monterey porque tiene una temperatura suave y agradable durante todo el año, pero es una ciudad pequeña en comparación con Filadelfia. De todos modos, al ser un destino turístico, hay mucho tráfico, similar al del centro de Filadelfia. La vista que se puede observar desde la costa de Monterey, es asombrosa, pero dar un paseo a lo largo del Schuylkill River Trail es también una experiencia agradable.

Capítulo 5 Repaso, páginas 166-168

1. **B.** Si la condición está en presente, el verbo de la parte principal no debería estar en condicional.

2. **A.** *Si* implica que si la primera idea es verdadera, y la segunda lo será también, lo cual no tiene sentido. *A menos que* demuestra que si se cumple con la primera idea, la segunda no sucederá.

3. **C.** La oración original carece de estructura paralela.

4. **D.** La conjunción *no solo* debe usarse siempre con su par *sino que*.

5. **C.** *Tampoco* indica contraste, y lo que se quiere expresar es concordancia, para lo cual se usa *también*.

6. **D.** *Aunque* es una conjunción que muestra contraste. En este caso, el autor está explicando por qué el clima del Caribe es considerado tropical.

7. **C.** La oración original no deja en claro si el perro pertenece a John o a su hermano.

8. **A.** *A pesar de* da comienzo a una proposición dependiente, la cual debe llevar coma para separarla de la proposición independiente.

9. **B.** Para expresar causa se usa *porque*, no *en consecuencia*.

10. **D.** Se trata de una oración condicional en la cual el resultado es algo poco probable, por eso el primer verbo debe escribirse en imperfecto de subjuntivo.

11. **D.** *Al final* y *finalmente* expresan la misma idea, es decir, son redundantes. Una debe ser eliminada.

12. **D.** La oración contiene un modificador que está fuera de lugar. Dice que el concesionario de autos está de oferta.

13. **B.** Cuando el pronombre *cual* refiere a una idea, debe utilizarse *lo* antes de *cual*.

14. **C.** El sujeto simple de esta frase es *desacuerdo*, por consiguiente, el verbo debe conjugarse en singular.

15. **D.** La frase original es redundante.

16. Las respuestas variarán. Se debe cumplir con la consigna y utilizar la ortografía, las mayúsculas y la puntuación correctas.

Nota de ejemplo

A: Sra. Jenkins

De: Syed Hassan

Asunto: Abastecimiento de papelería

El departamento de contabilidad está sufriendo de manera constante la falta de los formularios de facturación que son necesarios para facturar las computadoras que vendemos a nuestros clientes. Antes no podíamos encargar dos cajas de formularios por vez porque no teníamos espacio para guardarlas. Pero recientemente acabo de notar que los armarios del tercer y el cuarto piso tienen varios estantes vacíos. Mi propuesta es mover todos los elementos de un armario al otro y usar el vacío para almacenar las cajas de formularios y otros elementos de librería.

CAPÍTULO 6 Estructura del texto

Lección 6.1

Aplica la escritura, página 174

1. ineficaz; las oraciones 4–6 no apoyan la idea principal.
2. eficaz
3. ineficaz; las oraciones 4–6 no apoyan la idea principal.

Aplica la escritura, página 177

Las respuestas variarán. Ejemplos de respuestas:

1. Nuestro departamento ha desarrollado un plan para incrementar ganancias a través del mejoramiento de la atención al cliente.
2. Andrea decoró su nuevo apartamento de manera elegante y a bajo precio.
3. Como voluntario, tienes una gran variedad de opciones para contribuir a la biblioteca.

Repaso de vocabulario, página 178

1. eficaz
2. una oración del tema
3. una oración de apoyo
4. la idea principal
5. un párrafo
6. una oración concluyente

Repaso de destrezas, página 178

1. 1.
2. 7.

El resumen del pasaje variará. Ejemplo de respuesta: Cada vez es más frecuente la aparición de animales salvajes en áreas urbanas. Los oficiales de control animal han hallado una manera de manejar esta situación sin dañar a los animales.

Práctica de destrezas, página 179

1. **B.** Esta oración resume eficazmente la idea principal del párrafo. La oración A es demasiado general y la oración C es demasiado específica. Aunque la oración D es un hecho verdadero, no es el punto del párrafo.
2. **C.** Esta oración resume eficazmente la idea principal del párrafo. Los personajes son personajes que podrían estar en una novela de ciencia ficción; son más notables por su anormalidad que por la variedad de características que presentan. Las oraciones A y B no están apoyadas por el párrafo.
3. **A.** Esta oración resume eficazmente la idea principal del párrafo. Las oraciones B y C son detalles de apoyo; la oración D ni siquiera es mencionada en el párrafo.

Práctica de escritura, página 179

Las respuestas variarán. Se deben escribir dos párrafos. Al principio del primer párrafo debe estar la oración del tema. La oración del tema debería aparecer de nuevo en el medio o al final del segundo párrafo.

Ejemplos de párrafos

Siempre he pasado mucho tiempo en la biblioteca pública. Desde el momento en que obtuve mi carnet de socia de la biblioteca, cuando tenía siete años, he disfrutado buscando entre las altas pilas de libros y eligiendo algunos para llevar a casa.

Ahora que la biblioteca tiene computadoras, es práctico para mí ir allí para hacer búsquedas y chequear mi casilla de correo electrónico. Me gusta sacar libros de audio para escuchar en el carro, y muchas veces pido prestados DVD para ver en casa mientras corro en la cinta. Mi plan es continuar pasando la mayor cantidad de tiempo posible en la biblioteca.

Lección 6.2

Aplica la escritura, página 183

1. oración 4: el tono es demasiado casual y falto de educación (incluso agresivo) para una carta formal dirigida a una agencia de gobierno.
2. oración 3: el tono es demasiado serio para este correo electrónico casual. El contenido y el lenguaje serían más apropiados para un ensayo formal o un artículo.
3. oración 5: la jerga y la selección general de palabras son demasiado casuales para este párrafo informativo.
4. oración 3: la jerga es demasiado moderna para ese período histórico; además, el lenguaje no es lo suficientemente formal para el tono del párrafo.

Repaso de vocabulario, página 184

1. el tono
2. apropiada
3. informal
4. el propósito del autor
5. formal

Repaso de destrezas, página 184

1. informar o explicar
2. persuadir
3. entretener

Guía de respuestas

Práctica de destrezas, página 185

1. **C.** Algunos estudiantes podrían considerar que las oraciones 5 y 6 están relacionadas y que la oración que hace referencia a *quedar como un tonto* podría ser una buena oración final para el párrafo; sin embargo, el problema verdadero es que la oración 5 contiene una palabra informal, *tonto*, que no combina con el tono formal del artículo.

2. **B.** La oración 16 contiene jerga que es inapropiada para este artículo formal.

Práctica de escritura, página 185

Las respuestas variarán. Se debe parafrasear, es decir, usar las propias palabras para resumir el pasaje.

Ejemplo de paráfrasis

Si cambias tus hábitos de todos los días, podrás ahorrar agua y también dinero de la factura de agua, todo al mismo tiempo. No dejes el agua corriendo cuando usas el fregadero. En lugar de eso, pon agua en un cuenco y lava los platos dentro del cuenco. Solamente deja correr el agua para enjuagarlos. También puedes comprar un cabezal para la ducha que permite regular la cantidad de agua.

Lección 6.3

Aplica la escritura, página 188

Las respuestas variarán. Las ideas pueden incluir *pintar la casa, comprar muebles nuevos, ordenar la casa, agregar iluminación.*

Aplica la escritura, página 192

1. 2, 4, 3, 5, 1
2. 5, 2, 1, 4, 3
3. 2, 5, 4, 1, 3
4. 3, 5, 1, 2, 4
5. 2, 5, 4, 3, 1

Repaso de vocabulario, página 193

1. el orden de importancia
2. orden cronológico
3. elaborar
4. un mapa conceptual

Repaso de destrezas, página 193-194

1. primero; segundo; y, lo más importante
2. orden de importancia
3. orden cronológico
4. orden cronológico
5. Orden de las oraciones con ejemplos de transiciones: 1, 3 (Primero), 2 (Luego), 4 (Ahora), 6, 5
6. Las respuestas variarán.
7. Las respuestas variarán.

Práctica de destrezas, página 195

1. **D.** La opción D es la mejor oración del tema para este párrafo porque se centra en preparar las preguntas de la entrevista y da a entender que los mejores candidatos ya han sido elegidos. Las opciones A y C son parcialmente correctas porque no hacen referencia a las preguntas. La opción B es totalmente incorrecta.

2. **B.** La oración 12 debe comenzar el párrafo D, que se centra en la entrevista y es la sección final del artículo. La oración 12 es una buena oración del tema para este párrafo.

Práctica de escritura, página 195

Las respuestas variarán. La organización de la estructura del párrafo debe adecuarse al tema escrito. Las transiciones deben ayudar a los lectores a comprender mejor tu escrito.

Párrafo de ejemplo

Siempre he querido escalar el Gran Cañón. Primero, reuniría toda la comida necesaria y el equipo de escalar y de acampar que necesite. Luego, viajaría a Arizona. Una vez que estuviera allí, contrataría a un guía y escalaría el Cañón.

Lección 6.4

Aplica la escritura, página 199

1. A, C, D; los carros eléctricos no son una causa de contaminación del aire.
2. Las respuestas variarán. Las causas pueden incluir: *producir un trabajo excelente, ahorrar dinero de la compañía.* Las consecuencias podrían incluir *ganar un salario más alto, tener más responsabilidades.*

Aplica la escritura, página 202

Las respuestas variarán. Ejemplos de respuestas:

1.

Cuidado: Perros: paseos diarios, cepillado del pelo, alimentar dos veces por día

Cuidado: Gatos: juntar las heces, peinar semanalmente, alimentar dos veces por día

Comportamiento: Perros: juguetones, pueden ser entrenados para hacer pruebas, necesitan pasear o hacer ejercicio, se entretienen con juguetes

Comportamiento: Gatos: son juguetones de pequeños, difícil de entrenar, necesitan poco ejercicio, se entretienen con juguetes

2.

Características: Océano: vasto, agua salada, grandes cantidades de vida animal

Características: Laguna: pequeña, de agua dulce, bastante vida animal

Aspecto: Océano: los colores varían dependiendo de la ubicación, la costa es generalmente de arena o de rocas

Aspecto: Laguna: los colores varían dependiendo de la ubicación, la costa es generalmente de barro o de pastos

Guía de respuestas

(Lección 6.4 continuación)

Aplica la escritura, página 203

Las respuestas variarán. Ejemplos de respuestas:

Elección de carrera 1: camarera

Elección de carrera 2: vendedor

En qué se parecen: tratar con el público, tratar de convencer a la gente de gastar dinero, tener que mantener una actitud optimista, usar ropa profesional o uniforme.

En qué se diferencian:

Destrezas necesarias:

camarera: conocimiento del menú y la comida, capacidad de estar de pie por horas, capacidad de atender muchas mesas al mismo tiempo y atender los pedidos

vendedor: conocimiento del producto, conocimiento de técnicas de venta, destrezas en matemáticas para calcular descuentos o precios totales

Formación académica necesaria:

camarera: no específica, puede estudiar gestión de restaurantes y hoteles

vendedor: secundaria o grado universitario, puede estudiar ventas y *marketing*

Salida laboral:

camarera: gran salida laboral

vendedor: gran salida laboral si puede viajar

Posible salario:

camarera: pago por hora más propinas

vendedor: pago por hora más comisión

Potencial de ascenso:

camarera: jefa de salón o gerenta de restaurante

vendedor: jefe de ventas o un puesto relacionado con el manejo de vendedores

Resumen

Camarera y vendedor son empleos que en apariencia no son parecidos, pero tienen mucho en común. Ambos empleos requieren que los empleados sean educados y amables y que tengan buen ánimo. Ambos deben tener éxito al convencer a los clientes de comprar productos. En un restaurante, una camarera trata de vender bebidas adicionales, postres o aperitivos. Un vendedor tratará de vender a los clientes productos más caros o agregar productos adicionales a la compra.

Ambas carreras tienen un pago directamente relacionado con las ventas y el desempeño. La mayoría de las camareras ganan propinas que se calculan según la factura del total de los productos consumidos, mientras que la mayoría de los vendedores ganan una comisión que es un porcentaje de la cantidad de sus ventas.

Muchos puestos de camareras no requieren un nivel educativo específico. Algunos puestos de vendedores requieren un grado en ventas y en *márketing*. La oferta de empleos en ambos rubros generalmente es alta, y ambos tienen posibilidades de ascenso.

Repaso de vocabulario, página 204

1.	C.	4.	F.
2.	E.	5.	D.
3.	A.	6.	B.

Repaso de destrezas, página 204

Las respuestas variarán. Ejemplos de respuesta:

1.

Causa: embotellamiento

Consecuencias: llegar tarde al trabajo, estar de mal humor por tener que esperar sentado en el auto

2.

Actividad 1: tocar la guitarra

tocar canciones que ya existen

componer música

Actividad 2: pintura

pintar obras famosas de bellas artes

pintar nuevas pinturas

Ambos:

las destrezas se desarrollan con el tiempo

artísticos

creativos

Práctica de destrezas, página 205

1. **B.** La opción B es la mejor oración del tema para este párrafo porque introduce el tema del párrafo C: las maneras en que la nueva semana laboral es similar y diferente de la anterior. La opción A es demasiado específica porque solo la oración 14 se ocupa de las similitudes. La opción C es también demasiado específica porque solo la oración 17 se refiere al horario de lunes a jueves. Aunque es verdadera, la oración D no es el punto del párrafo.

2. **B.** La transición *Como resultado*, ayuda a hacer clara la relación causa y consecuencia. Ninguna de las otras opciones expresa esa relación.

Práctica de escritura, página 205

Las respuestas variarán. Los párrafos deben mostrar comparación y contraste y debe haber transiciones.

Párrafo de ejemplo

Han Solo y Luke Skywalker son dos personajes de *La guerra de las galaxias*. Luke es un Jedi en formación, mientras que Han es capitán de nave y contrabandista. Al comienzo de la película, Luke es joven e inocente. Han, sin embargo, es una persona de mundo y tiene mucha experiencia. Ambos personajes se unen a la lucha contra el Lado oscuro, y en determinado momento, ambos van a rescatar a la Princesa Leia.

Guía de respuestas

6

Capítulo 6 Repaso, páginas 206-213

1. **D.** La oración 4 es demasiado casual y además es ofensiva. No puede estar en este artículo informativo y objetivo.

2. **C.** La oración 9 es acerca de la planificación, por lo que pertenece al párrafo B, que tiene la planificación como idea principal.

3. **C.** El párrafo D intentar ocuparse de dos temas: la organización y el manejo del personal. Sería más eficaz comenzar un nuevo párrafo con la primera oración acerca del manejo del personal.

4. **A.** Esta es una buena oración del tema para el párrafo E, porque todas las oraciones del párrafo hablan de la dirección.

5. **D.** La oración 20 no tiene nada que ver con el tema del párrafo o incluso con el tema del artículo en general. Es acerca de diferentes tipos de entrenamiento, por lo que no pertenece al párrafo E.

6. **D.** La oración 23 recapitula el párrafo F, por lo que debería colocarse al final del párrafo.

7. **D.** La oración 5 es irrelevante. El párrafo es acerca de la historia de Anna, no acerca del presente.

8. **D.** La oración 12 utiliza jerga y es demasiado moderna como para pertenecer a este artículo informativo vinculado a la historia.

9. **C.** Tiene sentido explicar por qué el rey convocó a Anna después de decir que él la convocó. Además, no hay nada en la oración 18 que pueda tener conexión con *eso podría sonar sencillo*.

10. **A.** Esta oración pertenece al párrafo que habla sobre lo que el rey desea. Esta oración se conecta muy estrechamente con la oración 20 en cuanto al contenido, así que debe estar en el mismo párrafo.

11. **C.** Todas las otras opciones se relacionan con el tópico del párrafo, pero solo la opción C establece su idea principal.

12. **C.** Los libros y la película sobre Anna son un tema diferente de la experiencia real de Anna, de manera que pertenecen a un párrafo aparte.

13. **B.** La oración que está a continuación de la oración del tema establece la razón más importante.

14. **A.** La palabra *cuando* indica el efecto del sol al enviar partículas al espacio y también indica el momento en el que ocurre este efecto.

15. **C.** La palabra *causa* tiene más sentido en el contexto de la oración.

16. **D.** La palabra *Cuando* indica la secuencia de tiempo de la causa y el efecto.

17. **A.** *Por otro lado* muestra un contraste entre los dos platos que cocinaron Chris y Gary.

18. **D.** *Pero* muestra el contraste entre los dos blogs.

19. **C.** La oración 4 es demasiado formal en su tono para encajar con el resto del párrafo.

20. **A.** La razón más importante debería venir inmediatamente después de la oración del tema.

21. **C.** La oración 5 describe algo que ocurre en casa, por eso debería estar a continuación de las otras oraciones acerca de actividades hogareñas.

22. **D.** La opción D es la única opción posible, porque tiene un tono formal.

23. **D.** La opción D es una buena oración del tema porque todas las oraciones del párrafo tratan sobre las maneras de incorporar el ejercicio dentro de las rutinas diarias.

24. **A.** La opción A es la única opción que tiene un tono formal.

25. **A.** La oración 6 es la oración del tema del párrafo, por lo que debería estar colocada al principio.

26. **A.** La opción A es el siguiente paso lógico del proceso.

27. **B.** El propósito del autor es persuadir, y está indicado por la palabra *deberían*.

28. **B.** La opción B explica el efecto de la apertura del centro comercial y es una transición para el resto del párrafo.

29. **B.** La opción B indica el contraste entre los dos tipos de árboles.

30. **C.** El ensayo debe respetar la consigna y se deben usar transiciones para ayudar al lector a comprender cómo están relacionadas las ideas.

Ejemplo de ensayo

Las calles de mi barrio están llenas de baches. Tuvimos un otoño particularmente lluvioso seguido por un invierno frío con muchas nevadas. Condiciones climáticas como estas siempre dañan las calles. Generalmente, el condado comienza las reparaciones tan pronto como comienza la primavera. Sin embargo, este año el presupuesto para reparaciones viales ha sido recortado, de manera que solo serán arregladas las calles con daños más severos. Mi barrio no cumple con el criterio del condado en cuanto al nivel de daño. Creo que es un error. Si los baches de las calles de mi barrio no son reparados, se harán más grandes. Luego, el precio de reparación de esos baches representará un gasto aún mayor para el condado. Además, la primavera es la temporada en que las personas comienzan a vender sus casas. Si las calles no están en mal estado, el barrio no será atractivo, y eso hará que los precios de las casas disminuyan. Los baches son también un peligro para la seguridad de los transeúntes, los niños en bicicleta, los carros y los padres que llevan a los bebés en sus carros. Espero que los supervisores de nuestro condado reconsideren sus prioridades y puedan reparar todos los baches.

Práctica de escritura del ensayo

Estructura del texto, páginas 214-215

Las respuestas variarán. Aquí hay algunos puntos para que el estudiante considere:

- Asegúrate de haber expresado la idea principal de tu ensayo en el primer párrafo.
- Si usas el orden de importancia para organizar la estructura de tu texto, clasifica tus ideas. Usa un orden de mayor importancia a menor importancia o de menor importancia a mayor importancia. Verifica ese orden para asegurarte de que eres consistente con ese orden al escribir. Hacer un mapa conceptual mientras preparas el borrador te será muy útil para poder organizar tus ideas.
- Si usas el orden cronológico para organizar la estructura de tu texto, escribe los sucesos en el orden en el que ocurrieron. Usa transiciones como *primero, luego, finalmente, al mismo tiempo* y *por último*. Crear una línea de tiempo o una tabla mientras preparas el borrador te será útil para poder determinar el orden correcto de la secuencia.
- Si usas una estructura de causa y efecto, determina si quieres comenzar con el efecto y luego explicar la causa o comenzar con la causa y luego explicar el efecto. Si un suceso tiene múltiples causas o múltiples efectos, hay que asegurarse de listarlos todos. Crear un diagrama de causa y efecto al preparar tu borrador te será muy útil para determinar una correcta organización.
- Si usas una estructura de comparación y contraste, organiza tus ideas en un patrón global o en un patrón puntual. Crear un diagrama de Venn mientras preparas tu borrador te será útil para determinar las similitudes y diferencias.
- Corrige tu ensayo. Al corregir tu ensayo, asegúrate de haber usado a lo largo de todo el texto el tono apropiada para el tema, el propósito y la audiencia.

Guía de respuestas

CAPÍTULO 7 El proceso de escritura

Lección 7.1

Aplica la escritura, página 220

Las respuestas variarán. Ejemplos de respuestas:

1. Mis mejores vacaciones: viaje a Costa Rica, tirolesa, dormir en una casa en un árbol, ver muchísimos animales diferentes

2. El amigo que tengo desde hace más tiempo: lo conocí en primer grado, empezamos juntos en los *scouts*, nos mudamos a diferentes ciudades pero todavía hablamos todas las semanas, no tenemos secretos entre nosotros

3. Lo que estaré haciendo dentro de cinco años: viviendo en una nueva ciudad, viajando a otro país, teniendo éxito en un nuevo trabajo

4. Un encuentro deportivo emocionante: la Serie Mundial de béisbol de 2004, ganar la Serie después de tantos años, romper la maldición de Bambino

5. Alguien a quien admiro: el alcalde, comprometido a mejorar la educación, nació en mi barrio

6. Mi restaurante favorito: abrió en 2008, sirve tapas y comida española, tiene un ambiente muy divertido

7. Un sueño hecho realidad: ir a París, subir a la Torre Eiffel, comer *baguettes* con queso a orillas del río.

Aplica la escritura, página 221

Las respuestas variarán. Ejemplo de respuesta:

El amigo que tengo desde hace más tiempo

1 lo conocí en primer grado

2 empezamos juntos en los *scouts*

4 nos mudamos a diferentes ciudades, pero todavía hablamos todas las semanas

3 no tenemos secretos entre nosotros

Repaso de vocabulario, página 222

1. un proceso
2. una lluvia de ideas
3. preparación para la escritura
4. generar

Repaso de destrezas, página 222

Tema: Por qué el Día de Acción de Gracias es mi celebración favorita.

____(X)____ cocinar el pavo perfecto

_____ preparativos

____(X)____ la historia del Día de Acción de Gracias

_____ tradiciones familiares

____(X)____ diferentes tradiciones del mundo

Los temas y las listas de ideas variarán.

Ejemplo de respuesta:

Por qué la ley de correas para mascotas es una buena idea.

1. Muchas personas tienen miedo de los perros y se siente más seguros si el perro está bajo control.

2. Incluso los perros más amaestrados pueden correr por la calle.

3. Los perros se molestan fácilmente por los ruidos fuertes y se escapan corriendo.

4. Los perros son naturalmente curiosos y se pueden meter donde no deben.

5. Es mucho más fácil para los dueños disuadir a un perro de hacer lío donde no debe cuando el perro tiene una correa.

Práctica de destrezas, página 223

1.

Mi primer empleo

____(1)____ 16 años

____(2)____ necesitaba dinero

____(4)____ primer día en el trabajo

____(X)____ mi maestra de primer grado

____(5)____ duración del empleo

____(3)____ entrevista para el trabajo

____(6)____ lo que aprendí

____(X)____ las computadoras han reemplazado a muchos empleos

2.

Ejemplos de respuesta:

I: Siempre recordaré mi primer empleo.

A. 16 años

B. primer día en el trabajo

C. lo que aprendí

D. ¡aprendí mucho y nunca cometeré ese error de nuevo!

Lección 7.2

Aplica la escritura, página 225

Las respuestas variarán. La introducción debe incluir un tema y una idea principal.

Aplica la escritura, página 226

Las respuestas variarán. Cada idea importante debe comenzar un nuevo párrafo.

Aplica la escritura, página 227

Las respuestas variarán. La conclusión no debe incluir información nueva.

(Lección 7.2 continuación)

Repaso de vocabulario, página 228
1. etapas
2. un borrador
3. incorporar

Práctica de destrezas, página 228
1. El segundo párrafo debe comenzar con *El primer recorte afectará a la recolección de residuos.*
2. El tercer párrafo debe comenzar con *El presupuesto escolar también se verá afectado por estos recortes.*
3. El cuarto párrafo debe comenzar con *Finalmente, los horarios de la biblioteca serán reducidos.*

Práctica de escritura, página 229
Las respuestas variarán. La introducción debe incluir el tema y la idea principal. Ejemplo de introducción:

¿Te gusta esperar en la fila del cine y, justo al llegar a la caja, descubrir que los boletos acaban de agotarse? ¿Y pagar cinco dólares o más por un simple paquete de pochoclos? ¿Cómo te sientes cuando la gente habla o usa el celular durante la película? Eso es lo peor. Cuando rentas películas, no tienes que aguantar ninguna de estas molestias. Puedes disfrutar la película en tu propia casa y comer tu propia comida. Rentar una película es una manera mucho mejor de ver películas que ir al cine, porque es más tranquilo, puedes organizar tus propios horarios y es más económico.

Lección 7.3

Aplica la escritura, página 231
Las respuestas variarán. Las ideas deben estar expresadas de manera clara y la selección de palabras debe ser apropiada e interesante.

Aplica la escritura, página 232
Las respuestas variarán. Se deben corregir todos los errores de ortografía, gramática, mayúsculas y puntuación.

Repaso de vocabulario, página 233
1. B.
2. A.
3. C.

Repaso de destrezas, página 234
1. C. Al escribir acerca de cómo llevar adelante un procedimiento, las instrucciones deberían aparecer en orden cronológico.
2. B. Al escribir acerca de una opinión, tiene sentido respaldar la opinión con detalles en el orden de menos a más importante.
3. D. La organización de causa y efecto funciona bien al escribir sobre algo que hizo que otra cosa ocurriera.

Las respuestas variarán. El párrafo de conclusión debe replantear los puntos establecidos en el cuerpo del texto.

Ejemplo de conclusión
Los programas de actividades extracurriculares son importantes para los estudiantes. Estaríamos provocando un perjuicio a los estudiantes si esos programas se eliminaran. Los estudiantes tendrían mucho tiempo libre sin supervisión de adultos y se perderían de participar de valiosas interacciones sociales y actividades. Hagan saber a los legisladores de su ciudad que no quieren que estos programas desaparezcan.

Práctica de destrezas, página 235
Las respuestas variarán.

Ejemplo de respuesta:
¿Estás estresado? ¿Sientes que no hay tiempo suficiente en el día para poder completar todas las cosas que debes hacer? ¿Sientes que pierdes la paciencia todo el tiempo? Es importante hacerse un tiempo todos los días para bajar el ritmo, quitarse las tensiones y relajarse. Eso es bueno no solo para tu cuerpo sino también para tu mente. Hay muchas maneras de encontrar la calma y relajarse.

Una manera de lograrlo es la meditación. Si puedes tomarte tan solo 30 minutos por día para meditar, comenzarás a notar la diferencia en muchas áreas de tu vida. No es mucho tiempo. Algunas personas se sienten intimidadas ante la idea de meditar. No te intimides. La meditación se trata simplemente de encontrar un lugar tranquilo para sentarse, cerrar los ojos y dejar que tu mente libere todo el estrés acumulado en tu vida cotidiana. Se necesita algo de práctica. Muchas personas dicen que no pueden dejar de pensar en todas las cosas que tienen que hacer y que se sienten ansiosas por estar sentadas cuando todavía quedan tantas cosas por hacer. Si esto te ocurre, recuérdate a ti mismo que tú vales esos 30 minutos diarios y que tomarse un tiempo para meditar te ayudará a poder hacer muchas más cosas durante el resto del día.

A muchas personas les resulta provechoso practicar yoga. Hay muchos tipos de yoga; solamente necesitas encontrar el estilo que más te guste. Puedes aprender yoga tomando clases o rentando un DVD de yoga. Esta última opción te permite aprender yoga en tu propia casa.

Cualquiera que sea el método que uses, es importante hacerse un tiempo para quitarse el estrés diario. La meditación y el yoga son solo dos opciones. Sal a caminar, pasea en bicicleta o toma una clase de cocina. La clave es encontrar algo que disfrutes y que te ayude a relajarte.

Práctica de escritura del ensayo

El proceso de escritura, páginas 236–237

Las respuestas variarán. Aquí hay algunos puntos para que el estudiante considere:

Asegúrate de seguir los pasos del proceso de escritura en el orden correcto al desarrollar tu ensayo.

Preparación para la escritura

- Haz una lluvia de ideas de temas posibles para tu ensayo. Haz una lista lo más completa posible. Luego, repasa las ideas y elimina los temas que son demasiado amplios o demasiado específicos.
- Define la audiencia de tu ensayo. Puede ser gente joven, compañeros, autoridades o amigos.
- Determina el propósito de tu ensayo. ¿Tu propósito será informar, entretener o persuadir a los lectores?
- Organiza tus ideas. Selecciona la estructura organizacional que quieres usar. Puedes repasar el Capítulo 6 para buscar el patrón de organización adecuado.

Escritura

- Escribe una primera versión, que será tu borrador. Escribe tus ideas en la hoja.
- Comienza con un párrafo introductorio que cuente el tema y establezca la idea principal. Agrega uno o dos detalles interesantes que provoquen que los lectores quieran seguir leyendo.
- Usa un párrafo para cada idea en el cuerpo de tu ensayo. Nuevamente, asegúrate de incluir hechos interesantes y detalles.
- Finaliza el ensayo con un párrafo de conclusión. Resume la información, pero no agregues ningún elemento nuevo.

Revisión y edición

- Verifica que tu estructura organizacional sea consistente. Haz cualquier cambio que consideres necesario.
- Lee tu ensayo nuevamente y piensa si quieres usar alguna palabra o idea diferente. Agrega o elimina los detalles que creas necesarios para que tus ideas sean más claras.
- Corrige la ortografía, la gramática y la puntuación. La herramienta del corrector ortográfico de algunos programas de texto puede tener algunas imperfecciones. Usa un diccionario para volver a verificar las palabras de cuya escritura correcta no estés seguro.
- Escribe el borrador final.

CAPÍTULO 8 Los tipos de texto y sus propósitos

Lección 8.1

Aplica la escritura, página 242
Las respuestas variarán. Ejemplo de respuesta:

I. Introducción
Pregunta retórica acerca de los uniformes escolares.

II. Postura
Las escuelas públicas deberían exigir que los alumnos usaran uniforme.

III. Razones y evidencia
A. Los uniformes hacen que el costo de la vestimenta de los estudiantes sea más bajo.
   estadísticas que contrasten el costo promedio de ropa común con el costo de los uniformes.
B. Los uniformes ayudan a evitar que los estudiantes con menos ingresos sufran agresiones de otros estudiantes.
   cita de estudiante de escuela secundaria.
C. Los uniformes disminuyen las distracciones a la hora de aprender.
   cita de un maestro acerca de las causas de los problemas de conducta.

Aplica la escritura, página 243
Las respuestas variarán. Ejemplo de respuesta:

IV. Posturas contrarias
A. Los uniformes limitan la expresión personal.
   a. cita de un maestro
   b. respuesta: Los estudiantes pueden expresarse con accesorios o de otras maneras.
B. Los uniformes suelen estar mal fabricados.
   c. datos acerca de los materiales y métodos de producción de los uniformes
   d. respuesta: Los estudiantes crecen rápido y, en general, la ropa les dura un año.
C. Los uniformes no les quedan bien a todos.
   e. cita de un psicólogo especializado en problemas de imagen corporal.
   f. respuesta: Con los uniformes, todos tendrán que lidiar con los mismos problemas. Algunos uniformes vienen en diferentes estilos.

Aplica la escritura, página 244
Las respuestas variarán. Ejemplo de respuesta:

V. Conclusión
A. *Reafirmación de la postura:* las escuelas públicas norteamericanas deberían adoptar el uso de uniforme para sus alumnos.

B. *Resumen:* los pasillos de las escuelas deberían llevar a los alumnos a salones de clase donde puedan desarrollar sus mentes, y no deberían funcionar como pasarelas de moda; evidencia: bajo costo de los uniformes, protección frente a la intimidación, minimización de las distracciones.
C. *Reflexión final:* cita de alguna persona que apoye la idea de utilizar uniformes en las escuelas públicas.

Repaso de vocabulario, página 246
1. D.
2. C.
3. B.
4. F.
5. A.
6. E.

Repaso de destrezas, páginas 246–247
1. C. La pregunta retórica es una de las estrategias de presentación recomendadas. Las otras estrategias incluyen acción, reacción o cita; las opciones restantes no representan ejemplos de ninguna de estas estrategias.
2. B. El escritor afirma que el uso de uniformes reduce los costos de vestimenta para los alumnos. Esta postura quedaría respaldada por estadísticas que contrasten el costo de la ropa tradicional con el de los uniformes. Ni la descripción ni la cita proveen información acerca de los costos. Las fotografías presentarían precios individuales, pero no los promedios generales por alumno y por familia.
3. A. Los sitios del gobierno tienden a ser fuentes confiables. Las revistas para adolescentes contienen artículos acerca de la cultura pop, no artículos por expertos en la materia. Las cartas al editor y los blogs acerca de la crianza de los hijos pueden ser escritos por cualquiera.
4. D. El escritor afirma que los uniformes disminuyen las distracciones a la hora de aprender. Un maestro podría aportar información de primera mano acerca de las causas típicas de los problemas de conducta en una escuela. La anécdota y las estadísticas pueden estar relacionadas con esta afirmación, pero no respaldan la postura. Los datos acerca de los objetivos de aprendizaje de una escuela no son suficientes; el escritor debería explicar cómo estos objetivos pueden verse afectados por distracciones o problemas de disciplina relativos a la vestimenta de los alumnos.
5. D. El director de una escuela es una buena fuente de información acerca del aprendizaje y la disciplina. Es probable que un sitio web .com esté destinado a vender algo, no a publicar investigaciones académicas. Cualquiera, experto o no, puede crear un video de YouTube o un foro web.

Guía de respuestas

CAPÍTULO
8

Práctica de destrezas, páginas 248–249

Las respuestas variarán, pero el argumento debería imitar la estructura y el estilo del ejemplo de ensayo. Debe incluirse una introducción efectiva, una postura, razones, evidencia, posturas contrarias y una conclusión.

Lección 8.2

Aplica la escritura, página 252

Las respuestas variarán. Ejemplo de tabla *SQA*:

S	Q	A
• Quizás ya dominen algunas habilidades básicas de cocina, ya que me pidieron una receta.	• Quieren mi receta de nachos de pollo y necesitan que les explique cómo hacerla.	• Aprenderán a cocinar nachos de pollo por sí solos.

Aplica la escritura, página 254

Las respuestas variarán. Ejemplo de organizador gráfico de secuencia:

> **Introducción:** ¡Los nachos de pollo de Raúl son los *snacks* más deliciosos que he comido! —Tony Smith
> **Oración del tema:** Esta receta es fácil y deliciosa y puedes utilizar el relleno de carne de diversas maneras.

Paso 1: Precalentar el horno a 350 grados F. Colocar 3 cucharadas de aceite vegetal en una sartén grande y calentarla a fuego medio.

Paso 2: Cocinar 2 dientes de ajo picados y 6 cebollas de verdeo en el aceite vegetal hasta que estén tiernos.

Paso 3: Añadir dos pechugas de pollo cocinadas y desmenuzadas y sal y pimienta a gusto. Revolver hasta que estén cubiertas con aceite. Agregar una taza de salsa.

Paso 4: Acomodar la mitad de un paquete de chips de tortilla de 12 onzas en una bandeja para horno. Esparcir la mezcla de pollo sobre los chips.

Paso 5: Cubrir con un paquete de 8 onzas de queso Monterey Jack rallado y medio tomate cortado en dados. Cocinar en horno durante 10 minutos y servir.

(Lección 8.2 continuación)

Aplica la escritura, página 255

Las respuestas variarán. Ejemplo de respuesta:

Otra solución (*problema y solución*) posible es organizar los materiales de la clase. Los estudiantes con bajas calificaciones son, por lo general, aquellos cuyas carpetas tienen hojas sueltas. Si (*causa y efecto*) un estudiante no puede encontrar sus cosas, entonces (*causa y efecto*) es difícil que estudie o complete la tarea. Primero (*secuencia*), consigue una carpeta de tres anillos y separadores. Crea una sección para cada materia. Luego (*secuencia*), a medida que el maestro reparte las tareas y las calificaciones, ponles fecha y colócalas en orden cronológico en la sección que corresponda. Este procedimiento permite al estudiante encontrar lo que necesita de manera rápida y eficaz.

Aplica la escritura, página 256

Las respuestas variarán. Ejemplo de respuesta:

Reafirma el tema: Los nachos de pollo de Raúl son un plato excelente para una fiesta, y el relleno también es bueno para tacos y quesadillas.

Resume las ideas principales y los detalles importantes: Este plato simple puede usarse para diversos propósitos. Asegúrate de cocinar las pechugas de pollo y picar el ajo y la cebolla de verdeo antes de comenzar.

Reflexión final: Conexión con el lector: ¡Que lo disfrutes!

Repaso de vocabulario, página 257

1. C.
2. E.
3. A.
4. B.
5. D.

Repaso de destrezas, páginas 258-259

1. Las respuestas variarán. Ejemplo de respuesta: Para presentar el tema se utiliza una acción. El escritor describe a un estudiante que abre una libreta de notas y no sabe si sus notas serán buenas o malas.

2. Las respuestas variarán. Ejemplo de respuesta: Yo utilizaría un ejemplo; citaría un ítem de una prueba. Luego, explicaría cómo identificar el propósito de la pregunta y explicaría la manera en la que identificar el propósito ayuda a que el estudiante pueda responder correctamente.

3. B. Se puede hacer referencia a los libros y apuntes escolares mediante la palabra *materiales*, pero no mediante *objetos, elementos* o *dispositivos*.

4. D. *Sino* es un conector que expresa contraste. *Porque* expresa causa; *así* y *muchos* no son conectores.

Práctica de destrezas, página 260

1. Las respuestas variarán. Ejemplo de respuesta: *Anécdota:* ¡No hagas que tu mejor amigo salga de una reunión importante solo porque no sabes cómo reiniciar tu computadora! *Cita:* Como diría mi amiga Salita: "Una computadora que falla es un problema que puedes controlar. *Dato:* Recuerda cuáles son los tres botones que puedes presionar para forzar el cierre de un programa. *Conexión con el lector*: Ahora sabes que no es necesario desesperarse cuando tu computadora se detiene.

2. Las respuestas variarán. Ejemplo de respuesta: Ser más organizada me ayudaría a la hora de hacer las compras, porque no suelo planificar. Por eso, generalmente gasto demasiado dinero en el supermercado. Podría ser más ordenada si escribiera una lista de compras y si recortara cupones de descuento. Sin embargo, tendría que hacer esto antes de salir de mi casa por la mañana.

3. A. Diagrama de Venn: comparar y contrastar
   B. Recuadros con flechas: secuencia
   C. Dos recuadros unidos por flechas: problema y solución
   D. Dos recuadros unidos por flechas: causa y efecto

Repaso de escritura, página 261

Las respuestas variarán. Se debe seguir la estructura desarrollada en la lección. El texto debe introducir el tema, presentar el tema y la información que discutirás, desarrollar el tema en una serie de párrafos con ideas organizadas de manera clara y concluir reafirmando el tema, resumiendo las ideas y detalles principales y dándole al lector una reflexión final. También se debe usar una variedad de conectores, un lenguaje preciso y títulos o gráficos, según sea necesario.

Lección 8.3

Aplica la escritura, página 264

Las respuestas variarán. Ejemplo de respuesta:

Exposición
Punto de vista narrativo: Primera persona
Personaje principal/protagonista: yo de pequeño (redondo)
Personajes secundarios importantes/antagonista: el acomodador que no me dejaba ir a mi asiento (plano), mis padres (redondos)
Contexto (ambientación y conflicto): La ambientación es un campo de juego de la liga menor de béisbol y la acción tiene lugar en las tribunas. La persona a cargo de revisar los boletos no me creyó cuando le dije que tenía un boleto para un asiento en ese lado de la tribuna.

Aplica la escritura, página 266

Las respuestas variarán. Ejemplo de respuesta:

Diálogo: Marisa: "Mi mamá nunca me escucha"

Ritmo: Lento cuando Marisa esté quejándose y llorando, rápido cuando Marisa y su madre estén hablando por teléfono.

Palabras y frases conectoras: "Cuando llegué a casa", "Luego me dijo", "Cuando estaba con mis amigas"

Lenguaje preciso: "se desplomó en la silla" en lugar de "se sentó", "gimió" en lugar de "lloró"

Descripción y palabras sensoriales: las lágrimas corrían por sus mejillas, se oían protestas contenidas por el teléfono

Repaso de vocabulario, página 267

1. **D.**
2. **E.**
3. **A.**
4. **C.**
5. **B.**

Repaso de destrezas, páginas 268–269

1. **A.** La narradora utiliza pronombres de primera persona, no de tercera. Ella participa en la historia pero no es objetiva. Llama "loco" a su tío, por ejemplo.

2. **A.** El personaje principal es Rachel. La historia se centra en sus acciones. La madre y el tío Cos son personajes secundarios.

3. **C.** Los lectores pueden visualizar la imagen "escribir mi nombre en la tierra con un palo" y "mis ojos percibieron movimiento". Estas imágenes apelan a la vista, no al olfato, al gusto ni al oído.

4. **D.** La palabra *aterrorizadas* describe la reacción de las vacas ante el coyote. *Algo* y *cerca* son palabras vagas. Si bien *manada* es más específico que animales, no es tan preciso como *aterrorizadas*.

5. **A.** *Después de dos noches* sitúa la acción en el tiempo en relación con eventos anteriores. Las otras partes de la oración no hacen referencia a transiciones temporales.

6. **D.** El último párrafo aporta una reflexión final. El primer párrafo describe el contexto. Los párrafos 3 y 6 describen complicaciones.

Práctica de destrezas, páginas 270–271

Las respuestas variarán. Se debe seguir la estructura aprendida en la lección. El texto debe definir el punto de vista narrativo, introducir los personajes y establecer un contexto. Los sucesos deben estar organizados de manera lógica, con transiciones que ayuden al lector a entender la secuencia. Los personajes deben desarrollarse a través de la descripción y el diálogo; el lector debe poder formarse una imagen de los personajes o entender por qué hacen las cosas que hacen.

Práctica de escritura

Los tipos de texto y sus propósitos, páginas 272–273

Las respuestas variarán. Aquí hay algunas cuestiones para que el estudiante tenga en cuenta:

Texto argumentativo

- Comienza estableciendo claramente tu postura. Por ejemplo: *El uso excesivo de la automatización ha llevado al deterioro del sistema de atención al cliente para seguros médicos.*

- Los párrafos deben apoyar tu postura con razones y evidencia creíble. Por ejemplo, para apoyar una postura acerca del uso excesivo de la automatización, podrías hablar acerca del tiempo que se pierde intentando comunicarse con un representante de atención al cliente y un informe que documente errores causados por la entrada automatizada de datos.

- Revisa el texto. A medida que releas el texto en busca de errores, asegúrate de haber utilizado conectores apropiados, tales como *luego*, *después* o *más tarde*, para indicar un cambio en el tiempo.

Texto informativo o explicativo

- Asegúrate de haber establecido la idea principal de tu texto informativo o explicativo antes del final del primer párrafo.

- Emplea un lenguaje preciso y utiliza un vocabulario acorde al tema a tratar. Observa la diferencia entre *Utiliza la llave para aflojar las agarraderas* y *Utiliza la llave cruz para desenroscar las agarraderas, pero no las remuevas.*

- Revisa el texto. A medida que releas el texto en busca de errores, asegúrate de haber utilizado conectores apropiados, tales como *luego*, *después* o *más tarde*, para indicar un cambio en el tiempo.

(Práctica de escritura continuación)

Texto narrativo

- Asegúrate de que tu primera oración atrape al lector. Algunas estrategias a tener en cuenta son: comenzar en medio de una escena emocionante (*Las bases estaban cargadas con dos outs y la multitud gritaba mi nombre*) o hacer una pregunta con la que muchos lectores se puedan sentir identificados (*¿Alguna vez te alejaste de un amigo por una mentira?*).

- La secuencia de eventos en el desarrollo de la narración debe seguir un orden lógico. Asegúrate de no dejar períodos de tiempo vacíos o sin explicar.

- Revisa el texto. A medida que releas el texto en busca de errores, asegúrate de haber utilizado conectores apropiados, tales como *luego, después* o *más tarde,* para indicar un cambio en el tiempo.

Glosario

A

abreviatura forma más breve de decir una palabra

acción descendiente sucesos que llevan el conflicto hacia una resolución

adjetivo palabra que modifica o describe a un sustantivo o pronombre

adverbio palabra que modifica o describe a un verbo, un adjetivo o a otro adverbio

afijo parte de una palabra que se agrega al principio o al final de una palabra base

alterar cambiar o modificar algo

ambiente momento y lugar de la acción de un cuento

ambiguo poco claro

anécdota historia breve acerca de personas o sucesos reales

antagonista personaje que se interpone entre el protagonista y su objetivo

antecedente sustantivo u oración al que se refiere un pronombre

aposición frase que modifica o da más información acerca de un sustantivo; está formada por un sustantivo y otras palabras que lo modifican

apoyo base o fundamento que permite probar algo

apropiado que se adecúa a un propósito y una audiencia

artículo clase especial de palabra que modifica a un sustantivo, por ejemplo: *el, la, un, una*

asegurarse confirmar algo; estar seguro

B

base de datos lista, disponible en línea, de materiales de referencia publicados confiables

borrador primera versión de un escrito, en la que se expresan ideas en oraciones y párrafos por primera vez

C

cargo título de un empleo en una función pública; se escribe con minúscula si acompaña un nombre propio

causa motivo por el que ocurre algo

cita palabras exactas que dijo alguien

claves de contexto palabras que rodean a una palabra desconocida y que pueden dar pistas acerca de su significado

cohesivo conjunto claro de partes bien relacionadas entre sí

combinar unir

comparación acto de mostrar las semejanzas entre dos o más cosas

comparar examinar dos o más cosas para ver en qué se parecen

complicación acontecimientos que hacen que el conflicto del personaje principal sea más desafiante o complicado y que construyen el clímax

composición texto escrito, como un ensayo

común de uso frecuente

conciso que dice lo necesario en pocas palabras

conclusión última parte de un escrito, donde se resume el texto o se presenta un cierre

condicional proposición que comienza con la palabra *si*

conectar relacionar

conector palabra o frase que da indicios acerca de la relación o el orden de los sucesos

confiable que es digno de confianza

conflicto problema que enfrenta el personaje principal en relación con otro personaje, la naturaleza o el destino

confusión mezcla, desorden

conjunción tipo de palabra que relaciona las partes de una oración

contexto palabras u oraciones que rodean a una palabra o expresión y permiten explicar su significado

contrastar examinar dos o más cosas para ver en qué se diferencian

convención manera de hablar o escribir que se considera correcta

cronológico orden en el que ocurren los sucesos

cuerpo parte principal de un texto, en la que se brindan detalles y datos acerca de la idea principal

D

dato información que puede demostrarse

descripción observación de objetos, personas o sucesos

determinar decidir

diagrama de Venn diagrama que muestra conjuntos y sus intersecciones

diálogo conversación o discurso de los personajes de un cuento

distinguir reconocer

dos puntos signo de puntuación que se usa antes de una enumeración

E

económico que expresa un significado con pocas palabras

edición proceso en el que se pueden corregir errores de gramática, puntuación, uso de mayúsculas y ortografía

efecto lo que sucede como resultado de algo

eficaz exitoso

elaborar explicar con más detalles

estadística datos numéricos

estilo manera en que se usan las palabras y las oraciones para expresar un significado

estructuras paralelas elementos relacionados de una oración compuesta correcta, que tienen la misma forma

etapas pasos de un proceso

examinar observar algo cuidadosamente

excepción situación fuera de lo común, en la que la norma usual no se aplica

exceso parte que sobra

exposición principio de una trama narrativa, donde el autor presenta los personajes y establece el contexto de un cuento

F

fragmento oración incompleta

frase grupo de palabras que contiene un sustantivo (o pronombre) o un verbo, pero no las dos cosas juntas

frase preposicional grupo de palabras que comienza con una preposición e incluye un sustantivo o un pronombre

futuro perfecto verbo que indica una acción que será completada para un momento específico del futuro

futuro simple tiempo verbal que indica que una acción ocurrirá en el futuro

G

generar producir o crear algo

género cualidad de masculino o femenino

gráfica tabla, gráfico, diagrama, fotografía u otra representación visual

I

idea principal punto más importante que se comenta o desarrolla en un párrafo

identificar nombrar

implementar poner en práctica

inciso grupo de palabras de una oración, que se interpone entre el sujeto y el verbo

incorporar incluir; en la escritura, incluir detalles y datos que explican la idea principal

infinitivo forma verbal que no tiene concordancia con el sujeto y que termina en *-ar, -er* o *-ir*

interpretar explicar o descubrir el significado de algo

introducción primera parte de un escrito, que indica el tema y la idea principal

invertido que está al revés

irrelevante que no es importante o que no se relaciona con el tema principal

L

lenguaje selección y uso de las palabras

lenguaje formal lenguaje profesional

lenguaje informal lenguaje cotidiano

lluvia de ideas método para obtener ideas que consiste en hacer una lista de todas las cosas que se vienen a la mente

locución conjuntiva frase adverbial que funciona como una conjunción

lógico que tiene sentido

M

mapa conceptual organizador gráfico en forma de red que sirve para ordenar las ideas

material multimedia elementos audiovisuales

mayoría más de la mitad del total

mayúsculas tipo de letra que se usa en circunstancias especiales

mnemotécnico que permite recordar algo con facilidad

modificar cambiar o describir

modismo grupo especial de palabras cuyo significado no se desprende de la suma de los significados de las palabras que lo componen; el grupo de palabras tiene un significado particular como conjunto

modo subjuntivo forma verbal que expresa una duda, un deseo, una emoción o un consejo

monosílabo que tiene una sílaba

múltiples varios

N

narrador voz que cuenta la historia

narrador en primera persona personaje que cuenta el cuento y participa de los sucesos

narrador en primera persona objetivo narrador que participa de los sucesos del cuento pero intenta contarlos sin hacer juicios de valor

narrador en primera persona subjetivo personaje del cuento que participa de los sucesos y cuenta la acción mostrando parcialidad

narrador en tercera persona narrador que no participa en los sucesos del cuento y usa pronombres de tercera persona como *ellos, ellas, él, ella* o *su*

narrador en tercera persona limitado narrador que se centra en los pensamientos, los sentimientos y las acciones de un solo personaje.

núcleo del sujeto parte principal del sujeto de la oración; indica a quién o a qué hace referencia la oración, pero no incluye las palabras descriptivas que forman parte del sujeto

O

omnisciente que sabe todo

opinión juicio o creencia

oración grupo de palabras que contiene un sujeto y un predicado y que expresa una idea completa

oración compleja oración que incluye una proposición independiente o principal y una o más proposiciones dependientes

oración compuesta oración que incluye una proposición independiente o principal y una o más proposiciones dependientes

oración concluyente oración de cierre de un párrafo, que enuncia la idea principal y la relaciona con el próximo párrafo o brinda una conclusión

oración enunciativa oración en la que se hace una afirmación; provee información y termina con un punto

oración exclamativa tipo de oración que expresa una emoción

oración imperativa tipo de oración que expresa una orden o un pedido y termina con un punto.

oración interrogativa tipo de oración que expresa una pregunta

oración invertida oración en la que no se sigue el orden usual sujeto-verbo sino un orden en el cual el verbo aparece antes que el sujeto

oración principal oración que indica de qué se trata el párrafo en el que está incluida

oración simple forma más sencilla o básica de la oración; tiene un sujeto y un predicado y expresa una idea completa

oraciones de apoyo oraciones de un párrafo que agregan detalles que respaldan la idea principal

orden cronológico modo de organizar un escrito que sigue el orden en el que ocurren los sucesos

orden de causa y efecto manera de organizar la información que indica que un suceso causó otro

orden de comparación y contraste manera de organizar la información que indica las semejanzas y diferencias entre dos cosas o ideas

orden de importancia organización de la escritura que enumera los detalles del más importante al menos importante o viceversa

organizar paso del proceso de escritura en el que el autor ordena sus ideas

P

palabra compuesta palabra formada por la unión de dos palabras más pequeñas

palabras sensoriales palabras que apelan a los sentidos

parafrasear volver a decir algo con otras palabras

parcialidad inclinación a favor de un punto de vista

párrafo grupo de oraciones que, en conjunto, comunican una idea

participio forma verbal que no tiene concordancia con el sujeto y que termina en *-ado* o *-ido*

patrón global manera de organizar escritos de comparación y contraste que consiste en describir un elemento y luego explicar en qué se parece y en qué se diferencia el segundo elemento

patrón puntual manera de organizar escritos de comparación y contraste que consiste en describir un punto o una característica de un elemento y luego compararlo y contrastarlo con el mismo punto de un segundo elemento; luego de eso, se compara otra característica de los dos elementos y así sucesivamente

personaje persona o animal que participa en los sucesos de un cuento

personaje plano personaje que se mantiene igual a lo largo del cuento

personaje principal personaje más importante del cuento

personaje redondo personaje que cambia a lo largo del relato

personaje secundario personaje que acompaña al personaje principal

pertinente importante o relacionado con el tema principal

posesivo palabras que indican que algo o alguien pertenece a una persona o cosa

postura opinión del autor

posturas contrarias punto de vista opuesto

preceder suceder antes que otra cosa

preciso exacto o específico

predecir suponer lo que va a ocurrir

predicado parte de la oración que incluye el verbo que dice quién es el sujeto o qué hace

prefijo elemento que se agrega al principio de una palabra base y modifica su significado

pregunta oración que expresa una pregunta o duda y se escribe entre signos de pregunta

pregunta retórica afirmación que se dice en forma de pregunta; no espera una respuesta

preparación para la escritura primer paso del proceso de escritura, durante el cual las ideas se forman, se desarrollan y se organizan

preposición palabra que expresa la relación de un sustantivo con otra parte de la oración

presente tiempo verbal que indica que una acción ocurre o es verdadera en el presente, que sucede regularmente o que siempre es verdadera

pretender tener determinada intención u objetivo

pretérito imperfecto tiempo verbal que indica que una acción se repite o tiene cierta duración en el pasado

pretérito perfecto compuesto forma verbal que indica acciones del pasado que se consideran acabadas pero que tienen un vínculo con el presente, ya sea porque ocurrieron en un tiempo cercano o porque las consecuencias son actuales

pretérito perfecto simple tiempo verbal que indica que una acción ocurrió y concluyó en un tiempo específico en el pasado

pretérito pluscuamperfecto forma verbal que indica que una acción se terminó en el pasado antes de otro suceso o de un momento determinado en el pasado

proceso serie de acciones necesarias para lograr un objetivo

pronombre palabra que refiere o reemplaza a un sustantivo

pronombre de objeto pronombre que se usa en el lugar del objeto de un verbo; hay pronombres de objeto directo y de objeto indirecto

pronombre de sujeto pronombre que reemplaza a un sustantivo en el lugar del sujeto de la oración

pronombre de término pronombre que se usa luego de una preposición

pronombre relativo pronombre que encabeza una proposición relativa; algunos pronombres relativos son *quien, que, donde, cuyo*

proposición grupo de palabras que tiene un sujeto y un verbo

proposición especificativa proposición que no lleva comas y expresa información que es esencial para el significado de la oración

proposición explicativa proposición que se escribe entre comas y contiene información que no es esencial para el significado de la oración

proposición principal parte de una oración que tiene un sujeto y un predicado y expresa una idea completa

proposición subordinada grupo de palabras que tiene un sujeto y un predicado pero no expresa una idea completa

propósito del autor objetivo con el que se escribe algo; puede ser para entretener, persuadir o informar a los lectores

protagonista personaje principal cuyas acciones se siguen en el relato

punto cardinal uno de los cuatro puntos de la brújula: norte, sur, este, oeste

punto de vista perspectiva desde la cual se cuenta el cuento

punto y coma signo de puntuación que se usa en las oraciones compuestas y para separar elementos de una serie que contienen comas

R

raíz parte del verbo que queda luego de quitar la terminación

reacción estrategia para estructurar textos argumentativos que consiste en analizar una idea

reconocer identificar algo o a alguien

referencia relación de un pronombre con su antecedente

referencia bibliográfica datos del documento del que proviene la información

reflexionar pensar en el sentido de un suceso

relevante importante o relacionado con el tema principal

reposicionar poner algo en otra posición

resolución solución al problema

resumir expresar las ideas principales de un texto en tus propias palabras

revisión proceso en el que se puede cambiar la organización de un texto para mejorarlo

ritmo velocidad de la acción

S

secuencia orden en el que ocurren los sucesos

secuencia verbal orden y tiempo de los verbos de una oración; los verbos deben combinarse entre sí correctamente para expresar cuándo ocurrieron las diferentes acciones

signos de puntuación conjunto de signos, como puntos, comas y comillas, que se usan al escribir oraciones

sujeto persona o cosa sobre la que trata la oración

sujeto compuesto sujeto de una oración formado por más de un núcleo o parte; las partes están unidas con palabras como *y* u *o*

sustantivo palabra que nombra una persona, un lugar, una cosa o una idea

sustantivo abstracto sustantivo que nombra una idea o una emoción

sustantivo común tipo de sustantivo que nombra un grupo en general o un tipo general de personas, lugares o cosas; los sustantivos comunes se escriben en minúsculas

sustantivo concreto sustantivo que nombra algo que puede experimentarse por medio de los cinco sentidos

sustantivo plural sustantivo que nombra más de una persona, lugar, cosa o idea

sustantivo propio sustantivo que nombra a una persona, un lugar o una cosa en particular; los sustantivos propios se escriben con mayúscula inicial

sustantivo singular sustantivo que nombra a una sola persona, lugar o cosa

T

texto argumentativo ensayo en el que el escritor toma una posición en relación con un tema y presenta argumentos y evidencia para convencer a los lectores de cambiar su manera de pensar o de actuar respecto del tema

texto explicativo texto que aclara o explica algo

texto informativo texto que aporta conocimientos al lector

tiempo perfecto forma verbal que expresa que una acción ha sido terminada o será terminada dentro de cierto período de tiempo

tilde marca gráfica que indica qué sílaba de la palabra está acentuada

tono actitud, carácter o modo general de expresarse

trama secuencia de sucesos de un texto narrativo

transmitir comunicar

V

verbo parte más importante del predicado; indica qué es o qué hace el sujeto

verbo auxiliar verbo que permite formar frases verbales para expresar diversos significados, como posibilidad u obligación

verbo copulativo verbo que indica qué o quién es el sujeto de la oración, o que lo relaciona con una o más palabras que lo describen

verbo de acción verbo que indica lo que hace el sujeto de una oración

verbo irregular verbo que sufre modificaciones en la raíz y no se conjuga con las terminaciones usuales

verbo regular verbo cuya conjugación es regular o predecible

visualizar crear imágenes visuales

vocabulario específico palabras que pertenecen a un campo de conocimiento en particular

voz activa construcción verbal en la que el sujeto es quien hace la acción

voz pasiva forma verbal que indica una acción que recae sobre el sujeto

Índice